there is still
thing as naughty

养育具有
成长心态的孩子

[英] 凯特·斯维尔顿 / 著

董乐乐 / 译

浙江教育出版社·杭州

图书在版编目（CIP）数据

养育具有成长心态的孩子 / （英）凯特·斯维尔顿著 ；
董乐乐译. -- 杭州 ： 浙江教育出版社，2025. 7.
ISBN 978-7-5722-9702-1

Ⅰ. G782

中国国家版本馆 CIP 数据核字第 202504DC99 号

浙江省版权局著作权合同登记号　图字：11-2025-052号

THERE'S STILL NO SUCH THING AS NAUGHTY: PARENTING THE PRIMARY YEARS
(SIMPLE STEPS TO SUPPORT YOUR CHILD'S MENTAL HEALTH FROM 5-12) by KATE
SILVERTON
Text copyright © 2024 BY KATE SILVERTON
Illustrations copyright © ACE

Originally published in the English language in the UK by Lagom, an imprint of Bonnier Books UK
Limited, London.
This edition arranged through BIG APPLE AGENCY, LABUAN, MALAYSIA.
Simplified Chinese edition copyright:
2025 Beijing New Oriental Dogwood Cultural Communications Co., Ltd.
All rights reserved.

养育具有成长心态的孩子
YANGYU JUYOU CHENGZHANG XINTAI DE HAIZI

[英] 凯特·斯维尔顿　著　董乐乐　译

责任编辑	赵清刚
美术编辑	韩　波
责任校对	马立改
责任印务	时小娟
产品监制	王秀荣
特约编辑	刘　莎
封面设计	申海风
出版发行	浙江教育出版社
	地址：杭州市环城北路177号
	邮编：310005
	电话：0571-88900883
	邮箱：dywh@xdf.cn
印　　刷	河北松源印刷有限公司
开　　本	880mm×1230mm　1/32
成品尺寸	145mm×210mm
印　　张	10.625
字　　数	210 000
版　　次	2025年7月第1版
印　　次	2025年7月第1次印刷
标准书号	ISBN 978-7-5722-9702-1
定　　价	59.00元

我为什么要写这本书

作为一名儿童治疗师，同时也是两个小学生的家长，我再清楚不过，养育孩子是一份多么艰难、高要求，又令人疲惫的工作。

我的新客户尼基，在我们第一次会面时就对我说："在养育孩子的这段日子里，我没留下一丝愉悦的记忆。"她无奈地表示，自己六岁的儿子"完全不受控"，甚至对她说讨厌她，嫌她烦人。尼基坦言，与儿子相处的时光，已然成了她生活中最艰难的时刻。

她摇着头，悲伤、难以置信的情绪展露无遗，这样的状况与她当初对为人父母的美好想象大相径庭。

她向我提出了三个问题——当我们在育儿过程中遇到困难时，往往也会这样问自己。

◇ "我做错了什么吗？"

◇ "我的孩子有什么问题吗？"

◇ "现在做出调整、改变，是不是太晚了？"

我写这本书，是为了带来希望（也是为了给出答案），是为了强化我们与孩子之间的联结，也是为了恢复家庭的和谐。身为父母，如果我们需要支持，不是因为我们能力不足，而是因为养育子女是一项极为艰难的工作。父母的付出和责任是没有尽头的，我们常常要孤身奋战，时而接收相互矛盾的建议，还要应对自身精力和时间的持续挑战。

一定要记住，现状不会一成不变。我们的祖先在一个个小社群中养育孩子，当时每个成年人、青少年都会参与到育儿的过程中。这种多代养育模式汇聚成了强大的社会力量，在世代传承的古老智慧的引领下，为父母凭直觉养育自己的孩子提供了支持。然而，当更倾向于群体主导的育儿条件不复存在时，我们目睹了基于舆论建议的政策和育儿方式逐渐兴起，这些虽然出于好意，可往往致使我们站到孩子的对立面，让孩子与我们对立起来，实在令人惋惜。

没有哪位家长想跟孩子陷入对抗状态，要是孩子已经长成身材高大的青少年，情况就更不容乐观了。**如果我们想要确保孩子心理健康，让彼此终身享受幸福、健康的亲子关系，那就必须从有关儿童发育的最新研究发现中汲取知识，尤其是神经生物学方面的成果。**这些发现为我们提供了非凡的视角，揭示了孩子做出特定行为的内在缘由。这些领域的研究成果既让人兴奋，又意义深远，能够真正改变我们的生活。

科学是这本书的根基所在。它不但能让我们相信自己的天性，从而更自信地养育孩子，还印证了先辈们那些源于直觉的认知：**我们的孩子是专注感受的个体，而不是善于思考的个体。如果我们想更深入地了解他们，我们自己也要成为专注感受的人。**

认识到驱动孩子行为的根源是他们的神经系统，而不是所谓的

"淘气"，有助于我们重塑看待儿童发展的方式，也能让我们在照顾孩子的过程中更富有同情心。

* * *

很多事，我们之所以继续那样做，常常是因为"之前一直这样做"。最近，一提到"管教"这个词，人们就会想到惩罚或者采取严厉措施让孩子"受控"。其实，"discipline"（管教）这个词，源自拉丁语的"discipulus"，意思是"学习"。我会向大家证明，完全不需要借助任何惩罚手段，只通过教导，也能让孩子们表现得体。

有两个行之有效的方法：一是划定界限；二是**我们期望在孩子身上看到什么样的表现，自己就要率先做出榜样，不要做那些我们不想在孩子身上看到的行为。**

我在这里与大家分享的内容，都是从数十年来的个人心理治疗、学习、亲身养育子女，以及与孩子面对面的临床工作中总结而来的。我分享的信息都有相应证据作为支撑，其应用则是基于"创伤知情实践"。面对我自己的孩子以及我接待的小客户们时，我也是这样做的。

和我的第一本书《不存在所谓的"淘气"》一样，我会先用"蜥蜴、狒狒和智慧猫头鹰"这个简单的比喻对行为的神经科学基础作出解释。我在这本书中收录了与一天天长大的孩子们相关的新研究成果和补充概念，其中包括我认为的养育孩子十大核心要素——这十大核心要素是一个孩子身心强大的支柱。

我们的大脑是喜欢秩序的，这十大支柱的英文单词全部以 C 开头！

Construction 构造

Calm 冷静

Containment 控制

Connection 联结

Creativity 创造

Curiosity 好奇

Communication 沟通

Compassion 同情

Contracts and Crisis Management 约定和危机管理

Community 社群

　　本书的每个章节都涵盖某一支柱内容，至于为什么做到这些对于家长来说十分重要，我也会给出相应的解释。在本书中，你会找到简单且快速地应用到自己孩子身上的实践练习，并且这些练习附有相关建议和示例脚本。此外，我还分享了自己养育孩子（尤其是事情发展不尽如人意的时候），以及与丈夫和其他家人相处过程中的诸多实例。

　　无论是在家庭、学校、还是其他社会环境中，我们都难免会遇到接受考验的情况。我会在本书的第三部分向大家详细阐述，在何种具体情形下应用上述以 C 开头的"十大核心支柱"（简称 Cs）。在最后一章里，我们需要着重关注社群的重要性。当我们在痛苦挣扎时，应当呼吁父母们团结起来，敞开心扉，多多分享自己的经历，积极寻求自己需要的帮助，同时力所能及地为其他需要帮助的人提供支持。

团结起来，我们便能为孩子们发声。倘若社会和政策对我们、我们的孩子，乃至孩子们未来的健康和幸福不利，我们可以尝试改变它们。当我们改变看待孩子的角度时，会发现眼前呈现出一个全然不同的孩子，同时，我们也会在身为父母的自己身上察觉到变化。

* * *

我第一次与尼基会面的时候，她已经对养育孩子这件事彻底失去希望与信心。仅仅四次会面之后，事情就发生了改变。我们一起学习了神经科学知识，并且模拟进行了几次实践练习之后，尼基告诉我，我建议的那些小"调整"给她的家庭带来了巨大变化。她说，她感觉自己不再那么爱控制，也没那么挑剔了，她儿子比之前平和多了，而且她能真切地感受到儿子对自己的爱了。她感慨道："你简直是个魔术师！这一切发生得如此之快，就像给我换了个孩子。当然，我儿子也换了一个不一样的妈妈。"

我不是什么魔术师，但是确实知道如何给育儿生活注入魔力。科学给我们提供了方法。**在学习"如何成为与孩子玩在一起而非惩罚孩子的父母"的过程中，我们可以触发孩子大脑中那些让人感觉良好的神经化学物质。**这样一来，孩子们在父母面前体验到的是快乐，以及深深的爱意和幸福感。

这些让人感觉良好的神经化学物质是处于沉睡状态的，就像著名的神经科学家雅克·潘克塞普形容的那样，"宛如睡美人，等待着有人将它们唤醒"。

我写这本书，源于一份热忱，我想让每一位家长都能拥有他们梦寐以求的亲子关系，同时也想让孩子们获得他们理应享有的亲子体验。我们不必非要等到孩子已经深陷危机之时，才去考虑该如何改进。最初，我正是受此启发，同时也是为了自己的家庭，才开始进行相关研究。别误会，即便到现在，在我家也时常出现孩子们在我身后吵闹，我抓着水槽，一边深呼吸一边小声骂脏话的情景。著名的诗人、活动家玛雅·安吉罗说得好，"知识越渊博，越得心应手。"

科学已经向我们敞开大门，让我们知道自己可以教孩子些什么，在教孩子的过程中我们也在学习和进步。

我不敢保证这趟旅程会一帆风顺，实际上，修复关系的绝佳契机通常出现在关系出现裂痕之时。但我可以保证的是，你会得到帮助，找到答案，消除心中的疑虑，并且认识到任何时候做出改变都不算晚，而且正如不存在完美的父母一样，（还是那句话）也没有所谓"淘气"的孩子！

无论孩子需要什么样的父母，我们都能做到，我们的能力比我们想的强大得多。

通过这本书，我希望你知道，虽然我们各自驾驶着不同的船，但我们不再像之前那样只能孤帆远行，希望你能因此得到安慰。

凯特·斯维尔顿，2024 年 3 月

目　录

第一部分

蜥蜴、狒狒、猫头鹰育儿法

这是一个关于三种动物（蜥蜴、狒狒、猫头鹰）和一棵树（猴面包树）的故事，我通过这样的比喻来讲述人类大脑的工作机制，以及父母行为与孩子大脑发育间的互相影响。

01

从"蜥蜴、狒狒、猫头鹰" 这一不一样的视角来 看待孩子、理解孩子

了解大脑，你就能理解行为

"我讨厌他！"

"我讨厌你！"

"我饿了！"

"她可真小气！"

"这种事我可干不了！"

"我肚子疼！"

"我不穿这双袜子！"

"我不想去学校！"

"我说不干，就不干！"

为人父母后，熬过最初的五年，"幸存"下来的家长们或许和大多数家长一样，以为等把婴儿车送人了，孩子也进入学校，生活就会逐渐轻松起来。

今天早上，我丈夫一边处理着"最后一份维他麦该给谁"的纠纷，一边说，那些当初告诉他"5到12岁的孩子最'完美'"的人，要么"只有一个孩子"，要么"肯定没有长时间带过孩子"。补充最后这句话的时候，丈夫的语气里略带讽刺。

不过，我向大家保证，还是有希望的，哪怕你原本想象中能成为终身挚友的兄弟姐妹，目前只会通过空手道互相徒手劈砍来进行"交流"，哪怕你经历了一次又一次崩溃，甚至在某一次崩溃后，发现自己正在上网搜索"愤怒管理"（是你自己崩溃了，不用在意孩子们的表现）。

让人难以置信的是，我们的救星来自神经科学，尤其是神经生物科学领域。有关大脑和神经系统发育的研究，已经取得了革命性的进展，现在可以对儿童的诸多行为给出具体的解释，比如打人、咬人、抓人、尖叫、哭泣、生气，以及兄弟姐妹之间的争吵。科学不可思议地揭示了这一切背后的奥秘，还打破了"淘气"这一概念，关于其中的原因，我会在本章中详细解释。

作为一位儿童治疗师，同时也是两个小学生的家长，我非常理解孩子们的行为有时会多么令人愤怒、沮丧，甚至是恐惧。接下来，我会告诉你如何安全地应对他们的失控行为，重建家庭的愉快与和谐。我还会告诉你，为什么你不需要和孩子们争辩也能掌控局面，以及为什么你可以凭借你们之间强有力的联结指挥自若。

我会把我在治疗室及家庭中应用的治疗方法、小诀窍和各种工具分享给大家。借助这些，你能在几秒钟之内读懂孩子的行为，并且保持冷静。是的，哪怕你六岁的儿子死活不肯睡觉，还把裤子套在头上到处乱跑，又或者你想跟 11 岁的女儿亲切温和地聊聊她今天的见闻，她却大喊大叫让你"走开!"，这些方法和工具也能派上用场。

* * *

在本章中，我们要研究"构造"：孩子们的大脑是怎样构建的，以及这种构建方式会如何影响他们的行为。我们还会探索相关的科学原理，搞清楚为什么无论孩子看起来多么成熟，即使每个新学年都会自豪地站在门口，但在处理压力和成功调节强烈感受和情绪的问题上，他们有时仍会陷入挣扎的状态。**你将会认识到，孩子的行为之所以有别于你，是因为他的大脑和你的大脑不一样。**即便孩子已经 11 岁了，他用来应对这个世界的大脑，仍然远不及你的大脑那般老练。了解"构造"，有助于我们理解其中的因果关系。

🧰 大脑工具箱

我们的大脑发育是分阶段进行的，最原始的部分最先发育，最复杂的部分最后发育。那个能让我们产生心智，并且会充分考虑他人如何看待世界以及他人对周围事物看法的大脑部分，直到我们二十多岁时才能够完全发育成熟。正因如此，我们不能把小学阶段的孩子视作"完成态"，毕竟他们距离这个状态还相差甚远。只有拥有成熟的大脑，才能充分理解人类的行为模式。

——彼得·福纳吉，当代精神分析和发展心理学教授

　　孩子的大脑尚在发育之中，所以他们的行为也在不断发展。这就意味着，他们会犯错，而当他们犯错时，正需要你的帮助。就像我们不会在他们做错数学题或写错字的时候惩罚他们（但愿是这样！）一样，当他们在行为方面出现差错时，我们应该给予指导，并且以身作则，避免做出那些我们不希望在孩子身上看到的行为。

　　了解孩子大脑发育背后的神经科学知识，有助于我们在孩子因发育不充分而做出不当行为时，展现出足够的同情心。所有关心、照顾孩子的人，都应该把自己当作大脑发育领域的从业者，并且力求在这项工作上有所建树，因为大脑的健康发育是孩子未来心理健康的基础。如果想了解我们的孩子（顺便说一下，也包括了解我们自己），我们就要了解这门科学。

　　困难之处在于，作为一门科学，人类的大脑和身体的其他器官一样，是非常复杂的。就连那些基本构造的名称，听起来也不像是存在于大脑中的元件，反而更像是《星球大战》中角色的名字。比如间脑、大脑脚、脑桥、蛛网膜，更不用说胼胝体和扣带回了。难怪忙碌的父母们常常忽略它们！人类的大脑被认为是宇宙中最复杂的生物器官之一，但是我们对大脑的理解却不必如此复杂。

　　作为一个自身时间比较紧张的家长，每当我的孩子"表现出格"时，我就特别需要一份能快速查阅的指南来提醒自己："没有'淘气'这回事儿！"我构想了一个简单的比喻，也就是用一棵树来代表大脑，用三种动物来代表大脑中最有影响力的区域。显然，这样的比喻在解释那些令人难以置信又令人惊叹的科学问题时，运用了大量艺术手法，不过我发现它实用性很强，能让我获得一个易于理解且具有可视化特点的参考，帮助我迅速回想起大脑的各个部分是如何影响我孩子（也包括我自己）的行为的——尤其是当我作为家长感到不知所措时，它就显得格外方便好用！

这个比喻的灵感，来自精神科医生布鲁斯·佩里博士的大脑发育神经序列模型。我建议大家去看看他的著作，以及书中"大脑工具箱"部分提到的所有科学家和临床医生的研究成果。他们这些宝贵的研究成果，不仅为这本书提供了学术支撑，而且在我为自己的孩子以及在临床诊疗中接触到的青少年提供服务的过程中，给予了很大的帮助。

在我的比喻中，用一棵巨大的猴面包树代表整个大脑，猴面包树在非洲有着"生命之树"的美誉。猴面包树上栖息着三种动物：一只蜥蜴、一只狒狒，还有一只充满智慧的老猫头鹰。每种动物分别代表大脑的不同区域，而这些区域都影响着我们的行为。实际上，大脑的这些区域之间是互相关联的，并且在很多方面会共同协作。

在你的孩子出生时，这些部分就已然存在了，只是大脑中的不同部位和分区发育速度不尽相同。

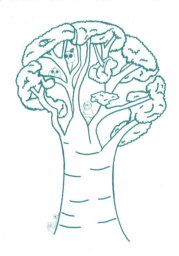

我在这本书中增加了新的比喻，用猴面包树的根系代表我们的神经系统。信息通过我们的神经系统在身体和大脑之间相互传递。了解我们的神经系统以及大脑如何发育，能解释孩子的所有行为表现。

下面让我们来看看其中的缘由吧。

蜥蜴、狒狒和智慧猫头鹰

蜥蜴

孩子大脑最早形成的部分，在怀孕后的几周就开始发育了，这部分被称为脑。孩子在子宫中能够存活下来离不开脑干，它负责调节呼吸、心率、血压、吞咽和睡眠模式。

脑干还与进食、平衡和协调功能有关，而且在孩子的意识、察觉和运动方面起着至关重要的作用。脑干与稍后发育的小脑和间脑，组成了被我们理解为"生存脑"的部分。这部分的功能很纯粹，就是为了保障我们的生存。正因如此，它与孩子对压力的反应有着密切的联系，关乎孩子感觉到威胁、面临挑战或受到惊吓时，会做出什么样的行为。同时，这里也是焦虑产生的源头。

我将大脑中的这些部分具象化成一只蜥蜴，因为它们代表了我们大脑中最原始的部分，而且与爬行动物的大脑非常像——它们已经存在上亿年了。了解它们的功能，能帮我们理解孩子的很多焦虑、防御和反常行为，进而给孩子提供帮助和安慰。

脑干通过脊髓将孩子的大脑和身体的其他部分联系起来，它本身也是神经系统的组成部分。就像它曾保障孩子在子宫中存活一样，脑干，或者说"蜥蜴"，在今天仍旧履行着保障孩子们生存的职责。它时刻监控着那些我们几乎没有意识到的行为，比如你在读这页书的时候呼吸了多少次。

被我视作蜥蜴的部分，会和大脑的其他部分相互协作，不间断地扫描着孩子（再次强调，也包括你自己）的身体环境，逐项核查，确保整个系统处于平衡状态：是不是需要食物或饮水，是否有感染需要去对抗，又或者睡眠是否充足。**蜥蜴——想象你看见它单独趴在树的底部——对周围的环境也很警觉，能感知孩子听到、看到、品尝到、感觉到和闻到的一切。就像野外环境中的蜥蜴，一旦察觉到存在会对它造成危险的东西，就会立刻做出反应。**

头脑中这既古老又原始的部分，在影响孩子日常行为方面，扮演着十分重要的角色。如果孩子感到饥饿或寒冷，或者感到焦虑或害怕，再或者觉得环境太嘈杂，其头脑中的"蜥蜴"会启动压力反应，进而决定如何应对外部"危险"。要知道，哪怕仅仅是大脑认为有危险，这样的想法都有可能触发压力反应。如果你的孩子担心即将到来的拼写考试，或者别的孩子跑到他身后突然大喊了一声，他大脑中的"蜥蜴"就会在他甚至还没意识到的时候做出反应。

🧰 大脑工具箱

"虽然我们无法总是在认知层面意识到危险，但是在神经生理层面，一系列促使身体采取（包括战斗、逃跑或僵直不动在内的）防御行为的神经活动就已经开始。"

——心理学家、神经科学家 斯蒂芬·波格斯博士，

《多层迷走神经理论：情绪、依恋、沟通和

自我调节的神经生理学基础》

生理学家沃尔特·加农是首位将我们的压力反应描述成"战斗或逃跑"反应的人。每当你的孩子表现出挑衅、暴躁、愤怒或呈现出"攻击姿态"时，你就应该思考一下，他们是不是真的处于战斗或逃跑状态。

当孩子在学校待了一整天，回家之后跺着脚大喊："我饿了！"或者兄弟姐妹中的一个拿走另一个最喜欢的玩具，致使另一个孩子失控嚎叫，甚至还要打人，在考虑这些事的时候，都应该联想到压力反应。

想一想，如果你总是得熬到很晚才能睡觉，你会多么想跺脚或大叫；或者有人一次又一次地让你少吃一顿饭，你会变得多么暴躁，那种"饥饿感"会多么强烈。我们的大脑时刻监控着我们的安全与健康状况，一旦我们面临陷入"饥饿"的危险，或者可能因睡眠不足而导致身体虚弱时，它就会驱使我们做出某些行为。

逃跑反应帮我们逃脱危险，而不是迎头去直面危险。如果你把孩子带到一个新的或者不熟悉的场合，就可能在孩子身上看到这样的表现，比如带他去：

● 生日宴会
● 一家嘈杂的饭店
● 一个新朋友的家
● 开学第一天去了一所新学校

触发逃跑反应后，孩子可能会转着圈跑，或者逃离你身边。我们经常在孩子感到紧张或害怕时，从他们身上看到逃跑反应。这种行为很容易被视作"淘气"的表现，进而遭到制止，但实际上这是一种信号，是孩子大脑感知到危险后迫使他们做出的行为。兴奋、恐惧、羞愧、尴尬、愤怒或厌烦等强烈情绪，都有可能触发战斗或逃跑反应。如果孩子感觉到了威胁，但是大脑判断出他们无法做出反抗，也无力逃跑，那他们可能会僵直不动、昏厥或瘫软，这是压力反应的另一种表现形式。

僵直不动。如果孩子在课堂上感觉不知所措，面对自己不会回答的问题时，可能会茫然地盯着前方呆住不动。或者，如果有人对着孩子大声吼叫，他们可能会默不做声。就像野生环境中的蜥蜴，在遇到无法战胜或无法逃脱的对手时，可能会一动不动。僵直不动为孩子提供了一种不移动身体却能"逃离"当下情境的方法。我们可能看到过，孩子藏在桌子下面，或者无论如何就是不动，试图借此寻求一种庇护。僵直不动是一种脱离当下情境的表现，我们在有创伤经历的孩子（成年人也是如此）身上经常能看到这种行为。

如果一个孩子被恐惧压倒，或者如果他感受到强烈的情绪冲击，比如自责、尴尬或羞愧，他可能会昏厥或瘫软倒地。再说一遍，如果逃跑或战斗都不可行，我们就可能看到孩子瘫倒在地上。孩子在身体或精神上呈现出失去反应的样子，这经常被误会成是故意为之，或者，又是那个词——"淘气"。我曾经看到这样的场景：孩子坐在地上，老师和家长不管不顾地非要把孩子拉起来，还呵斥孩子别继续做"蠢事"了。实际上，孩子的脑干和神经系统，正在按照其既定的模式，有条不紊地工作着。需要再次强调的是，这种反应完全是自动的，孩子并没有用意识去加以控制，就像一个成年人无法控制自己看到血之后晕倒还是不晕倒一样，昏厥不过是瘫痪反应的另一种形式罢了。

大脑工具箱

> 　　当受到威胁或者伤害时，所有动物都会开启那个装满各种可能反应的"宝库"，诸如辨明方向、闪开、躲避、僵直、绷紧、回撤、战斗、逃跑、僵直、晕倒，等等。所有这些相互协同的反应，都是基于躯体产生的——它们是身体出于保护和防卫自身的目的做出的行为。
>
> 　　　　　　　　　　——彼得·莱文《唤醒老虎：启动自我疗愈本能》

　　如果我们没学习过神经生理学知识，也没有人告诉过我们面对威胁时神经系统会做出何种反应（能有多少人了解这些知识呢？！），就很容易理解我们，当然也包括以往时代的父母们，为什么一看到孩子做出我们一时无法理解的行为，就会直接认定孩子在"淘气"（甚至更为严重，觉得孩子不听话）。充分意识到，当孩子感受到威胁时，他们的大脑如何指挥他们的行为，能帮我们更精准地把握环境因素对孩子行为产生的影响。

　　在这本书的第二部分，你会看到大量切实可行的方法，这些方法不仅能帮你理解那些常常让你感到困惑（有时甚至让你感到难堪）的行为，还会告诉你在这种时候该如何帮孩子放松心情，使其迅速恢复平静。

　　还有一个值得我们认真思考的问题，那就是，有些孩子会采取一种被我们称为"取悦他人"的生存机制，心理治疗师皮特·沃克最近开始称之为"讨好"行为。也是一样，这种行为往往出现在孩子感知到周围环境或周围的人会对其造成危险的时候。大脑将讨好当作各种求生反应的选项之一，这类孩子在家庭或学校里经常被忽略，因为他们的表现一直都很"优秀"。当讨好作为一种防御机制时，情况则有所不同，这类孩子学会了如何安抚周围的人，无论是兄弟姐妹，还是朋友、父母或老师，以此避免因为对方不高兴（甚至更糟糕的情况）而给自己造成威胁。**过度顺从的孩子，会将他人的需求置于自身需求之前，这对他们自身的身心健康会造成巨大影响。**同样，通常在孩子的大脑判定不存在能保证其生存的诸如战斗、逃跑或瘫倒认输等其他选项时，就会启动该机制。我们经常会在经历过创伤或虐待的孩子身上看到这种表现。

　　理解孩子大脑对行为的影响，能彻底改变我们对孩子的看法以及我们的育儿观念。一个孩子脑中的"蜥蜴比较散漫"并不意味着他"淘气"，实际上，孩子甚至都无法停止思考。

　　大脑中负责处理紧急情况的部分，已经有效地演化了数百万年之久。它们从一开始就没有被设计成"要停下来思考行为后果"的样子，因为当生死攸关时，根本没有思考的时间。如果你的孩子在超市过道上躺倒，或瘫坐在地上，他并不是为了让你难堪；而且要是最后一块蛋糕被兄弟姐妹抢走，或者在足球场上被另一个孩子过于起劲地铲抢，对于他们来说，真的很难控制想要殴打对方的那种冲动。但这并不是说我们应该鼓励或忽略这些可能对孩子自己或周围人造成伤害的危险行为。实际上，我要向大家解释清楚，为什么划定行为界线，以及对孩子的表现有明确的期望，是至关重要的。如果我们想帮助自己的孩子理解大脑中这个非常活跃又非常原始的部分，让孩子知道如何与之协作，我们就必须以身作则。如果我们想看到孩子的行为是经过深思熟虑、富于同情且冷静平和的，我们自己就要先这样做。我在前面还提到过焦虑。我们的大脑无法分辨威胁是真实存在的，还是仅停留在情绪层面的，它没有演化出这种功能。这就是为什么孩子们会把担忧和恐惧当成真实的危险，也是为什么友情方面的困扰、即将到来的考试，或对学校话剧演出的期望，都可能触发他们的战斗或逃跑反应，其作用机制和公园里的狗对着你的孩子狂吠是一样的。

学习与大脑相关的知识，同时帮孩子认识大脑，有助于他们约束自己的行为。我会告诉你，当孩子脑中的"蜥蜴"躁动不安时，该如何加以安抚，以及如何帮你的孩子攻克挑战、增强适应力，克服对未来的担忧和焦虑。

* * *

不过，我们还是先看看孩子大脑中另一个尚未完全发育的区域吧。在我的比喻中，用狒狒代表这部分。

狒狒

这部分其实就是科学家们常提到的大脑边缘系统。我将这部分视作狒狒，是因为它是所有哺乳动物，比如你家的狗和猫，都有的哺乳动物脑。大脑中的蜥蜴区和狒狒区共同协作，支配着孩子的诸多原始行为，这两部分关注的焦点都是生存问题。

狒狒所处的位置好像在一支相对较高的树杈上，高于蜥蜴脑所在的位置。它具备的技能组合更加精妙，正因如此，它和形单影只的蜥蜴脑不同，更多地涉及与他人的关系以及相互之间的联结。

当你的孩子蹒跚学步时，正是"狒狒"在驱动着他迈出第一步，说出第一个字，对你绽放出第一抹灿烂的微笑。对于我们来说，这些都是美妙的瞬间，而对于"狒狒"来说，这些是孩子成长旅途中重要的典礼仪式。"狒狒"知道孩子不能独自生存，因此它会鼓励孩子与他们最初的照护者（也就是我们）建立精神上的联结，我们将这种联结称为"依恋"。婴儿的笑声和笑容，是为了确保在周围有掠食者出现的时候，你不会轻易抛下他不管！

为了让孩子在出生后的前几年健康成长，他的"狒狒"需要持续获得关心，需要感觉到安全、有保障。可靠、有爱的人际关系能帮他建立信任，形成健康的处理机制，以应对未来与早期照护者分离的情况。这一点很重要，因为这会进一步塑造他将来应对压力的能力。这就是为什么，孩子出生后的前三年所获得的照护，对于将来帮助孩子管理情绪、增强适应力起着至关重要的作用。

孩子日后出现的焦虑，以及与压力相关的精神健康问题，有时与早期照护者的分离有关，分离的原因可能是工作、疾病、住院、亲人离世等，这些情况会导致照护者长期缺席。

掌握这些信息，有助于我们将孩子的（实际上也是我们自己的）行为，置于一个更容易引起共情的情境中去理解。我们可能担心那段时间的缺席，担心自己心理有压力或出现问题时，会影响到孩子。我希望给你吃上一颗定心丸，同时也会提供相应的指导。因为，即便你对自己和孩子的关系存在很多担忧，这也并不意味着就是最终的结局。就像我们在心理治疗中常说的那样，哪里有裂痕，哪里就有修复的可能。

每次我们帮助孩子管理他们的恐惧、焦虑和"压力"时，其实都是在帮孩子学习将来如何自行应对这些问题。这就是我们增强孩子情绪适应力的方式，而且任何时候开始这么做都不算晚。

孩子的很多早期经历，会以记忆的形式储存在大脑中。孩子会记住令他们感受到愉悦的活动和人，因为那会让他们感觉到周围环境是安全的。同样地，那些让孩子感到不安的经历也会被记住。因此，记忆以及与之相关的情绪、感受，是孩子重要的生存指引。

杏仁体会对我们的记忆进行加工，并赋予其情绪层面的意义。杏仁体也被看作是大脑中的恐惧处理中心，它与脑干紧密合作，负责处理外界输入的与我们生存相关的信息。

🧰 大脑工具箱

> "作为大脑边缘系统的重要组成部分，杏仁体会接收所有外部感官及身体输入的信息，这使它能够在不到1/10秒内探查到潜在的危险，比我们的大脑产生一个有意识的想法或感觉所需的时间短得多。"
>
> ——《以大脑为基础的育儿》作者丹尼尔·休斯博士和
>
> 乔纳森·贝林博士

杏仁体会参与处理包括愤怒、恐惧和愉悦在内的强烈情绪。这就是为什么我妈妈要来我家住一段时间时，我的孩子会立马变得兴奋起来。孩子们的"狒狒"一想到我妈妈，就会联想起她与他们玩耍时（可能还有她带来的巧克力！）的正面感受和记忆。

相反，如果孩子们在学校受到批评，或者在操场上跟朋友发生了不愉快，杏仁体可能会消极地处理这些事件，记忆也会被打上负面的标签，比如羞愧、难堪、恐惧。负面事件更容易被记住，因为这些经验可能是关乎生存的重要教训，大脑会优先考虑。这就意味着，哪怕只是"第二天要去学校"这样的想法，也能触发压力反应，因为此时学校已经和负面事件联系到一起了。

我们在第二章会看到，这种压力反应会引发全身反应，导致孩子做出包括战斗、逃跑、僵直、瘫软在内的防御行为。最近与我联系的一位家长经历的事，恰好与这种反应有关。

🫧 家长的思考

妈妈乔，6 岁的奥莉芙、3 岁的米娅、婴儿马修

我有 3 个孩子，最大的孩子叫奥莉芙，开始"行为出格"。去学校的时候磨磨蹭蹭，坚持认为她的袜子"拉得不够高"，还会抱怨我走得太快。我们不得不多次停下来，我感觉非常挫败，同时还要照顾到婴儿车里的宝宝和一个蹒跚学步的孩子。这导致有一次我们走到学校大门口时，奥莉芙大发脾气。我接触到凯特之后，她让我花点时间思考一下，为什么会这样。是不是学校里有什么事让奥莉芙感到困扰，或者潜藏着令她不安的东西？我自己当时正处于压力应激状态，只会简单地假定奥莉芙遇到了困难！

第二天，我真诚又好奇地问奥莉芙："你觉得袜子那么重要，是发生了什么事吗？"奥莉芙瞬间泪流满面，哭着说："把袜子拉得直直的，我就不会伤到膝盖了！"一周前，她在操场重重地摔了一跤，膝盖出了不少血。难怪她想拉高袜子，让它"直直的"——原来是想保护膝盖！我按照凯特的建议，围绕摔跤这件事跟奥莉芙聊了聊，我们说到了"膝盖受伤"和"流血"的事，还说摔了之后一定非常疼，而且很可怕。我意识到，那次摔倒给奥莉芙留下的不只是一块伤痕。她害怕再次摔到，害怕再次伤到自己。

我为自己之前的恼怒感到自责。我停下脚步，我们俩一起靠在墙上，我给了她一个拥抱。不要去想这个拥抱是否太迟了！奥莉芙又哭了起来，然后依偎到我怀里。我对她说，我完全理解为什么袜子"拉高"对她来说如此重要了。现在我已经冷静下来，自然要帮她想一个解决办法，而不是批评她！我问奥莉芙，穿上紧身裤是不是能让她在奔跑时安心些。她开心（还有如释重负）的样子，让我的心都融化了。现在她穿上了紧身裤，去学校的路上也变得开心起来。就好像我一直都是最棒的妈妈——这一切全都是因为我不再去质问为什么。

在这个案例中，重重地摔了一跤与事件相关的对疼痛及受伤的记忆组合起来，刺激到了奥莉芙的"狒狒"。受伤是对生存的潜在威胁，因此奥莉芙靠近学校时，"狒狒"出于保护的目的，会做出各种尝试拒绝去学校（摔跤），接下来，当奥莉芙的妈妈坚持说要快点的时候，它又通过拒绝走快，试图"战斗"。"我不要这样做！"我们从中看到孩子的坚持。奥莉芙的"蜥蜴"和"狒狒"支配着她要拉高袜子，这既是一种拖延策略，也是为她下一次摔倒提供"保护"。聪明的大脑！只是这种行为，让乔的"狒狒"因为迟到感到难堪，也处于压力之下，奥莉芙的"狒狒"和她妈妈的"狒狒"对立了起来。

难怪一切如此艰难，奥莉芙最终在学校门口"崩溃"，坐到地上不走了。只有当乔帮她处理摔倒事件，了解她的痛苦以及担心再次摔倒的焦虑，奥莉芙被压抑的情绪才能被释放出来，大哭一场，接下来做的事，我认为可以称之为"驱散"压力反应的能量。紧急情况已经过去，问题已经得到解决，奥莉芙和她的妈妈可以步行去学校，奥莉芙的行为举止恢复了往日开心、平静的状态。

在第二部分，我会告诉你，如何鼓励孩子把他的感受描述给你听，而不是"表现"出来。我还会进一步向你说明，如何帮助你的孩子，用更安全、更恰当的方法，释放压力反应的能量。

当我们的"智慧猫头鹰"掌管大脑时，我们就能做到这一点。

智慧猫头鹰

智慧猫头鹰代表的大脑分区，使我们人类不同于其他大多数动物，这部分的正式名称是前额叶皮质，被认为是大脑中负责更"高级"或更复杂思考的部分。人到三岁的时候，这部分功能才会"上线"，直到成年之后，才完全发育成熟。这也就是为什么，当我们的孩子还小时，特别容易受到压力的影响。因为大脑中负责管理压力，以及调节感受和情绪的部分，还在发育当中。**我们的"智慧猫头鹰"帮助我们学习，让我们有同情心，让我们能从其他人的角度去看待这个世界，以及解决问题。**它让我们从自己的失误中学习，增强我们的适应力，产生强烈的自我意识。我们大脑中的"智慧猫头鹰"，让我们意识到时间的存在，让我们去思考过去和未来，理解各种概念和微妙的想法。

大脑工具箱

"心智化让我们能从外看自己，从内看他人；让我们能够理解误会，客观地认识自己。这些心理学技巧，让我们能够自然而然地，主要受直觉指引，通过考虑他人的信仰、愿望、感受以及心理状态，理解我们自己和他人的行为。"

——彼得·福纳吉，当代精神分析和发展心理学教授

"智慧猫头鹰"能帮我们明辨是非，预想到行为的后果。它处于树冠的高处，能够"总览大局"，得益于此，大脑的这个部分，能让我们将自己和他人的经历与事件的背景相结合，从而为我们提供一个清晰的视角。

如果我们的"蜥蜴"变得激动，按我的想象，像蜥蜴那样"嘶嘶"吐着舌头，或者我们的"狒狒"警觉地拍打着胸脯，这时我们的"智慧猫头鹰"就会俯冲下来，张开翅膀给它们提供温暖舒适的怀抱，安抚它们说"没事的，我们能解决"。我们会发现，任何人若要成功调解情绪，为良好的心理健康打造坚实的基础，都离不开"智慧猫头鹰"发挥作用。这就是心理学家、神经精神病学家丹尼尔·西格尔博士所说的，拥有优秀的"垂直整合"能力。

同样的，如果威胁是真实的，强大的"智慧猫头鹰"会帮助"狒狒"和"蜥蜴"，使它们成为防御力量的一部分，共同组建一支强大的防卫队。简而言之，拥有"智慧猫头鹰"能让我们快乐地驾

驭生活，既能在情绪高涨时享受生活，也能帮我们度过低谷，不至于在情绪的起落间不知所措。

但是……

你的孩子还没有成熟的"智慧猫头鹰"！他们只有一只"小猫头鹰"，而且别忘了，那是一只挂着"学习者"牌子的小猫头鹰。

* * *

当然，孩子的前额叶皮质相较于更小的时候已经发育了不少。这就是为什么孩子现在能在学校较长时间坐着不动，还能集中注意力，也是孩子情绪崩溃的情况越来越少、间隔越来越长（但愿如此）的原因所在。但是，如果你的孩子心里有担忧，或者病了、累了、感觉面临挑战，或者这一天遇到了困难、有人说了让他们伤心的话，又或者踢足球的时候他们那队输了，那么你基本上可以确定，他们的"蜥蜴"和"狒狒"会占据主导，"跳"到驾驶座上了。

即便已经 11 岁，孩子的"小猫头鹰"还是没有足够的生活经验、智慧，羽翼也尚不丰满，不足以自信地俯冲下来安抚躁动的"蜥蜴"和"狒狒"。

但是你的"智慧猫头鹰"可以做到。

无论什么时候，不管出于什么原因（哪怕你觉得这个原因十分荒谬），当你的孩子陷入苦恼时，派出你的"智慧猫头鹰"，是安抚孩子最快捷且最健康的方法。

简而言之，你可以用你的温暖、爱和理解，向孩子的"小猫头鹰"展示如何驾驭这一切。这可能让某些人觉得违反直觉，尤其是像我丈夫那样，自己小时候不是被这样养育长大的人。

跟麦克一起演习

我在英格兰东北部一个条件艰苦的政府住宅区【市（或郡等）政府所属房产】长大，家人之间几乎从不谈论感受。我得承认，我妻子凯特提出的"智慧猫头鹰"养育模式，在一开始的时候让我感到非常陌生。我担心这种模式会让我们"放纵"孩子在家里的行为，干脆直说吧，就是怕他们变得"淘气"！

比如，我们 7 岁的儿子威尔伯早上会拿我们的床当蹦床。他在床上蹦跳，不仅会把床弄得乱糟糟的，还可能让我们上学迟到。我通常会冲他大喊"别跳了！"，然后把他赶出我们的房间。

在一个令人懊恼的早上，鉴于我以往的管教方法明显没起作用，我开始琢磨，凯特要是遇到这种情况会怎么说。她在第一本书中提出过一个建议，她称之为"SAS"，意思是先说（Say）你所看到的情况，指出孩子的行为；然后，接受并认可（Acknowledge）与之相关的潜在情绪，比如看看孩子是不是看起来不高兴、恼怒、气愤或者失望；最后，再去安抚（Soothe）他的情绪。

于是，我转向正在床上蹦跳的威尔伯，尽可能平静地说道："威尔伯，我看到你在我们的床上跳呢。"我故意停顿了一下，接着问："你看起来有点'嘶嘶'？你想跟我说说是怎么回事吗？"

"嘶嘶"是凯特用来描述反常行为的词汇之一。鉴于威尔伯当时的行为，用这个词还挺贴切的。就像施了魔法一样，他马上停止了蹦跳，脱口而出："我和伊桑约好了晚点一起玩，但是我很担心。"

我当时完全惊呆了。孩子在床上蹦跳这事儿是最近才出现的，差不多就是他去新学校的时候开始的。去新学校、交新朋友，这么大的变化，必然会让人感到紧张、焦虑，威尔伯是不是在通过蹦跳来缓解这种情绪呢？

我开始思考他在我们床上蹦跳意味着什么，为什么不在他自己的床上跳。他的这个行为是不是在向我传达他内心的感受呢？凯特常说，孩子会通过外在的行为来展现内心的感受。我之前不假思索地将威尔伯的行为认定为"淘气"，这意味着我误解了他行为中的摩斯密码。

其实，我只需要抱着"我想要提供帮助，而不是想批评他"的态度向儿子提问，他就会向我敞开心扉，用自己的语言描述他的感受，而不会通过在新铺的床上跳来跳去这种方式来表达内心的想法了。

当我们对孩子的内心活动充满好奇时，就能理解我们看到的孩子的各种外在表现。在下一章，我会揭示孩子的神经系统在他们行为中扮演的重要角色。因为，孩子大脑中的活动并不会只停留在大脑中，还会通过身体"体现"出来。

猫头鹰的智慧

你孩子的行为有别于你，是因为他们的大脑和你的大脑存在差异。

当我们对大脑有所了解后，我们就能更好地理解孩子的行为。

通过象征的手法，把我们的大脑比喻成猴面包树，有助于我们思考。这棵猴面包树是形象化的"蜥蜴""狒狒"和"智慧猫头鹰"的家，它们分别代表我们大脑中影响各方面行为以及内在感受的部分。

"智慧猫头鹰"会帮助我们调节强烈的情绪，还会帮助我们从另一个角度看待这个世界。

孩子大脑中的"智慧猫头鹰"还没有发育完全。他们只有一只"小猫头鹰"——这只"小猫头鹰"还挂着"学习者"的牌子呢。

用我们自己的"智慧猫头鹰"的智慧，去教导孩子的"小猫头鹰"如何应对各种情况。如果你想知道如何为孩子的大脑健康发育以及他们未来的心理健康提供帮助，这就是答案。

02

蜥蜴、狒狒、猫头鹰 在神经系统上扮演的角色

迷走神经的活动不会只停留在迷走神经

　　无论是威尔伯把我们的床当蹦床，还是凌晨 3 点把我们叫醒，大喊"我屋里有一只怪兽在吼叫！"，驱使他做出这些行为的不只是他的大脑，还有他的神经系统。

　　我们的神经系统是身体的指挥中心，由大脑、脊髓和复杂的神经网络构成。它连接着身体的各个部分，让它们能够彼此交流，仿佛创建了一条供信息通行的"高速公路"。在这个比喻中，我想象出的画面是，猴面包树长长的根系在我们的身体和大脑之间来回传递信息。

　　我们所做、所说、所思、所感知的一切，都是在神经系统的指导下完成的。其中的一个重要组成部分，被称为自主神经系统，之所以这样命名，是因为它是自主运行的。自主神经系统会持续监控我们的健康状况以及是否处于平衡状态。无论我们是睡着还是醒着，它都不会停止工作，这就解释了为什么孩子在夜里听到异响（或者

像威尔伯那样听见怪兽吼叫），会立刻爬起来跑进我们的房间。**神经系统要保障我们的生存，又要帮我们理解这个世界，以及内心的感受。**

🧰 大脑工具箱

"虽然我们可能认为是大脑在主导一切，但是我们日常体验的核心，以及我们行走世间的方法，全都始于受自主神经系统支配的身体。我们讲述的那些故事，关于我们是谁、世界如何运作、我们要做什么，以及我们感觉如何，都是从这里形成的。正是我们的生物学特性塑造了我们与安全和关系相关的经历。"

——治疗师、创伤顾问、《锚定》作者，黛博·达纳要想理解孩子的行为，你需要对神经系统有所了解，因为如果神经系统运行良好，你的孩子也会表现良好。

如果孩子觉得不安全（别忘了，想法有时也可以像真实事件那样，让人感受到危险），压力荷尔蒙和化学物质被释放到体内，促使他们采取行动，这就是我们的压力反应。它是自动发生且即刻启动的。我们前面已经看到，威尔伯对约定一起玩耍的担忧是如何触发他的压力反应的，就像奥莉芙在操场摔倒触发了她的压力反应一样。

通常，我们认为压力反应是一种积极的演化适应。它是我们的大脑和身体对恐惧做出的自主反应。短暂的肾上腺素和皮质醇爆发，能让我们摆脱或直面所有阻碍我们的事物。它让我们接受挑战、解决问题，无论是走进一个满是陌生人的房间、发表演讲、做运动、交通出行，还是邂逅爱情！

压力反应对我们的孩子而言，同样有着积极的意义。它能帮助孩子学会骑车、爬树、交朋友，还能让他们在上学第一天，勇敢地在大门口跟你告别。适度的压力是好事。**如果你希望孩子在生活中拥有足够的适应力和自信心，就要帮助他们和神经系统"交朋友"，积极利用压力反应的能量。**不过，如果没有我们的帮助，他们很难做到这一点。因为压力反应会牵涉全身，表现出的症状有时会让人不知所措。

交感神经系统是神经系统的一部分，也会参与到压力反应的活动当中。我通过联想到"skydiver（跳伞运动员）"记住了同样以"S"开头的"sympathetic（交感神经）"。

借助跳伞运动员这个类比，我理解了，当我们或我们的孩子面对威胁或挑战时，究竟发生了什么。

想象一下，你发现自己穿着跳伞服，即将登上一架塞斯纳 182
小型飞机。出于至今完全不清楚的原因，你答应要去参加一次慈善
跳伞。把自己从 10000 英尺的移动物体上扔下去，虽然只是预计会
发生的事，仍会让你的"蜥蜴"和"狒狒"变得狂躁起来。它们（准
确无误地）察觉到了潜在的生命危险，在你意识到之前，你的"狒
狒"就已经跨越它所在的树枝，击中了我想象中的"又大又红的火
警按钮"，疯狂地提醒你注意危险。那个"警报器"就是你的杏仁
体，如果杏仁体确认存在生命危险，就会向你脑中一个名为下丘脑
的组织发送危险信号。下丘脑通过神经系统向你身体的其他部分
"传达指令"，激活一系列连锁反应。

回到跳伞的话题，在家人和朋友的注视下，你不知怎的，压制
住了自己的恐惧感，走向跑道，登上了飞机。这时候，你的身体系
统已经在超速运行了。你的肾上腺疯狂地向你的血管注入肾上腺素
和皮质醇，让你心跳加速，把血液输向你的四肢、肺部和大脑——
为你的行动做准备。飞机起飞后，你的呼吸开始加快，更多氧气被

输送到你的大脑，让你的五感变得异常敏锐。时间似乎变慢了，血糖上升给你提供了额外的能量，以便你去对抗，或者就当下这种情况而言，从飞机上"逃跑"。

值得再次强调的是，这个过程是自主且无意识的。你没有通过意识去控制它，对你的孩子来说，也是一样。

飞机舱门打开，你的下丘脑—垂体—肾上腺 (hypothalamic-pituitary-adrenal, HPA) 轴 (你会明白我为什么爱用这个比喻) 参与进来，为体内正肆虐的神经化学"野火"增添了更多压力荷尔蒙。坐在平台上望向数千英尺之下绿油油的原野，你脑子里雾蒙蒙的，胸口发紧，感觉吞咽困难，心脏砰砰直跳，胃里也翻江倒海。

你的"智慧猫头鹰"——你的前额叶皮质——抓住机会提供些许安慰。它让你放心，感到恐惧（不是玩笑）是自然的反应，但是，它又补充道，你接受过一些训练（但愿如此），而且不会是你一个人跳伞。这时，你的教练向你点点头，你深吸了一口气，屁股挪到飞机舱门边缘。然后，用力一跳，脱离飞机，越来越远！

在自由落体过程中，教练冷静、沉着的表现，让你也逐渐冷静下来。风不断吹打着你，之前接受的训练开始发挥作用，你设法找到了平衡。天哪，你甚至开始享受这种肾上腺素飙升带来的刺激感觉，还有眼前的风景！教练拉开你的开伞索，降落伞缓缓升起，打断了下落之势。伞打开后，下降的速度明显减缓，让你能轻柔地漂浮在空中，最终安全地降落到地面。

所有上去的，一定会下来：副交感神经系统——我们的"降落伞"

从本质上来讲，这就是我们神经系统的工作方式。

虽然并非我们面临的每项挑战都像跳伞这般极端又漫长，但是我们大脑和身体的反应机制是一样的。对于这些情况，我们的相关体验可能更短暂一些。比如，看到孩子朝着一条车水马龙的道路跑去，你会瞬间体验到一股能量的冲击，心脏也会狂跳起来；在一场大型求职面试之前，你会手心出汗、呼吸急促；在高速公路上遇到险情后，你会感到体内有汹涌澎湃的能量涌动，双手也止不住地颤抖。

一旦"危险"过去，我们的神经系统就会把我们拉回平衡状态。之所以这样设计，是因为**平静安宁——也就是处于平衡状态——对我们的身心健康至关重要**。我们没办法长时间处于高度紧张的状态，因为相应的症状会让人难以承受，而且肾上腺素和皮质醇长时间处于高位，会给我们的健康造成极大的伤害。

就像降落伞能够减缓我们跳伞时的下降速度一样，在我们的神经系统中，被称为副交感神经系统（我们可以借助"降落伞 parachute"，来记住同样以"p"开头的"副交感神经 parasympathetic nervous system"）的部分，在我们经历"战斗或逃跑"反应后，会让我们的身体恢复平静。它可以释放抗焦虑的化学物质，使我们的身体系统安全地恢复到平衡状态——也就是恢复到稳定状态。

这就是我们保持身心平衡，以及应付育儿过程中诸多考验和磨难的答案所在，无论是孩子上学快要迟到了，还是要一边做晚饭，一边接听工作电话，皆是如此。我们的神经系统基本上会确保，所有上去的，一定会下来，而这一切的核心，就是被称为迷走神经的部分。

"迷走神经的活动，不会只停留在迷走神经"

作为体内最长的神经，迷走神经是副交感神经的重要组成部分。当我们的器官因为压力反应变得活跃后，迷走神经负责让它们在事后平静下来。构成迷走神经的神经元个体，大多是感觉神经元，它们会将信息从我们的器官传递到大脑，且能被来自环境的感官输入激活。这解释了我们对某些人或某些特定环境的"本能反应"，也解释了为什么如果有人在房间里争吵，我们走进去时会感到气氛紧张，或者我们不用回头看，就能"察觉"到有人在跟踪。

迷走神经在我们的身心健康方面扮演着极其重要的角色。有证据表明，它在控制炎症和免疫反应方面发挥了巨大作用，像心脏病、克罗恩病、类风湿性关节炎和帕金森症等疾病都与之相关。并且已经发现，刺激迷走神经，有助于缓解癫痫、糖尿病和创伤后应激障碍等病症。**简而言之，健康的迷走神经是我们身心健康的基础。**脊椎按摩师和功能医学医生纳瓦兹·哈比卜在他撰写的《激活你的迷走神经：释放你身体的自然治愈能力》一书中，将迷走神经形容为"人体交响乐团的指挥"。也就是说，如果迷走神经出现问题，我们整个人的状态都会受到影响。

每个人的压力反应如何表现，取决于我们自身的耐受程度，以及我们能多快让自己恢复平静。在第三章，我会分享一些简单易行的方法，帮你激活迷走神经，以及你经历了战斗或逃跑反应后能迅速打开降落伞，我还会教你如何引导这样做。**拥有良好的迷走神经基调，是我们养育孩子的关键，因为它同样能为孩子的健康提供支持，它会指引孩子做出更多和谐的行为，减少他们的失控行为。**

大家可以想一下那种育儿节目的画面，摄像机捕捉到孩子在屋里捣乱，大人在屋外看着。那个孩子处于战斗或逃跑的状态——但是旁边没有教练指导。在第四和第十章，我会告诉大家，如何在孩子承受那种波及全身的强烈压力反应，以及在表达相关情绪的时候保证其安全。这意味着，孩子陷入"失控"风险时会出现的那些过分、反常行为将会大大减少。

拥有良好心理健康的一个关键之处，就在于我们的压力管理——也就是我们如何应对压力，以及如何让自己恢复平静。这种能力不是与生俱来的，而是我们需要学习的。

因此，当我们的孩子感到害怕或受到挑战时，我们如何反应，对于帮助孩子管理他们面对压力的身体和情绪反应，是至关重要的。孩子一出生，相关作用机制就开始启动了，因为小婴儿们并不具备自我调节压力的能力，他们需要别人帮助他们进行管理。每当孩子感到害怕，他们都会经历一次皮质醇爆发。你每一次的本能反应，抱起他，安慰他、安抚他，都会刺激美妙的"爱"的荷尔蒙催产素和强大的内啡肽的释放，这两种激素能帮你安抚孩子，使他们平静下来。作为一个散发着爱、让人感觉踏实、可靠的存在，你正在"培养"孩子的适应力。孩子开始蹒跚学步后，仍然需要你的帮助，研究表明，4岁以下的孩子每隔20秒就需要你帮助他进行情绪管理！而且，时至今日，你的孩子同样需要你的帮助，下面这篇家长随感很好地说明了这一点。这位妈妈读过我的第一本书，在此分享她的家庭经历。

🔵 家长的思考

妈妈艾米，利奥 6 岁

因为我丈夫的工作变动，我们要搬到奥地利生活 6 个月。我们全家都不会滑雪，便想着正好趁这个机会让儿子利奥学学滑雪。一开始，利奥觉得滑雪挺难的，学了几天之后，他的教练想给他提供一个参加比赛的机会，想让他通过比赛知道自己取得了多么大的进步。教练直到最后一刻才告诉利奥这件事，当时还有一大堆孩子在旁边围观。教练向利奥解释比赛规则，告知他该绕哪些杆，还说比赛是要计时的，就在这时，利奥大哭起来。

利奥开始当着所有人的面，朝着我和我丈夫大喊大叫，疯狂地踢蹬，还试图脱下他的滑雪板。紧接着，他身子往下一沉，一屁股坐在雪地里，"拒绝"站起来。我当时觉得特别尴尬，我得承认，那一刻我的"狒狒"接管了行为控制权。我冲过去，用胳膊架住他的腋下，不顾一切地想把他拽起来。我的"智慧猫头鹰"本能地想要阻止我的冲动行为，让我给利奥一个拥抱，可当时我感受到的尴尬和我的"狒狒"战胜了"智慧猫头鹰"，我非但没有那样做，反而大声批评他"太蠢了"。

我的表现让利奥彻底失控，他想推开我。我能感觉到周围所有家长和孩子都在看着我们，这让我特别羞愧。不过，紧接着我就幡然醒悟了。我读过《不存在所谓的"淘气"》，突然就想到，利奥不是在犯蠢，他只是感受到了压力！对儿子的同情一下子如潮水般涌上我的心头，我竟然因为他的行为感到难堪，这让我十分自责。期待一个刚开始学滑雪的六岁孩子，没有提前得到通知就要去参加比赛，或许真的有些过分。我不再理会周围人的目光，索性也坐在雪地上，按照从书中学到的方法跟利奥交流。书里提到的方法是"先承认再安抚"，也就是要先说你看到的。

于是我说，"我能看出来你有多生气"，而且"我也理解你"。我还说我意识到了，关于这场比赛我们应该早点通知你，对此我感到抱歉。利奥那原本僵硬的小身躯靠着我慢慢地放松了下来，我轻轻地摇着他，就像他小时候那样，同时安慰他："没事，有妈妈在。"他的"狒狒"是真的暴怒了，而且这种状态持续了好几分钟，我还得继续安抚他！没过多久，他平静下来了。我试探性地提议，我们走一走，去看看其他孩子在干什么。我对他说，接下来他可以自己决定要不要参加比赛。当利奥马上拉住我的手时，我有些惊讶，他穿着滑雪板，走路的样子就像一只摇晃的小长颈鹿，跟着我去看别的孩子在干什么。看到有几个孩子在比赛时，我轻声对他说，我想啊，如果他决定去试试，一定会为自己感到自豪的。我和丈夫向他保证，会一直在旁边看着他，等比赛结束的时候，我们就在终点和他一起庆祝。当他独自走向起始线，最终完成比赛的时候，我心中满是骄傲（也松了一口气）！

"智慧猫头鹰"式育儿法怎么样？！

利奥当时进入了典型的瘫倒状态，因为他的神经系统无力应对这种突发情况。他的交感神经系统启动，因为滑雪对于他来说是一个新技能，被绑在滑雪板上从山上快速滑下来是很可怕的！当利奥突然被告知要跟别的孩子比赛，而且马上就开始，没有任何准备时，他的"狒狒"变得很激动。他对于自己被置于一个他认为"危险"，而且还有可能会难堪的境地，感到愤怒。难堪对于"狒狒"来说是一个巨大的刺激，因此也是引发压力反应的一大诱因，从进化论的角度来看，受辱风险是一种高危风险。如果我们受到羞辱，就意味着我们不被他人接受，甚至可能被驱逐出"群体"，在野生环境下，这就意味着死亡。在公开场合受辱或陷入难堪的境地，对我们自己也好，对孩子也罢，都是重大威胁。这种情形几乎每次都会刺激"狒狒"做出反应，他当时想踢掉滑雪板逃跑，但是又逃不掉。他不想去做大脑和身体认为会给他的情绪和身体造成危险的事，那他还有别的选择吗？

他彻底崩溃了。

他瘫倒在地上。

利奥并不是在"淘气"，也不是"懦弱"，他只是一个受压力反应支配的 6 岁孩子。

幸运的是，他有一个能理解他这一行为的妈妈。妈妈安慰的话语和温柔的摇晃，会促使那些美好的抗焦虑化学物质释放出来，像催产素等，这些物质能帮助利奥的"蜥蜴"和"狒狒"安静下来，也能让他的"小猫头鹰"找到依靠。利奥的妈妈坐在他旁边，首先让他感受到了安全，而安全感能让他克制住压力反应，进而控制住压力反应带来的能量。这给了他自己选择去参加比赛的信心。

这就是孩子的适应力不断增强的根基。

儿童精神科医生和创伤专家布鲁斯·佩里博士的研究表明，当孩子陷入苦恼时，我们所做的一切带有模式化、重复性有节律的举动，比如轻轻摇晃孩子，发出能使人安静或起到安抚作用的声音，有助于让孩子的大脑和神经系统恢复平静。他解释说："在子宫中建立的最强大的联系之一，是母体心率模式化、重复性的节律活动，与所有和不饿、不渴、感觉安全相关的神经活动模式之间的联系。"换言之，就像他说的，节律具有调节作用。

在"智慧猫头鹰"的指导下，艾米本能地知晓该如何安抚自己的儿子，如何调节他的情绪，哪怕孩子在大庭广众之下情绪崩溃了。她能做到，你也能。我知道这并非易事，**当我们的孩子表现出抗拒、大哭，或者呈现出"不愿意尝试"的行为时，我们的"狒狒"会有所反应，我们常常需要努力去控制住这种反应。**但是这么做是很重要的，因为孩子和你的关系，会对他们未来应对压力的能力以及适应力产生非常大的影响。

无论是第一天上学，还是学习一项新技能，如果孩子首次尝试做某些具有挑战性的事，我们一开始给予的"从旁"支持，对他们而言就是最大的帮助。

过去一直流行一种错误观念，或许现在还在流行，这种观念认为，当孩子感到害怕时，只需要"系好安全带"就行，或者说我们大人应该"放任并离开"，坚信让孩子自己去沉浮、扑腾，能塑造他们的适应力。可惜，事实表明，恰恰相反。我们现在已经知道，即便孩子经历过重大的艰难困苦，只要能与帮他度过难关的人建立起支持性的关系，就能为他们未来的适应力和良好的心理健康打下坚实的基础。

🧰 大脑工具箱

> "尽管普遍认为个人的勇气、出众的自主能力，或者某些天生的英雄品质能够战胜苦难，如今科学却告诉我们，与可靠的人建立至少一段支持性的关系，以及有众多机会去培养解决实际问题的技能，才是面对巨大困境保持良好状态的重要基石。"
>
> ——哈佛大学儿童发展中心

当我们面对孩子的不知所措，能表现得像跳伞教练那样冷静、沉稳时，他们就能更快地独立完成"跳伞"。

现在，利奥更有可能去迎接未来的种种运动挑战了，因为这一次他的"狒狒"存储了一段正面的记忆。倒不是说他会觉得这类事很容易，而是有一个他信任的大人从一开始就"从旁"支持，让他能够克服最初的不适感，并且让他感觉是自己做出了参加比赛的决定。

如果艾米继续呵斥儿子别再犯傻，或者逼迫他违背自己的意愿行事，母子之间就会互生怨恨。相应的，"狒狒"会存储一段负面记忆和对这段关系的负面感受，信任也会因此缺失，让利奥将来更不愿意尝试类似的挑战。如果艾米因感到难堪而选择放弃，直接离开的话，那所有人都会觉得不舒服，同时也会错失一次塑造孩子适应力的宝贵机会。

如果你回忆过去，想到自己身上有过类似的情况，不必担心，因为我们所有人都有相似的经历。我知道在公共场合大吵大闹会触发大人的压力反应，这也是我的切身体会。我在与孩子相处时，也会出现"智慧猫头鹰"退位，"狒狒"占据主导的情况。**我们不可能永远正确，但好在我们永远有修复关系、改变做法的机会，无论什么时候，我们都可以转换做事的方式。**

重要的是，我们要去做。

🧰 大脑工具箱

> "适应力有助于孩子健康成长，因为它能保护发育中的大脑，以及受压力反应系统影响、被过度激活的其他器官。"
>
> ——哈佛大学儿童发展中心

孩子的压力反应每天会被激活很多次，尤其当我们不在孩子身边时，孩子的压力反应会更为频繁，比如病了、和朋友闹别扭、考试失利，或是在学校话剧演出中忘记台词。在我们的帮助下，孩子学着体验压力、管控压力，渐渐能够"自己拉开伞索"，让他们的

"小猫头鹰"舒展翅膀，实现平安着陆。

大多数时候，神经系统会出色地完成工作。但是，倘若压力太多，又无法得到解决，无论是我们，还是我们的孩子，都会感到难以承受。体内的皮质醇和肾上腺素长期处于高位，导致我们根本没有时间去拉开"伞索"放松身心，这显然不符合我们的初衷。如果我们，或我们的孩子，不得不持续面对那些无法得到解决的恐惧，就会产生深远的负面影响，因为这样一来，压力会变成慢性的，或者说是"有毒的"。

发展心理学家苏珊娜·泽迪克博士以及包括纳丁·伯克·哈里斯在内的儿科医生们，经过研究发现，年幼儿童的压力反应若被过度激活，会引发功能障碍。

🧰 大脑工具箱

"当压力系统被频繁唤醒，以致无法正常工作时，我们称这种情况为压力系统被'过度激活'。压力系统不得不处理大量无法预测、不确定，或让人感到恐惧的事务，且没时间恢复。这会导致压力系统出现功能障碍，它没有办法平静下来，也没时间放松，而是'学习'到要时刻保持警惕，防范环境中的威胁。这会导致身体出现问题，比如呼吸过快、心动过速，或细胞无法正常复制。长此以往，这些问题会发展成心脏疾病或癌症。尽管想到这些会让人不舒服，但是当我们了解压力系统的工作原理后，就明白其中的道理了。不仅如此，压力系统出现障碍还会导致情绪和心理方面的问题，比如，无法集中注意力，因为你的压力系统学会了要时刻警惕威胁；还有焦虑，因为你不得不去处理太多不确定的事务；以及缺乏信任，因为从来没有得到过大人的帮助。"

——苏珊娜·泽迪克，博士发展心理学家

我们会看到，有关童年创伤的研究揭示了童年的痛苦与成年后的健康之间存在关联的证据。这些关联让很多人感到惊讶，泽迪克博士表示，要鼓足勇气，才能去思考这些资料揭示的问题。这一点很重要，因为它能帮我们认识到各种关系在孩子生活中的重要性，**最为关键的是，孩子是要独自面对恐惧，还是要有人帮助他们去面对恐惧。**

如果你或你的孩子经历过无法承受的压力，又没人给予支持，或者出于某些原因你无法为孩子提供支持，请不要担心。我这样说，是结合了我的诊疗经验和个人经历。我会与大家分享大量有证据支撑的方法和信息，帮你和你的孩子安全地释放压力，无论你们当下正处于压力反应进行时，还是压力能量长期未释放的状况。

正如纳丁·伯克·哈里斯博士所说，压力"存在体内"。如果我们不学着利用它的正面效果，帮助我们的孩子健康地释放压力能量，它就可能通过有害的方式被"驱除"，比如在床上蹦跳、在屋里打球、坐立不安，或者跟人打架。如果我们感觉到心中有"压力"，却没有被鼓励和允许安全地释放这些压力，我们的身体就会自行寻找其他途径来释放，毕竟我们的神经系统是想要让我们的身体恢复平衡状态的。

瘫倒或僵直

我们出现瘫倒或僵直反应时，身体会僵住不动，甚至停止思考，仿佛这样能让痛苦的事显得不那么真实。就像我之前说过的，昏厥就是瘫倒反应的一种表现，我们不妨继续延伸一下跳伞那个比喻，想象降落伞落到地上，将我们盖住，把我们困在伞下。就像我们发现，很难从那一堆东西下面走出来一样，我们现在也知道，正如斯蒂芬·博格斯在他的著作中指出的那样，我们的身体很难轻松摆脱僵直或瘫倒的状态。用他的话来说，"当身体处于那种状态时，我们的身体也正处于高度自主防御状态。"

我会告诉你怎样帮孩子解除这种防御状态，恢复生理平衡。一旦我们能从孩子身上找到线索，我们的工作就会变得容易得多，他们的行为也会显得更加合理。

有时候，我们已经意识到自己搞错了重点，做了"错事"，孩子也因此生我们的气，就像利奥那样，孩子感觉不安全了，而我们没能正确解读这些信号。回首往事，想到自己没能读出孩子通过行为传递的"摩斯密码"，我们难免会觉得难过。不过，没关系，这正是我们一起在这里讨论这个话题的原因。

我们已经知道，所有激烈的战斗或逃跑反应，无论是跺脚还是打架，都是在神经系统的驱动下产生的。如果我们要帮助孩子学会控制由压力反应产生的激动情绪和能量，那我们就得做出榜样。从下一章开始，我们会介绍一些简单、实用的方法，激活你的迷走神经，帮你维持健康，找到平衡，让你变得更加平静、克制，相应地，你孩子的行为也会变得平静、克制起来。为了让孩子平静下来，避免给他们增加额外的噪音，我们自己先要达到那种百分百平静的状态。所有忙碌的父母都知道，这并不是一件容易的事。

猫头鹰的智慧

- 压力反应属于一种演化适应机制，目的在于帮我们应对紧张的情况。

- 它要做的，是保障我们的生存，这就意味着，压力反应一旦启动，就会掌管大局。

- 压力反应会涉及全身，引发一些让人感觉不寻常甚至难以承受的症状，对年幼的儿童来说，这种情况表现得尤为明显。

- 当压力反应被触发时，我们的孩子几乎无法控制他们的大脑去选择做出何种反应。

- 我们的孩子需要别人帮助他恢复平静——这件事他们无法总是依靠自己完成。

- 当我们的孩子经受"压力"时，我们给予的回应和安抚越多，越有助于培养他们的适应力。

∨∨ 适应力对孩子未来的心理健康至关重要。

∨∨ 如果没有我们的帮助，我们的孩子可能会选择某些不安全的途径，来转移和释放因战斗或逃跑反应而产生的能量。

∨∨ 只有了解了神经系统，我们才能为孩子提供支持，帮他们恢复平静。

03

父母缓解压力的"猫头鹰"智慧，也是孩子成长的礼物

我们不能每次都改变自己所处的环境，
但是我们能改变应对的方式

　　我站在门口，已经做好了去学校的准备，威尔伯从楼梯上跑下来，得意地宣布：

　　"我今天要穿红色的迷彩袜！"

　　我此刻处于高度警戒状态，因为我们要迟到了。我仿佛已经看到，我们赶到学校时，学校大门正在关闭的画面，再想到送穿错袜子的孩子去学校会遭遇的尴尬，显而易见，我的"狒狒"要生气了。

　　"不行，不能穿这双！快点，上楼换去学校穿的灰袜子！"

　　如果换成别的日子，我可能会会心一笑，招手让威尔伯到鞋柜这儿来。我其实很喜欢他有些调皮、不循规蹈矩的性格。但是今天，我累了。麦克出国了，我的"智慧猫头鹰"已经有气无力。上次威尔伯穿他的红袜子时，学校就给家里打过电话，提醒我注意学校的校服政策。这就意味着我的"蜥蜴"现在正跃跃欲试，我的"狒狒"

预见到会再次因为校服问题被警告而感到难堪。

就在我脑海中闪过这些念头的时候，克莱门丝从我身旁飞奔而过去找水杯，她信誓旦旦地说，昨天晚上明明放进包里了。我们家的小狗盖茨比从花园冒出头，嘴里叼着个软塌塌的灰色东西。今天是收垃圾的日子，从气味判断，我猜那是狐狸吃剩下的。

我想象着我的"智慧猫头鹰"正在疯狂地翻阅《冷静手册》，想给我提供调整情绪的思路。

我觉得压力就像一道屏障，一边是我们一直想成为的那种父母，一边是我们担心自己会变成的那种扼杀孩子乐趣的父母。

压力是日常生活的一部分，我们可以将它视为"正常"并接纳它。我们可能接孩子时迟到、对育儿问题有所担忧、人际关系不佳，也可能担心工作或全球性事件，压力影响着每一个人。

🧰 大脑工具箱

"对于地球上的大多数动物来说，压力都与短期危机相关，在那之后，要么压力消散，要么你消失。当我们无所事事却担心令人有压力的事时，每次都会产生相同的生理反应，如果这种反应长期存在，可能会引发灾难性的后果。"

——罗伯特·M·萨波尔斯基博士，

《为什么斑马不会得溃疡》

养育孩子是一件非常麻烦的事，其中充满了混乱，我认为这是对人类耐心最大的考验。大多数时候，我们的压力反应表现出色，它会及时启动，让我们顺利地（相对而言）度过短期危机。然而，正如我们所知，压力反应可能会让身体高度兴奋，我们不能长时间处于这种高度紧张的状态。

研究发现，有三个因素会无可避免地导致压力：不确定性、缺乏信息和失控。

所有为人父母者，压力都是日常生活的一部分。

从清晨醒来（也可能是被吵醒）的那一刻起，到打卡下班（我们还是直面现实吧，这一刻从未真正到来），一天之中，我们的压力反应会被多次触发。如果我们不能学会如何健康地释放压力，不仅会损害我们的健康，而且会殃及孩子的健康。

为什么这么说呢？

因为压力会造成临床心理学家丹・休斯博士和乔纳森・贝林博士所说的"看护壁垒"。

🧰 大脑工具箱

"当我们处于一种育儿受挫或承受育儿压力的状态时，与身体紧密相连的大脑深层组织会被强力激活，短暂抑制与自我调节、自我意识和移情相关的高级认知能力。"

——《以大脑为基础的育儿》作者，丹・休斯博士和
乔纳森・贝林博士

即便是最完美、最善良的父母，在感受到压力时，也很难始终保持冷静和富有同情。就像丹·休斯和乔纳森·贝林说的，"当我们的身心处于这种状态时，我们基本上是'无意识的'，而不是'有意识的'。"

这就意味着我们可能会做出或说出一些日后令自己后悔的事或话。比如当我们对孩子大喊大叫时，能从孩子的眼中看到恐惧；当我们对孩子说"我说了，你就得照做"，而不是停下来耐心解释原因时，能察觉到孩子的怒火。

我们所有人都会有生气的时候。我从来没听说过哪个父母从来不生气，也没听说过哪个父母享受大喊大叫带来的快感，或随之而来的羞耻感和后悔。在这种时候，原谅自己很重要，因为除非我们的父母师从佛学大师，否则我们很可能从小到大都没学过那门最重要的情绪调节课程。只有少数人接受过相关教育。

学会更好地管理自身压力，是我们能送给自己以及孩子最棒的礼物之一。压力不仅会"住"在我们的身心之中，还会蔓延至我们所处的环境当中。在野外，当一只狒狒在灌木丛中发现一只豹子时，它会发出叫声，同时拍打胸膛，同一族群的其他狒狒也会跟着拍打胸膛、发出叫声。这就是所谓的"压力传染"。如果我们掌握了调节情绪的技能，就能打破如同狒狒般大喊大叫的循环，让"智慧猫头鹰"去与"小猫头鹰"进行良好的沟通。

🔵 家长的思考

乔 · 威克斯（主持英国广播公司的乔 · 威克斯播客）

我在一个非常混乱的家庭长大。在家里总是能听到大喊大叫、诅咒发誓和摔门的声音，从某种意义上来讲，这就是我的成长"底色"。读了凯特的书之后，我才认识到孩子的大脑是如何工作的，以及我可以怎样做出不同的反应，就像我正在训练自己的肌肉一样，每当我身处压力环境时，都能做出不同以往的反应……因为能理解和想象到"小猫头鹰"缺乏足够的智慧，不清楚发生了什么，这切切实实地从根本上改变了我的育儿方式。

我们的孩子会从生活环境中学习。如果我们大喊大叫，会吓到他们，触发他们的压力反应。由于孩子们比我们弱小，他们的大脑可能会选择逃跑、僵直、讨好或瘫倒，但是考虑到荷尔蒙分泌旺盛的青少年时期即将到来，你的孩子可能还会学会顶嘴。

跟麦克一起演习

凯特在这本书中与大家分享了关于压力以及压力如何影响我们养育孩子的个人经历，我认为这很重要。我经常外出工作。当我回到家的时候,我自己能感觉到状态不佳,有一种疏离感,这会导致我的行为不够冷静。

有一次,我看管孩子们睡觉,看着他们刷牙,威尔伯那时候7岁,他不小心把牙刷掉进了厕所。克莱门丝和我见状不禁哈哈大笑,因为我看到了这件事有趣的一面。显然威尔伯没有看到这一面。他冲克莱门丝大喊大叫,因为受到嘲笑,他的"狒狒"被彻底激怒。我还没来得及做出反应,他已经把克莱门丝的头夹在腋下。这一下就刺激到了我的"狒狒",我冲过去把他拉开,大喊道:"为什么不能控制一下你的脾气?!"

我知道这个问题实在有些讽刺。

我跟朋友们探讨过这个话题,我发现孩子们吵架时,没有哪个父亲能表现得像禅宗大师一般淡定。对于我来说,担心孩子受伤会让我失去冷静。但是我意识到,如果我想帮我的儿子调节情绪,让他不乱发脾气,我需要更加努力调节自己的情绪。

承认这一点,并开诚布公地去讨论,帮助我变成了那种我想成为的父亲,让我能够以身作则,展现出我期望儿子拥有的行为。当我感到疲惫或者倒时差的时候,状态依然不佳。那些时候,仿佛我的"狒狒"劫持了我的大脑,压制了我的"智慧猫头鹰"。更加清醒地意识到这一点,让我更容易控制自己的脾气。我现在回到家,一定会先去跑个步,不做任何重要决定,也不会查看手机,以免工作邮件触发我的压力反应。我可以成为一个符合我自己期待的父亲,我会帮助孩子吸取重要的经验教训,很可惜我小时候从来没有人教过我这些。

换一个与飞行相关的比喻，只有当我们戴好自己的氧气面罩时，才能帮我们的孩子戴上他们的。帮我们保持身心健康的方法有很多，我在这本书的后面罗列了出大量相关资源。我认为，加入一些练习和治疗方法或许有用，这些练习和治疗方法对你的身心健康有帮助，能激活你的迷走神经，能让你在你的"狒狒"恣意妄为时，迅速"打开降落伞"，让你的神经系统重回平衡状态。

我会讲到他们的行为——别担心！——但是我们自己得先站稳脚跟。

摇晃孩子（不要大喊大叫）

临床心理学家彼得·莱文博士观察到，鹿或瞪羚之类的猎物，在被捕食者追逐最终逃脱时，身体会颤抖。他注意到，这些动物会不受控制地颤抖几分钟，就像真的要把体内的压力抖出去。颤抖完了，鹿和瞪羚才会回去吃草。他判断，这是动物们与生俱来的一种行为，目的是释放压力反应过后的多余能量。我自己以及我在临床工作中，都会运用他的研究成果以及他提出的"躯体体验"概念。它提供了一种自然温和的方式，来释放我们的压力能量以及每天或许积蓄已久的事件能量。

彼得·莱文博士观察到，除了人类和被圈养的动物外，所有动物都会通过这种方式释放多余的压力能量。他还观察到，自然界中的动物不会经历创伤后应激，为了我们的身心健康，这一点十分值得我们思考。我认为，我们是时候重新学习该怎样去做了。

你可以自己试试。站起来，轻轻晃动，好像在颤抖一样，抖动你的胳膊和双腿。你可以跺一跺双脚，或者用手在手臂和腿部上下游走，让你的四肢活动、舒展开来。跟随身体的指引。如果你想的话，可以放点音乐，随着音乐舞动起来，做什么都可以，只要能让你温和地释放掉一整天积累的能量。

我会在治疗室鼓励孩子做类似的练习，尤其是在我们已经有过一段深入交流之后。我们可能会在屋里跺跺脚，放些音乐，敲敲鼓，大声唱歌，甚至放声大喊！这是很好的释放方式，而且我们常常会因此大笑，大笑会伴随内啡肽的释放，内啡肽能带来惊人的治愈效果，因此笑声也是一种美好的减压剂。

很多古老的锻炼方法，比如瑜伽、气功、太极，对身体锻炼和治疗大有裨益，如果我们已经累积了压力，鉴于这些方法是有效的，能带来一定程度的缓解，我鼓励大家和有资质的老师一起探索这些课程。古人明明知道，而我们却已经忘了：如果我们想要获得内心的平静，就"需要释放"压力。

蝴蝶式拥抱

还有一个温和的方法，能让"沸腾"的系统平静下来，那就是蝴蝶式拥抱。这个方法是治疗师露西娜·阿蒂加斯发明的，她参与过墨西哥城一场自然灾害后的儿童心理治疗工作，该方法在我们的日常生活中尤其有效。

双臂在胸前交叉，中指的指尖正好位于锁骨下方。双手要尽量垂直，指尖朝向颈部，而不是朝向双臂。抬起肘部，摆成蝴蝶翅膀的样子。眼睛可以闭上，也可以不完全闭上，看向鼻尖。

接下来，用双手慢慢拍打胸部，左右交替。用鼻子缓慢地深呼吸，直到你开始感觉到轻松。

"自我拥抱"也有用。用双臂包裹住身体，手放在腋窝下面，可以稍微用些力气。我有时会用一个瑜伽长枕当道具，用双臂环抱住它。对于不适合身体接触，或者是还没准备好接受拥抱的孩子，要考虑他们的感受，可以适时地让他们用双臂温柔地紧紧环绕某个东西，这会让他们感到非常舒适。

为什么要有节奏的摇晃

前面的章节提到过，布鲁斯·佩里博士解释说，模式化、重复的节律运动能把我们的大脑带回到之前在子宫时的最佳"平衡"状态，那时我们的世界一片和谐，不渴不饿，感觉既安全又温暖。这就解释了，为什么我们做一些能复制这种感觉的事，立马会感到安慰。现在你应该明白，为什么你会喜欢阳光晒在脸上，边躺在吊床上摇晃边听着海浪声的感觉了！我们所做的任何模式化、重复的节律运动，对我们的神经系统恢复平衡都能起到很大作用。精神科医生巴塞尔·范德考克博士和心理治疗师帕特·奥格登博士的研究指出了很多有益的活动，比如散步、跑步、荡秋千、蹦床、击鼓、吟诵、业余戏剧活动、动物辅助治疗、按摩，甚至滑板。总之，任何能让身体和大脑的状态回到子宫时期的活动都可以。

呼吸

另一个免费且随时可以利用的资源，是呼吸。

我们的呼吸能调节一切。

控制并调整呼吸的方法，能让我们在"禅修"育儿的道路上走得更远。瑜伽修行者几百年前就知道，呼吸能帮我们平复过度活跃的神经系统。坐在椅子上，或者躺在床上，感受椅背或床垫提供的支撑。如果是坐着，注意感受地面和鞋底的连接。如果这样做让你觉得安全，闭上眼睛，深呼吸。

感觉如何？

当你深深地吸入一口空气的时候，肩膀是不是耸起来了？呼吸的时候胸膛有没有抬高、收紧的感觉？呼吸是否足够缓慢，有没有深入腹部？

读书读到一半，让你停下来呼吸，你是不是有点恼火？还是会因为暂停一下而有种放松的感觉？

再试一次。这次，用4秒钟通过鼻子缓缓吸入空气，屏住呼吸4秒钟，然后再用4秒钟时间让气体从你的鼻腔释放出去。停顿4秒，然后重复上述动作。这种呼吸方法，叫做箱式呼吸。美国海军的海豹突击队非常推崇这种方法，在执行具有挑战性的任务之前，他们会用这种呼吸法平复压力反应。（麦克苦笑着表示，光是把威尔伯准时送到学校这件事，就已经需要用到箱式呼吸了。）

压力常常是不可避免的，但是当我们有意识地呼吸，给自己一个暂停的机会，我们就能帮助神经系统完成它的工作。当孩子故意刺激我们的时候，借助呼吸是按下暂停键最快速、最简单的方法。

🧰 大脑工具箱

> "当你吸气的时候，会轻轻启动交感神经系统，心跳稍稍加速。呼气的时候启动副交感神经，激活迷走神经，让事情慢下来（这就是为什么各种形式的冥想都是围绕延长呼气时间展开的）。"
>
> ——罗伯特·M·萨波尔斯基博士，
>
> 《为什么斑马不会得溃疡》

为了提高我们的认识，记者詹姆斯·内斯特写过一本非常棒的书，整本书都在讲述"失传的呼吸术"对我们健康的重要性。如果你想更深入了解这方面的内容，非常建议你去读这本书。他在书中强调，研究表明，哮喘、焦虑、多动症、牛皮癣等一系列疾病以及"当代病"，都可以"通过简单地调整呼吸方法得到缓解或彻底治愈"。

呼吸方法还有很多种，做一些研究，你就能找到一种自己感兴趣且对你有用的方法。对于我来说，让空气充满我的肺部，专注于腹式呼吸而不是胸式呼吸，慢慢吸入，慢慢吐出，让气体像波浪一样翻滚，能帮我在感受到压力的时候平静下来。我还会使用一种被称为"鼻孔呼吸"的技巧。事实证明，此呼吸方式能缓解压力，提高专注力，有助于改善我们的整体呼吸。本质上来讲，就是让两个鼻孔各自独立，每次只用其中一个鼻孔吸入，用另一个鼻孔呼出。

综合医学专家梅丽莎·杨医生解释道：

首先，通过嘴巴呼气，发出明显的"唔呼"声。

把右手放到鼻子上，食指在左鼻孔处，大拇指在右鼻孔处。

用大拇指堵住右鼻孔，通过左鼻孔吸入空气。

然后用食指堵住左鼻孔——现在两个鼻孔都是被堵住的——屏住呼吸，持续1到2秒钟。

松开大拇指，用右鼻孔呼出气体。

将气体全部呼出之后，暂停一下。

保持左鼻孔闭合，用右鼻孔吸入空气。

用大拇指堵住右鼻孔。两个鼻孔再次同时闭合，屏住呼吸1至2秒。

松开食指，用左鼻孔呼出气体。

总结一下，左鼻孔吸入，右鼻孔呼出；右鼻孔吸入，左鼻孔呼出。当鼻孔没有用来吸入或呼出时，应该用食指或大拇指堵住它。

重复这个过程，时间随意。杨医生建议，每次五分钟。

据了解，通过右鼻孔呼吸会使血液循环和心跳加速。本质是激活我们的交感神经系统，让我们的身体处于更高的警觉状态。这是一个不错的小技巧，如果你的孩子马上要考试，或者需要更专注的时候，可以让他试着这样呼吸，因为已经得到证实，用右鼻孔呼吸可以为前额叶皮质，也就是我们的"智慧猫头鹰"，提供更多血液供给，帮我们做出更合理的决定，有助于解决问题，用左鼻孔呼吸的效果正相反。

🧰 大脑工具箱

"用左鼻孔吸入空气会起到相反的效果，其作用有点像左鼻孔加速器的制动系统。左鼻孔与副交感神经系统的联系更加紧密，用来休息和放松，能降低血压，冷却身体，缓解焦虑。左鼻孔呼吸能让血流转向前额叶皮质的另一侧，这片区域能影响人的创造性思维，在形成抽象概念、产生消极思维方面扮演了重要角色。"

——《呼吸革命》作者，詹姆斯·内斯特

缓解"迷走神经的紧张状态"

专门用来激活迷走神经的活动，能增强我们的幸福感和安全感。迷走神经与声带和咽喉后方的肌肉相连，这就解释了为什么唱歌、哼唱、吟诵和漱口等动作，能缓解迷走神经的紧张。通过做这些动作发出声音，会刺激迷走神经，调节我们的免疫系统，减轻我们的压力，激活了副交感神经之后，其所带来的所有好处都会随之而来。

如果你是一位瑜伽爱好者，你会发现其中的原理和吟诵"唵"时是一样的。如果你有兴趣加入合唱团或瑜伽课，至少你在参与的时候，知道你即将体验的幸福感是有科学依据的，而且成为更广泛社群的一员也有诸多好处——这样做对你的健康也能起到非常积极的作用。

暂停的力量

　　这是我自己最喜欢的方法之一。每当晚上我感觉我的"狒狒"开始躁动——比如，在回家的路上遇到交通不畅的情况，孩子们吵架而我还得准备晚餐、监督孩子做家庭作业，并且督促他们洗澡的时候，我会用到它。

　　举个例子来说，一天晚上，克莱门丝挑衅地告诉我，她今天不需要洗澡——尽管放学后踢足球弄得满身是泥！我没有选择让我们俩的"狒狒"直接碰撞，而是面带笑容地让她"等会儿再说"，然后假装急着去厕所。一离开房间，我就用手掌盖住双眼，深深地吸一口气，再慢慢呼出去。

　　黑暗安抚了我的"蜥蜴"。短时间的暂停让"智慧猫头鹰"有时间俯冲下来，关掉"狒狒"按响的警铃。随着体内那些重要的抗焦虑荷尔蒙开始释放，我走回房间，用安抚的语气说："妈妈知道了，宝贝，现在有点晚了，你还有家庭作业要做。我知道你为什么不想洗澡。要我来帮你吗？"

　　我声音中散发的平静、温暖以及理解，足以让克莱门丝的"狒狒"平静下来，她的"小猫头鹰"也探身下来。她脸上泛起笑容，点了点头，让我慢慢把她带进浴室。

　　暂停为我的"智慧猫头鹰"赢得了足够的时间，让它意识到这次争论与洗澡无关。克莱门丝的"蜥蜴"吐着信子，"狒狒"正上蹿下跳，因为时间太晚了。她脑子里一片混乱：有家庭作业要做，还有烦人的兄弟，而且肚子饿了！这种时候，谁会不产生压力反应？！

当我们的孩子感受到被理解、被倾听，他们更愿意依靠我们，而不是把我们推开。我得到了想要的结果——克莱门丝去洗澡——花点时间暂停、深呼吸，能在我自己的杯中装满平静，继而让我帮助我的女儿让她的杯子中也装满平静。

睡觉

我之前的心理治疗师丽莎·艾尔喜欢说："当我们感到困倦的时候，魔鬼的工作最出色。"

此话不假。要控制我们的压力反应，首先要考虑的就是睡眠。

睡眠太少，我会感觉整个世界都是颠倒的。睡眠充足时，一切又会恢复正常。

作为一个忙碌的家长，我太知道不可能早睡的原因了，因为"白天的时间不够"。我一直将睡眠视作一种奢侈品，但是当我意识到如果睡眠被剥夺，想控制住"狒狒"有多难时，就改变了我的态度。

我知道，如果我晚上 9 点到 10 点之间能上床睡觉，第二天会一身轻松地早早起来，做早餐，收拾书包，给水瓶里装满水。当威尔伯做出任何除了他需要做的（比如刷牙、穿鞋、穿外套）之外，人类可能做出的行为时，我更有能力保持冷静。如果睡眠充足，我甚

至可以开启"有趣的妈妈"模式,提议大家一起玩游戏,我们一起
完成该做的事,不仅能创下新的时间记录,其中还不乏欢声笑语。

反过来,如果我在网飞上看剧看到很晚,我早上必然为了再睡
一会儿而将闹钟按下好几次了,我的"狒狒"已经处在失控的边缘。
我从有趣的妈妈变成了无趣的妈妈,跟我前一晚的睡眠时间直接
相关。

因此,我已经学会在家里一团糟的时候不自责,而是安慰自己,
只要早点睡,现在觉得不可能整理好的房间,明天早上几分钟就能
收拾得规规整整。我的"智慧猫头鹰"再次翻开《冷静手册》,用纳
尔逊·曼德拉的话提醒我:"在事情未完成之前,总是看似不可能完
成。"然后它眨了眨眼,说出了一句至理名言:"在我们度过一个早睡
早起的夜晚之前,一切总是看似不可能做到。"

只属于你自己的时间

曾经有一段时间,我考虑过对自己花点时间,做一个自私的人。
现在回头看,这种说法有些荒谬,但是跟其他家长聊过之后,我发
现并非只有我这样想过。当我将自私重新定义为自我关爱时,我给
自己建立了一个基本的认知:允许自己休息。

给自己找点时间,是一件非常重要的事。"下班"时间让我们与
内在的自我取得联系,让那只已经见底的杯子重新装满平静。再强
调一遍,如果我们无法自助,就不可能去帮助我们的孩子,因此我
们应该随时随地锻炼自己的自助技能。

冥想音乐能起到治愈效果，可以在准备晚餐或收拾房间的时候播放。输入"治愈音乐"，或者"安抚神经系统的音乐"，你会发现有很多选择可以尝试。我对瑜伽和拉伸也很有兴趣。我现在更喜欢低强度的运动，和我年轻时候喜欢的剧烈运动相比，这类运动更适合我的神经系统，以及我的身体状况。但是如果你喜欢高能运动，或者喜欢跑步，就去做。重要的是找到适合你的事去做，无论是遛狗，还是点着蜡烛、放着轻柔的音乐长时间泡澡、跳舞、画画，或学习其他创意课程，跟家人、朋友聊天，都可以。我最喜欢的一句话是："如果你没有时间花 10 分钟亲近大自然，那就花 1 小时。"

最后，治疗

正如你所料，我是心理咨询和个体化治疗的忠实拥护者。每周 1 小时，和一个会真正"倾听"你、无条件支持你的人相处，真的可以改变你的生活。所有人都需要被倾听、被理解，心理治疗能帮我们排解那些或许已经积压很久、埋藏更深的压力。

心理治疗可能很贵，也可能出于各种各样的原因，不适合现在的你。如果将来你想了解相关资讯，我在这本书的后面分享了很多资源。相关组织和慈善机构经过收入调查，可以提供对应的服务，还有免费的在线资源。寻找当地的育儿群体，或者通过孩子的学校，也可以和其他家长建立联系。再次强调，很多慈善机构、相关组织以及网络社群，都能为你提供丰富的经验、建议和支持。我会在自己的在线社区分享更多一般性建议。所有家长和孩子都不应该感到孤单，我会为此贡献自己的力量。

根据自身的情况，如果我们觉得面临挑战，事实会证明，我们的朋友、家人、伴侣、信仰和社群，能给我们提供极大的保障。我们需要彼此：**人类是社会性动物，我们无需独自承受压力。**

我们的身体和大脑不喜欢处在失常、失衡的状态。

长期的慢性压力不利于我们的健康。它会对我们的身体和心理造成影响，也会影响我们的孩子。

在工作繁忙的一周，我们应该竭尽所能，保证每天给自己和孩子一些时间，一些同情和理解，这样才能让我们有条不紊的生活长久地持续下去。

我分享的练习主要是免费且易于实践的。你随时随地可以练习，接孩子前可以在车上练习，或者晚上睡觉前也可以。

我的自身健康列表是我个人的。你可以和朋友们、同事们讨论"适合他们的方法"，从中获得丰富的信息和建议。所有人都会有需要帮助和支持的时候。我时常需要。

你的幸福至关重要，因为当你的杯子是满的时候，就会有足够的爱倾泻到孩子的身上。

当我们的内心获得平静时，下一步，就能帮助我们的孩子获得内心的平静。

猫头鹰的智慧

如果我们不能以身作则，就不要期待孩子有更好的表现。

↓↓ 压力会生成"看护壁垒"，让我们在养育孩子的时候难以展现同情。

↓↓ 要孩子学会调节情绪，我们自己必须先学会。

↓↓ 有压力是正常的，释放压力也是正常的。我们可以学着"打开降落伞"，让神经系统重回平衡状态。

↓↓ 最后：睡眠。把睡眠的优先权排在第一位。没有好的睡眠，你只能和一切说再见了。

04

面对失控的"狒狒"，
如何帮助孩子
释放压力，保持平静

当我们能平复自身的风暴时，我们就能帮助孩子平复他们的风暴

现在，我们已经能保持平静了，孩子们呢？

用临床心理学家瑞秋·萨姆森的话说："孩子不会因为别人让他冷静，他就冷静。孩子们通过在他人的帮助下体验平静，才能培养出保持平静的能力。"

在接下来的几个章节，我会告诉你，当孩子们陷入崩溃时，你该怎样帮助他们。

第一步，跟孩子开展一段对话，谈论什么是压力，以及压力反应启动时我们为什么会做出那些行为。我通常会跟我的孩子们谈论神经系统，还有它如何连接我们身体的各个部分，以及我们的大脑。我会提到，当我们感觉受到威胁，会激起身体的压力反应。我说我会将神经系统想象成一棵树的根系，信息向上传递给我们的"蜥蜴"，告诉它该做什么。借此我可以向他们解释，如果"蜥蜴吐着信

子"，开始乱蹦乱跳，是他的焦虑或害怕造成的，这会让我们自己也想蹦蹦跳跳或跑来跑去。

无论你如何向孩子解释这些科学知识，都要让自己的语言适合孩子的年龄，同时要传达以下要点：

- 我们身体的压力反应是正常的
- 它之所以存在，是为了保证我们的安全
- 它会被恐惧、兴奋以及羞愧或难堪之类的情绪触发

我解释说，即便是想法，也能让我们的"蜥蜴"躁动起来，它既会担心未来可能发生的事情，也会担心今天正在经历的事情。

你可以举例说明，你孩子的"蜥蜴"什么时候可能会躁动：

- 假设我们在踢球，球在我们脚下，所有人都向我们跑来
- 在课堂上有人训斥我们，或对我们大喊大叫
- 我们感觉饥饿或口渴，感觉太热或太冷，或者急着想上厕所
- 被困在高空吊索上
- 担心考试，或者和朋友闹别扭了

我们要让孩子知道，压力反应是正常的——这是他们的大脑和身体对感到可怕或难堪的事做出反应的方式。

要向他们解释，我们自己有时内心也会躁动，如果我们不用语言把那些强烈的感受告诉大人，可能会通过行为表现出来。举一个

日常的例子，在这里同样有效。因此，你可以说："如果我们感觉内心'躁动'，可能会在床上蹦跳。或者，如果我们感觉受到惊吓，可能会不经思考地攻击对方。"

我和自己的孩子以及诊所的孩子们交谈时，会尽量用简单的语言，句子也会比较简短。我会向他们解释，我们的大脑非常聪明，它由很多部分组成，每个部分分别负责一项重要的工作。我会说，我们什么时候饿了，是不是渴了、病了或者累了，大脑的某些部分会告诉我们。跟我的孩子谈论这些话题的时候，我会用一些小幽默，还会举例子：如果得知还需要一段时间晚餐才会准备好，克莱门丝就会不高兴，或者威尔伯如果没睡够就会有些狂躁。我举这些例子不是为了羞辱孩子或是让他们难堪，而是要告诉他们，我知道是怎么回事，也就是说我能帮他们。

如果想起过去的事，意识到我们当初没有接受到孩子"行为中隐藏的摩斯密码"，我们甚至可以利用这个机会向孩子道歉。

当孩子意识到我们理解他们的行为（尤其是当他们常常不被理解时）——或者最起码我们努力想要理解他们时——他们下次陷入挣扎时，更可能向我们寻求帮助，而不是将我们推开。而且他们更有可能会收敛他们的行为。

为什么？

因为孩子们往往会模仿我们示范的行为。这需要时间，也需要练习（对我们双方来说都是如此），在他们开始吓人的自由落体之前，我们越是能帮助孩子们反思他们的行为，越能帮助他们的"小猫头鹰"成长。

　　孩子不喜欢跳伞时旁边空无一人的那种感觉，我们也不喜欢。**当孩子相信我们会在他们身后给与支持，我们想要帮助他们、理解他们时，他们更有可能来我们这里寻求安慰，而不是去反抗我们。**

　　如果一开始觉得尴尬，你也可以试着举几个例子，描述会让你感到害怕或烦躁的情况。当你"坦白"自己也会因为考试而感到害怕、饿的时候也会暴躁，累的时候会烦躁时，注意观察孩子的表情。当我在治疗室向客户解释说，如果感到紧张，即便是成年人也会忐忑不安，手指麻酥酥的，他们脸上如释重负的表情是多少钱都换不来的。

　　有时，我会拿出一张白纸，画出这些动物，依次叫出它们的名字"蜥蜴、狒狒、智慧猫头鹰"。你也可以试试。鉴于我永远不可能和毕加索一较高下了，我就简单地画个圆圈代表我们的头部，用椭圆代表身体，请孩子用不同颜色代表大脑中的动物（不同分区）。

　　如果你的孩子年龄较大，你可以升级一下，给他看大脑科学图解。教孩子认识解剖学是一个很好的练习。说到蜥蜴时，你可以提

及脑干，说到狒狒时，可以提及杏仁体。谁知道呢？在你的鼓励之下，一位神经科学家可能正崭露头角！

我要强调，大脑中的不同部分全都有一项重要的工作：保护我们的安全。我解释说，如果我们大脑中的蜥蜴部分受到惊吓，它会让我们想要四处乱跑，甚至逃走。

"有时它会僵住，一动不动，因为它非常害怕。或者它会跌坐在地板上，亦或者让我们感觉我们需要找个地方躲避起来。"

从孩子的日常行为中选几个例子会有所帮助——再说一遍，不要带有羞辱或责备的情绪——因为这样能帮他们记住，还能反思将来该怎样做。我可能会语气温和地安慰他们，"这就是为什么，我们遇到之前没见过的人时可能会害羞，或者忘了该说什么。"或者，"还记得昨天在火车站，你用手盖住耳朵，因为太吵了吗？就是因为你大脑中的'蜥蜴'开始躁动了，因为有时候非常大的噪音会让人感到焦虑，想要逃离！"

任何你认为能安抚孩子、平复他们的神经系统和压力反应的对话，只要你觉得谈话的方式适合孩子，都能给他们带来巨大的安慰，对于那些相对更加敏感，或者因为环境改变或面对新环境陷入挣扎的孩子来说，尤其如此。需要强调的是，有些孩子会感觉有压力，有些可能不会。我们需要关注的只有一点，那就是友好地对待我们的神经系，以及我们的"蜥蜴"和"狒狒"，因为当我们帮它们找到平静时，也能让我们感觉到平静。

玩高空吊索站不起来的孩子，自己非常难受。他们甚至会认为自己"有问题"，因为朋友们都觉得好玩。得知每个人的"蜥蜴"的工作机制是不一样的，能给他们力量。我解释说，有些孩子的"蜥蜴"面对黑暗时会躁动不安，有些人的"蜥蜴"可能不喜欢高处。还有些人，处在狭小空间、听到噪音、强光、闻到特定食物的味道，或者穿了让人"发痒"的衣服，会觉得有危险。

在我打字的时候，我的孩子们来花园的办公室看我。11岁的克莱门丝随口说出，如果在火车上或商场里看到某人"做出奇怪的行为"，她的"蜥蜴"就会躁动起来。9岁的威尔伯说他的"蜥蜴"躁动时，踢足球能帮助到他，他让我把他的话记录下来！

正视神经系统，并提供像"蜥蜴""狒狒"和"智慧猫头鹰"这类易于理解的具象化参考，能给我们和孩子在探索心理健康的过程中带来巨大的帮助。

当我谈到大脑中的"狒狒"时，我会将它描述成喜欢玩乐的部分，会因为学校旅行、聚会、和玩伴玩耍变得超级兴奋（或害怕）——可以根据孩子的情况删减或增加情绪性的描述！我解释说，"狒狒"的情绪起伏可大了！它有时会让我们觉得超级高兴，有时也会让我们觉得超级生气。"它可能会让你想要踩脚、大声喊叫，但这不是它的错，因为它常常会感到害怕，想要保护你。"（我们会在下一章详细探讨包括愤怒在内的各种情绪。）

* * *

你也可以加入一些安慰性的话语，"无论什么情况，妈妈、爸爸都爱你的'狒狒'，想要帮助它，即便它正在发火。我可以帮它喘口气，让它用平静的话语把它的需求告诉我，而不是冲着我大喊大叫！"

用轻松愉快的方式，举一些日常的例子，可以让孩子更清楚地理解这些新资讯涉及的场景。我们要让孩子知道，我们了解为什么有时他们会做出那样的行为，我们的孩子（更准确地说，是他们的"狒狒"）有时候会犯错，这就是为什么他们可能需要大人的"智慧猫头鹰"提供一些帮助。

我可能会提醒威尔伯："还记得上次你的牙刷掉进厕所，你生克莱门丝的气吗？我觉得是你的"狒狒"在发疯！因为它不喜欢被嘲笑——但是克莱门丝笑的是当时的情景，而不是你。你的"狒狒"发疯了，想阻止她继续笑。但是，你知道这样为什么不对吗？我们的"狒狒"不应该去伤害别人，也不应该伤害你。我们应该帮它换一种方式去表达它的愤怒。我可以告诉你怎么做。"或者"还记得上次奥利在操场上不小心推了你吗？他并不是故意撞上你的，但是你的'狒狒'并不知情，它的职责就是保护你的安全，所以反应极为迅速，立刻冲奥利大喊大叫，因为它认为必须得保护你。但是我们得帮助自己的'狒狒'学会友善交流。我知道这很难，即便是爸爸妈妈，也不是总能做到，但是我们练习得越多，越能帮助我们的'狒狒'保持克制，用沉稳有力的声音代替大喊大叫。"

引入"狒狒"，用第三人称，而不是直接用"你"，有助于减轻孩子犯错后可能会产生的羞耻感。如果我们大声喊叫、惩罚或羞辱一个孩子，他们的"狒狒"会一直"霸占驾驶位"。让孩子的前额叶皮质参与进来，可以让他们从错误中吸取教训，并在日后更好地调节自身的压力反应。我们需要"小猫头鹰"的参与，因为它代表了大脑中唯一具备"心智化"能力、能分辨"对错"的部分。

跟孩子进行这些对话，最好选在孩子的"蜥蜴"和"狒狒"都很放松，不会感觉到压力的时候。躺在床上、放学回家的路上、驾车出游，通常是开展这种对话的绝佳时机。

在治疗室时，我会温和且缓慢地推进工作，因为我的一些客户需要克服巨大的创伤和困境。只在孩子的"情绪容忍窗口"内展开工作非常重要。如果你的孩子出现防卫心理，或者似乎想放弃、离开，你可以问他们："我在想，我是不是说得太多了？没关系，我们来玩个游戏怎么样？"**不要激起孩子的压力反应，也不要太过偏离孩子的舒适区。我们应多花些时间，循序渐进地推进这些对话。**

在确立了治疗关系且孩子情绪平静的情况下，我可能会轻声询问客户，当他们受到惊吓时，身体的哪些部位会有感觉。一般情况下，他们会指向受压力影响的区域，通常是胃部、胸部、手部、脚部或头部。

他们可能会告诉我，他们觉得胳膊、腿部、手指或脚趾会有发麻的感觉。

当我问他们担忧是什么感觉时，他们可能会说："头脑里雾蒙蒙的，不清醒。"让孩子得知这是正常现象，常常能让他们如释重负，因为这只是他们的压力反应在正常运作。

我认为，缺少有关情绪、压力，以及身体对情绪和压力"感受"的交流，导致有些人难以分清到底是焦虑还是心理健康方面的问题。心理分析学家彼得·福纳吉教授解释说，我们在担心或焦虑时体验到的种种感觉是正常的。关键在于，我们如何应对这些感觉。

🔲 大脑工具箱

> "压力和困难都是极其常见且正常的。情绪低落和焦虑并不是一种'疾病'，而是心理为了采取某种行动（例如'身处危险时放低姿态'）而发出的信号。我们越来越愿意谈论心理健康方面的话题，这使得越来越多的人公开他们的症状，这是好事，但是我们必须注意，不要把我们对压力的反应与有心理健康问题混为一谈。"
>
> ——彼得·福纳吉，当代精神分析和发展心理学教授

掌握这些信息也能帮我们更好地了解自己的心理健康状态。最近，一位妈妈找到我，对我说，她一直认为自己很"奇怪"，因为她一感到紧张，脚趾就会蜷缩起来。她在网上听到我的演讲之后，才把这种症状和"蜥蜴"联系起来。她说，她儿子第一天开学有些焦虑，而她对自己神经系统的新认识，帮她消除了儿子对这些症状的担忧。

对我来说，当我感受压力时，我能更清楚地察觉到自己内在的感受，以及我可能做出的战斗或逃跑的反应，这就意味着，我会以同情而非批判的态度对待自己，我可以借助"智慧猫头鹰"去思考做什么能帮到自己：比如洗个澡、骑个车、做一些柔和的瑜伽，甚至仅仅是早点睡觉。

研究压力反应、压力反应的症状以及它们如何将我们击败，对

于那些有过创伤经历或存在神经偏差（一个非医学术语，用于描述在特定情况下，思维、学习或行为与公认的"典型"不同的人）的孩子来说，是非常有帮助的。**孩子越了解自己的体内发生了什么，越有助于他们调节自己的情绪，获得内心的平静，外在表现也会更加稳定。**这就是我们所说的拥有良好的内在感受。对于塑造良好、强健的心理健康来说，这是一项至关重要的技能。

大脑工具箱

> "神经科学研究表明，我们要改变自己的感受，唯一的方法是意识到自己的内在体验，学会友善对待自己身体内发生的一切。"
>
> ——巴塞尔·范德考克博士，
> 《身体从未忘记：心理创伤疗愈中的大脑、心智和身体》

我坚信，我们对神经系统了解得越多，越能帮助那些出现神经行为的孩子，比如有神经抽搐、撞头之类的重复行为、神经性口吃，以及对噪音、味道和食物触感等特定感官感受敏感的孩子。如果孩子表现出令我们担忧的行为，我们总是想要寻求专业人士和专家的建议，但是我从个人经验及临床工作中发现，当我们帮助孩子获得更强的安全感，当他们消除心中的疑虑，觉得自己没什么"问题"，没有"不好"时，很多与神经系统相关的行为会减少，甚至消失。

● 家长的思考

妈妈塔拉，雅各布 9 岁、杰德 6 岁

我的大儿子被要求接受治疗，因为家里发生过暴力事件。那段时间真的很艰难，他变得非常焦虑，片刻也不想离开我。他还伴有神经性抽搐，压力大的时候，症状会更严重。他在课堂上几乎不发言，但是到了操场就会惹是生非，经常打架。接受治疗后，他彻底变了。我简直不敢相信，治疗对他的帮助如此之大。我对此非常感恩。孩子的抽搐症状消失了，也不再打架了，就连学校都表示他像变了一个人。我们的生活因此发生了翻天覆地的变化。

在这方面，"释放潜能"和"心灵之地"这类组织和慈善机构，可以在学校为家庭提供极大的帮助，我有幸与这两个组织合作过。如果你担心孩子的表现，一定要和孩子的学校联系，询问学校是否提供咨询服务，或者有没有育儿群组（事实证明，育儿群组往往能提供宝贵的支持）。

鼓励所有孩子去思考并接纳自己的感受，让他们走上更健康的自我调节之路，未来便有能力好好利用自身压力释放出的能量。当我们让他们的"小猫头鹰"参与进来，就能帮助它"伸展翅膀"。

有过创伤经历、存在神经偏差或者有特殊教育需求的孩子，在自我调节方面可能会面临更多困难。我们要始终关注孩子的情况，

因为研究表明，某些孩子的肾上腺皮质轴比其他孩子更活跃。自我调节需要不断练习，也需要常常反思，同时还需要我们的耐心和平静。麦克在这里强调，在紧急情况下管理好自己的"狒狒"，即便成年后，仍然觉得十分困难！

跟麦克一起演习

我从事安保工作，经常听人讲述自己遭抢劫的经历。他们会告诉我，很多时候他们会本能地奋起反抗，而不是选择逃跑；他们会拒绝交出自己的包，甚至与歹徒搏斗，全然没有考虑那些人或许持有刀具。当危险过去之后（我猜他们的"智慧猫头鹰"重新掌权了），他们才回过神来，意识到刚才为了一张本可以注销的信用卡或很容易重新申领的驾照，险些丢了性命。冷静下来理智思考才发现，自己的所作所为毫无意义——这正是我们从孩子身上看到的即时战斗反应，他们因为一些看似无关紧要的事情吵架，但是那些事显然对他们来说真的很重要！作为家长面对的挑战，就是要记住，孩子的"狒狒"受原始本能驱动，在特定情况下，会先行动再思考。但是另一方面，据我所知，这种情况在我们成年人身上也屡见不鲜。

我现在依然有受"狒狒"支配的时候。如果威尔伯在厨房附近踢球，你会看到我呵斥他，而不是冷静地请他去外面踢。那次，当我的"智慧猫头鹰"重新掌舵，我不禁思考，我8岁的孩子是否在用重复的踢球动作"释放"他的压力，或者舒缓残留的紧张情绪。

我会对他说："我在想刚才的事，很抱歉对你发火了。"威尔伯马上知道我在说哪件事，愤怒地回答道："我知道！你因为我踢球骂我，但我只是担心我的家庭作业！"

俗话说"每天都是上学日"，尤其是在为人父母这件事上，更是学无止境。

再说一遍，**理解压力反应并不意味着我们要无底线地容忍不良行为。**我不希望儿子在厨房踢足球，因为厨房里的东西可能被踢坏。但是我可以在告诫他的时候保持冷静，而不是怒言相向。

我再次向他道歉，解释说我的"蜥蜴"有些躁动，因为我要同时做很多事，我的"蜥蜴"觉得球的声音会分散注意力。我还解释说，我不希望东西被打破。"很抱歉，我动用了'狒狒'，而不是'智慧猫头鹰'和你沟通。"我的道歉和理解，让威尔伯瞬间冷静下来。他的"狒狒"一退下，"小猫头鹰"就参与进来了。现在，我知道他在倾听，可以给他指明界限了。

"下次感到紧张焦虑的时候，我可以帮你一下，尝试用语言，而不是踢球，告诉我，好吗？"我还提议，下次他焦虑的时候，我可以协助他完成家庭作业。

威尔伯（和他的"小猫头鹰"）高兴地点了点头。

这次交流让我重新变回"爱玩家长"，我兴致满满地提出："我有一个想法，等我做完晚饭，一起出去踢球怎么样？"

亲身示范我们期望从孩子身上看到的行为，有助于建立信任，巩固我们的关系，任何潜在的释放压力的严重行为最终都会败下阵来。

厨房事件发生几个月后，威尔伯问我："妈妈，我能跟你说说我身体里发生了什么吗？有点奇怪。"

"当然！"我微微扬起眉毛说道，好奇他会说些什么。

"我和朋友们踢球之前，身体里面有特别强烈的感觉。"威尔伯指了指他的头和胸部。"我们开踢之前，我觉得压力特别大，因为每个人都要选择加入哪个队伍，然后所有人都开始大喊大叫，因为他们都想加入最好的队伍，但是最好的队伍只有一支，我们全都想进那支队伍，这让我感觉压力很大，然后我就开始这样……"威尔伯把自己扔到床上，用双手捂住耳朵。

这充分说明了，当孩子们聚在一起的时候，可能会出现"狒狒压力传染"。这也是一个很好的例子，表明当交感神经系统被激活之后，有些孩子对声音或其他感官输入格外敏感。

威尔伯说话的时候，我也能在自己的胸腔内感受到他描绘的那种烦躁感。这就是我们所说的"情绪转移"。你可能会注意到，当孩子跟你谈论他们的焦虑或紧张时，他们会越说越快，有点喘不过气来，我们也会随之有点喘不过气来！谈论愤怒或快乐时，当然也是一样。

"哦，亲爱的宝贝。"我说，"还记得我跟你说过的压力反应吗，还有压力反应如何让我们的'蜥蜴'躁动不安，让'狒狒'上蹿下跳？这是不是很和你刚才说的那种情形很相符？"

我指着自己的胸腔，说我能感觉到威尔伯描绘的焦虑。这是一种强有力的方式，向他表明我真的理解他，能够与他共情。

教导孩子理解压力，以及让他们明白，不仅是头脑，全身都能感受到压力时，我鼓励大家都去了解一下神经精神病学家丹尼尔·西格尔博士所说的"垂直整合"。简单来说，就是在需要帮助的时候，"蜥蜴""狒狒"和"智慧猫头鹰"都要学会互相交流。教会孩子如何注意到内在的感受，意味着他们可以适应神经系统的"要求"，而不是抑制或忽视重要的感受。

🧰 大脑工具箱

> "总的来说，焦虑是一种防御表现，对抗的是被强压下去的强烈感受。解决内心深处的恐惧，无论是强烈的悲伤、愤怒，还是绝望等等，焦虑就会烟消云散。但这并不是仅凭自己就能做到的。你需要在一个非常值得信任、能调节情绪的倾听者身上，去感受那些恐惧。"
>
> ——儿童心理治疗师马尔格特·桑德兰博士，
> 《利用你的情绪》

我指出，其他孩子大喊大叫、变得焦躁不安时，很可能大家都有相同的感受。我解释说，就像野生环境中的狒狒在兴奋或害怕时会彼此传递压力，我们人类也一样。

我说话的时候，威尔伯很安静，他把我的话都听进去了。

"我只是希望能公平地分组，"他说，"所有人都想加入好队伍，然后所有人都开始争吵，结果球都没踢成！"

"那你觉得怎样才能解决问题呢？"

"我可以提议，或许我们可以轮换？或者，"他补充道，"也可以抽签？"

"这两个主意都不错，威尔伯，你真棒！"

鼓励孩子寻找解决方法，非常有助于锻炼他们的"压力管理肌肉"，也能让"小猫头鹰"变得更强。

这个年纪的孩子，有时会不知道该如何解决问题，我们可能会看到孩子处于"我不知道该做什么"的状态。如果孩子遇到困难，你试着提供帮助，他却生气发怒，这时你要记得，很可能是他们的"蜥蜴"和"狒狒"在掌控局面。我们的"狒狒"经常用愤怒当防御武器，对抗恐惧。恐惧会让我们感觉容易受到攻击。在这种时候，**你可以说："没关系，我知道有时候这些事会让人感到很难办。"**

不是说孩子将来就不会遇到困难，不会面临友情问题了。这就是生活。**但是当你向孩子表明，如果他们需要你，你会陪在他们身边，和他们一起"跳伞"，这种态度就像一种强大的粘合剂，让你们的关系更加紧密。**

你可以把心中的疑问大声说出来。"你想听听，如果是我遇到这种事会怎么做吗？"（当然是在你已经取得积极成果的前提下。）或者"我知道这感觉有多难受。我们一起想想有没有解决办法吧？我敢打赌，我们一定能想出一个。"

* * *

你们可以一起画画，或许也可以借助火柴人，用气泡音演练孩子想说的话，或他们希望对话或情况如何展开。注意让孩子去引导，这是让他们的"小猫头鹰"努力思考、练习反思的好机会。记住，你是教练，需要纵身跳下去的人是孩子自己。如果你什么都帮他们做了，下次他们会发现自己往下跳的时候更难。他们在学习新技能的时候，你只需要在一旁提供坚定的支持，引导他们前进。第二天早上，威尔伯醒来时已经在计划一会儿要和朋友们怎样对话了。对于一个 8 岁的孩子来说，管理一群兴奋的男孩们是一件大事，但是我对他说："我相信，你一定能想到合适的措辞。"

让孩子知道我们对他有信心，相信他们有能力解决问题，这一点对他们来说非常重要。孩子的适应力和自我意识就是这样建立的。这样也能帮助他们的"小猫头鹰"成长。

进行这些"重要的对话"，会让你和孩子领先一步，让你们都能认识到压力的早期信号。当你的孩子开始"表现出异常"的时候，你不会生气地问："你怎么回事？！"而是会说："宝贝，我感觉你的'蜥蜴'今天有点烦躁。我怎样才能帮助到你？"

如果对孩子的强烈感受不管不顾，孩子们就会"情绪失控"。**真心在意孩子的感受，真诚地询问，能帮你在"失控"之前发现问题。**是的，这需要时间，为了顺利"应对"，我们需要以 C 开头的十大核心支柱全部就位。当我们不再把孩子的行为视为"淘气"，理解孩子的需求，就能跟孩子展开重要对话了。如此一来，你不仅能得到更合作、更平和的孩子，还能拥有一个更平和的自己。

猫头鹰的智慧

∨∨ 用适合孩子年龄的方式，教孩子认识他们的神经系统，以及他们的压力反应，能帮他们了解自己的行为，也有助于你理解他们的行为。

∨∨ 让孩子知道压力反应是正常现象，当他们感觉到压力反应被触发或不知所措时，会第一时间来找你。

∨∨ 了解压力反应的症状，能让你的孩子获得良好的内在感受能力——拥有内在感受能力，他们会善待自己的感受，而不是抵制、恐惧和压制自己的感受。

∨∨ 想让孩子用自己的话把他们的感受说给我们听，需要时间，也需要练习，但是一旦他们能做到，就会更愿意来寻求我们的帮助，而不再仅用行为表达他们的需求。

05

如何教会孩子安全地表达愤怒和管理情绪

孩子能够克制他们的强烈感受，但是
他们无法独自达成，需要我们的帮助

愤怒是最合理且最基本的情绪之一，但是正如儿童和青少年心理治疗师维奥莱特·奥克兰德所言，愤怒也是被人误解最深的情绪之一。**愤怒是一种防御手段。**它告诉我们，我们感觉被冤枉了，它帮助我们挑战不公。可惜，很少有人被教导过如何恰当地表达愤怒。这便成了一个问题，因为在极端情况下，愤怒可能引发暴力，这是父母们寻求帮助以解决的最常见的情绪问题之一。在美国，2020 年一项针对 2000 位父母开展的调查显示，四分之一的父母承认，他们 6 到 8 岁的孩子有过极其严重的情绪崩溃表现，这些父母表示孩子们在崩溃的时候会打、踢或咬他们。

为了让孩子的行为更安全、更克制，我们必须教他们如何调节情绪并健康地将其表达出来。实际上，心理治疗师和临床学者阿兰·舒尔博士主张"在儿童发育的整个过程中，都应该将强化自我调节纳入考量范畴"。

为什么？

他说，因为"几乎所有精神疾病都存在情绪失调的状况"。

大部分科学家认为存在 5 种核心情绪，而心理学家保罗·埃克曼的研究确定了 7 种情绪：愤怒、焦虑、失望、惊喜、悲伤、恐惧和愉悦。我们的情绪可以是复杂的，某种情绪可能会掩盖另一种情绪，比如，愤怒的背后可能隐藏着恐惧。

🌼 家长的思考

迪伊，作为亲属负责照顾 9 岁的唐尼

我带唐尼去商店，打算让他和狗狗一起在外面等我，我进去买点面包后马上出来。他不同意，气冲冲地说："不！我要和你一起进去！"我当时很生气，觉得他就是故意和我作对。我对他说："我让你在门口等，你就在门口等！"但他还是拒绝。当我停下来问他为什么要这样做时，他才说："因为有人可能会把我带走。"

我们的情绪是重要的生活指引，为我们提供"实时数据"，帮我们应对重大事件。就像迪伊的侄子那样，恐惧提醒我们要保持警惕，爱告诉我们可以全情投入。情绪是生而为人的重要组成部分，也是最大的恩赐之一，让我们能经历生命的起伏而不至于在其中迷失方向。但是，如果我们要帮助孩子以及我们自己，就必须学会如何安

全地表达强烈的情绪。

打骂孩子是不对的——正如打骂成人也不对。我理解孩子暴怒时家长的沮丧和恐惧，家长觉得他们已经别无他法，只能对孩子进行打骂、大声呵斥，或者让他们回自己的房间。但是，其实可以不成为这样的父母，孩子的童年也不必如此度过。

正如美国公理会牧师莱曼·阿博特所言："**不要教你的孩子永远不能愤怒，要教他们如何表达愤怒。**"

这正是我们要做的。首先我们必须接受，所有的情绪都是合理且受欢迎的。我知道，这可能与直觉相悖！我和客户相处有几条简单的准则，在第一次诊疗时，我会向他们做出解释，这时他们常常会有这种感觉。我解释说："这里不会有打骂、伤害"。我明确说明，这意味着："我不会伤害你，你也不能伤害我。"但是我继续解释"所有的情绪都是受欢迎的"时，孩子们几乎都会睁大眼睛惊讶地问我："什么，也包括愤怒吗？！"我笑着回答说："尤其是愤怒！"

🧰 大脑工具箱

"我们往往认为，愤怒是一种让人不愉快、令人厌恶的情绪，我们宁愿从来没感受过愤怒。实际上，我相信愤怒是一种自我表达，是对个人边界的一种捍卫。当一个年幼的孩子大声喊出'不！'的时候，她倾尽自身全部能量，表达对冒犯她的事物的厌恶，我们以为她是在生气，其实不是，她是在表达自我。"

——心理治疗师维奥莱特·奥克兰德，《愤怒的多面性》

社会常常将愤怒视作一种可怕的事物，认为应该对其加以压抑、消除或削弱。但是我们真正应该害怕的并非愤怒本身，而是在孩子成长过程中我们没有教会他们如何安全地表达愤怒。

如果我们不"接纳"愤怒，不帮助孩子体验和表达他们的感受，用儿童心理治疗师马尔格特·桑德兰的话来说，你会发现他们"逃避世界，或者与世界对抗"。

大量研究表明，羞于表达强烈情绪或者因表达强烈情绪而遭受粗暴对待的孩子，在长大后会学会压抑强烈的感受，为此他们可能会借助食物、工作、性、烟、酒、药物或其他能抑制"不良"情绪的东西。他们无法用有力的语言划定合理的边界，无法用坚定而清晰的"不，不可以这样""你这样做我很难过"来表达正当的愤怒，被压抑的愤怒常常会以批判性的评论和推论、尖刻的幽默、刻薄的言语和霸凌等形式流露出来。

在精神病学家乔治·恩格尔命名为"生物心理社会学"领域工作的临床医生们最终得出结论，压抑情绪会损害我们的健康和幸福。成瘾专家加博尔·马泰在观察他的病人后得出结论："在包括 7 年的姑息关怀在内的 20 余年家庭医疗生涯中，慢性病患者的情绪关闭现象给我留下了深刻印象，尤其是'负面'情绪的全面丧失，无法感受和表达愤怒"。马泰的临床工作和他自己所开展的大量研究让他得出结论，被压抑的愤怒在多种疾病和缺乏快乐的人生中扮演了重要角色，因为"这些人似乎没有能力顾及自己的情绪需求，他们对他人的需求有强烈的责任感。表达拒绝对他们来说非常困难"。

我们需要教导孩子，让他们能够说出"不"，能够告知别人其行为"不可接受"，无论是针对自己的兄弟姐妹，还是学校中的某个人。我们希望他们在失去自己在乎的东西或人时，能够坦然面对悲伤，并且能充分且合理地为失去的东西感到悲伤。如果他们感到失望，我们需要他们说出来，而不是将他们的强烈感受投射到他人身上。拥有所谓的情绪素养，能让我们的孩子忍受挫折，构建健康的人际关系，减少争吵和自我毁灭的行为。

就在昨天，威尔伯走进我的办公室，气恼地踢了一下地上的垫子。我侧头看了他一眼，他皱着眉头说："对不起，纽卡斯尔队输了。"他最喜欢的球队在第 89 分钟被对手绝杀。我能理解他的失望。把他拉过来，给他一个大大的拥抱，远远好过因为他已经意识到的错误行为而责备他。他才 9 岁，还在学习成长。下一次，他或许就不会再踢垫子（这么做是为了向我传达他的感受），而会用语言把他的感受说给我听。

我们应该接纳自己的情绪，这个观点不算新颖。13 世纪的苏菲派诗人贾拉尔·丁·鲁米创作过一首优美的诗篇，他以客栈作比，邀请我们所有的感受入驻。

人就像一所客栈，
每个早晨都有新的客旅光临。

"欢愉""沮丧""卑鄙"
这些不速之客，
随时都有可能会登门。

欢迎并且礼遇他们！

即使他们是一群惹人厌的家伙，

即使他们

横扫过你的客栈，

搬光你的家具，

仍然，仍然要善待他们。

因为他们每一个

都有可能为你除旧布新，

带进新的欢乐。

不管来者是"恶毒""羞惭"还是"怨怼"，

你都当站在门口，笑脸相迎，

邀他们入内。

对任何来客都要心存感念，

因为他们每一个，

都是另一世界

派来指引你的向导。

（梁永安 译）

  我为成年人举办心理健康讲座时，经常会问他们，有多少人小时候接受过有关调节自身情绪的教育。即使有人举手，也屈指可数。

我们全都需要探讨我们的情绪，并成为有情绪素养的人！这里有一些练习，你可以和孩子一起尝试，开启一段有关情绪的对话。

培养情绪素养的工具

情绪轮盘

对于培养孩子的情绪素养来说，情绪轮盘是一个非常实用的工具。我用的是心理学家保罗·埃克曼博士和罗伯特·普拉奇克博士版本的情绪轮盘。你也可以在家和孩子一起制作一个情绪轮盘，或者从网上找一个打印出来，贴在墙上。普拉奇克博士认为，人类能体验到超过 34000 种情绪——孩子们得知有这么多种情绪时，往往会十分震惊。当然，你可以只把最具代表性的几种情绪贴在墙上，或者请孩子尽量去辨别更多情绪。在治疗过程中，我会告诉孩子，所有情绪都是合理的，都应该被倾听。我解释道，如果我们发现很难把自己的感受说给别人听，可以指向轮盘上最契合自身感受的那个词。

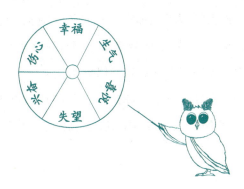

"哪种情绪最能概括我们今天早上的感受呢?"上学之前来一段轻松的快问快答是开启一天生活的好方法,能让你们有机会展开交流,但愿也能借此舒缓孩子心中可能存在的担忧和犹豫。放学回家后,你的孩子可能更喜欢用轮盘告诉你他们今天的情绪。你自己也可以使用情绪轮盘。如果氛围合适,不妨运用一些幽默的手段。你可以做个鬼脸,跟孩子分享你早上不得不捡起狗粪便时的"恶心"之感。

如果你的孩子表达了"难过""失望"或者"孤单"之类的情绪,你可以给予简单的回应:"啊,难过……好吧。你好呀,难过。能跟我多说说吗?"或者"你好,难过,感谢你勇敢现身,让我知道你在这儿。"

如果情绪比较积极,比如"自信""兴奋"或者"开心",你可以提高声调和活力,迎合孩子,然后说出同样的话:"哦!兴奋!跟我多说说吧!"

要让孩子知道,**难过和开心一样,都有其存在的价值。**

就像和孩子探讨压力反应那样,你也可以和他们谈论,不仅我们的大脑能感知情绪,我们的身体也能。你可以向他们解释,兴奋、愉快、痛苦和失望都能像恐惧那样,引发压力反应。

正如神经科学家雅克·潘克赛普所言:"我们是深有感受,同时深具生物属性的生物……我们必须正视人类精神的生物学来源。"

让情绪具象化

对于孩子来说,情绪是一种难以掌控的怪东西,因此,任何能让情绪具象化的方式,都能起到辅助作用。

邀请孩子想想,有没有什么方法能让情绪在生活中现身——你可以制作袜子玩偶,代表各种感受,或者让孩子把不同的情绪赋予不同的玩具,或者简单写下情绪的名称,或者给纸片涂上不同的颜色。这些方法都是为了把孩子的感受和情绪引入生活场景之中。目的是强化所有的情绪都会受到欢迎、得到接纳这一理念。没有一种情绪是错误的。

电影《头脑特工队》用可爱的形象,让我们有机会看到各种情绪被赋予生命的模样。我还发现不少有助于在治疗室和孩子一起探索情绪的好书,包括《一个名叫'没关系'的尼弗雷诺》《大海永远消失的那天》在内的诊疗故事系列,是我最喜欢的,这套书的作者是儿童心理治疗师马尔格特·桑德兰。这些书籍是探讨情绪话题的绝佳素材,标题和故事情节引人入胜,能引起孩子的兴趣,并且涉及失去、悲伤、哀痛和霸凌等重要主题。

如果是在家里,你可以找一张白纸,画一个圆圈当作头,再画一个椭圆当作身体。然后让孩子猜猜,你们能想到多少种情绪,把想到的情绪可以用文字写在纸上,也可以用颜色表示,或者文字与颜色搭配着运用。鼓励孩子自己拿笔写字或涂色,把练习的主动权交给孩子,效果会更好。

你可以告诉孩子,如果我们试图让情绪保持沉默,将它们埋藏在心底，尤其是悲伤或愤怒之类的强烈情绪，最终很可能会爆发出来！在治疗室，如果孩子选择用黄色代表悲伤，用红色代表愤怒，我会拿起红色和黄色的蜡笔，画出从圆圆的脑袋上喷出"烟火"的图案。"就像这样！"

找一个让你感觉舒服的方式跟孩子交谈。不需要急着达到目的，你只要让你们的对话轻松、愉快即可。

如果你觉得孩子已经大了，不适合这类谈话，那你就错了。我们越是能将情绪视为一种正常现象，就越没有理由压抑它们，情绪就越不可能"爆发"。

红色代码

另外一个是鼓励孩子，让孩子更愿意表达自身感受的工具，我称之为红色代码。让孩子把不同的颜色分配给不同的情绪。他们可能会把黑色分配给烦闷，黄色分配给开心，金色分配给兴奋，红色分配给愤怒！我的孩子们已经设定好了他们的颜色代码，这样他们就能快速让我知道这一天在学校过得怎么样。

即便是现在，如果克莱门丝和威尔伯想让我知道他们这一天过得不顺，有时还是会用红色代码，在大门口就能即刻告诉我。"今天是红色代码。"然后我会回应说："哦，好吧。你想现在说，还是晚点再说？"孩子可能很乐意马上跟你讨论这个话题，很多时候也可能想留到睡觉之前再说。

有些孩子喜欢给一张卡片涂上红色，随身携带，如果他们感觉情绪波动，会直接拿出卡片给老师或者给你看，不需要多余的话语。

这是一个信号，意思是"我需要帮助"。

成为更出色的"科伦坡"

我小时候看过一个当时非常流行的侦探剧，主演是彼得·福克，剧名叫《科伦坡》。科伦坡穿着破旧雨衣，一副不修边幅的样子。他漫不经心地走进调查现场，让周围的人全都卸下防备，然而，在他邋遢的外表之下，是极度的智慧。他会问一些简单的问题，像是要从主要嫌疑人身边走开的时候，甩出一句"还有一件事……"提出一个问题，让罪犯无处遁形。

如果你的孩子确实很难沟通，有时我们需要成为更出色的科伦坡。如果你的孩子在大门口发脾气，或者嘲笑她的姐妹，你可以揣测一下他们的感受，或者直接大胆使用外交辞令："你怎么样？我感觉，你今天过得不太好？"

如果你猜错了，要做好孩子要顶嘴的准备——这没什么。实际上，如果孩子冲你呲牙，再来一句"我没有！"或者"我没事！"你可以来一个科伦坡式的耸肩，"好吧。你没事。抱歉，是我会错意了。"

你可以接着说："如果你想跟我分享，能不能让我知道，我错在哪儿了？这样我下次就可以改正了。"或者："没关系。你想说的时候随时可以说，或者你可以晚点再告诉我你的感受——我或许能帮助到你"。

让孩子纠正你的错误，非常有吸引力，你会发现孩子脱口而出"我只是饿了！"或者"我生气是因为我忘记带运动鞋，史密斯老师

批评我了！"翻译过来就是说，你的孩子感到难堪或羞愧了，他们的
"狒狒行为"立马有了解释。

有了对话空间，孩子通常会主动开启对话，通常他们会在躺在
床上的时候告诉你，"我今天很难过。"或者会直截了当地说，"迪恩
嘲笑我，因为我有一个球没进。"这样一来，你就能立刻理解他们放
学后的行为了。

我知道这需要很大的耐心和信心，但是——先不谈打人或伤
害——在你把 C 开头的十大核心付诸实践时，忽略孩子可能表现
出的任何不当行为。如果我们因为心情不好而卷入"狒狒之间的争
斗"，或者命令孩子"不许这么跟我说话"就会破坏正在精心构建的
基础，而且肯定会动摇所有情绪都受欢迎的承诺！我保证，当你的
孩子相信他们可以和你进行开诚布公的对话时，咆哮和怒吼声都会
消失。

我在治疗室看到过非常严重的行为，因为愤怒和悲伤都被接纳，
被我们引入……但是我会告诉你，当它们出现的时候，我们该怎样
保障自己和孩子的安全。

让情绪发声

如果你的孩子看起来还是不想参与，你可以尝试与"情绪"对
话，而不是直接和孩子对话。你可以把提问对象换成特定的玩偶和
玩具。

我的朋友弗朗西斯卡，对她的女儿拉菲用过这个方法。有一天
放学后，拉菲在书店大发脾气。回到家后，5 岁的孩子还是不愿意

告诉她发生了什么，弗朗西斯卡试着问女儿的泰迪熊能不能替拉菲告诉妈妈。"泰迪熊"立马回答："劳雷尔说她以后不会再喜欢我了！！！"紧接着，拉菲哭得稀里哗啦，妈妈则给了她很多安慰的抱抱。

和孩子进行这种对话的时候，你越有创意，对话越容易开展。简单上网搜索一下，能找到很多关于情绪对话的优质资源，比如工具包和"情绪处理"卡。你也可以花些时间和孩子一起亲手制作。

我知道，很多时候我们只想知道，什么时候说什么，现在该做什么，怎么做！关于特定的某天孩子感觉如何这个问题，下面有简单的汇总，可以帮助你开启和孩子的对话。

- 你怎么样呀？有红色代码事件发生吗？
- 你认为哪种情绪最能概括你今天的学校生活？
- 你看起来有点生气，能告诉我你身体的哪部分有生气的感觉吗？
- 能多跟我说说你现在的感觉吗？

不要忘了最简单的表达——克莱门丝刚刚提醒我，有时在学校门口拇指朝上或朝下，就已经能说明一切了！

真诚之箭和情绪沸腾

难题有时是——我们的孩子有时候确实会生我们的气，对我们感到失望。这会导致他们说出那伤人的"我恨你！"**一定要记住，恨你的不是你的孩子，而是他们内心的感受。**你越是能帮他们化解那些强烈的感受（这些感受的基底往往是伤害和恐惧），这些伤人的话语就会越早消失。我会在后面的章节分享一些脚本，帮你解决这个问题。

这是发生在我家里的案例。克莱门丝 9 岁的时候，我到学校接她回家，她对我非常无礼。我原本一直满心期待地想要见到她，此时却不得不咽下自己的伤心和愤怒（是的，我也不得不这样）。我能把自己的感觉放在一边，是因为我怀疑她那样对我是在向我表达她的难过，我错过了她当天的学校演出。

到家之后，我坐在她旁边。我默默拿过一张白纸，画了一个高个的火柴人代表自己，又画了一个小的、嘴边有说话框的火柴人代表克莱门丝。我在说话框里写下了"伤心"。然后又在旁边画了一个对话框，写了"生气"。在对话框下面画了曲线，以强调生气，然后拿给她看，让她知道我真的察觉到了她的伤心，还有她心中的难过。

我用平静、温暖的语气大声说："我在想，克莱门丝是不是生我的气了？她感到伤心，因为我没去学校看她的演出。"（再说一遍，用第三人称能减轻"说出痛苦、直指真相"带来的不适感。）

指出孩子"受伤"的真相，孩子会感到不自在，你能察觉出这种变化。**但是如果你的话语真诚且充满同情（而不是听起来像是在**

批评孩子），这是一个好的迹象，因为你会看到，你的"真诚之剑"正中靶心。错过孩子的表演我也很难过，我为我的缺席感到抱歉。我已经向克莱门丝解释过我为什么不能去，但是我不打算再提醒她一遍，因为这样的话我的关注点就被分散了，而且听起来会让人感觉我没有考虑克莱门丝的感受。虽然我觉得她之前的行为有些无理（而且不公平，因为麦克去看克莱门丝的表演了），但这都不重要。我女儿只知道，她真的希望我去，而我没去。她可能感到失望、伤心、被辜负，在这些情绪之下，通常是恐惧。担心妈妈最关心的不是自己。对家长来说，听到这些会觉得很难办，因为显然情况并非如此。但是孩子还在通过一只小猫头鹰的眼睛看这个世界，是"蜥蜴"和"狒狒"在主导。他们还不具备所谓的大局观。他们不能完全理解，我有诊疗预约，不能不去。就像孩子不能完全理解，我们必须要依靠工作来维持生活开销，或者祖母需要紧急帮助，或者狗狗吃了它不该吃的东西需要去医院。他们的"蜥蜴"和"狒狒"只知道，当他们需要我们的时候，我们不在。这对他们来说是最重要的，会让他们感到恐惧。害怕"我微不足道"，害怕"妈妈不爱我"，甚至"妈妈不在乎我。"

意识到这是孩子自己的故事版本，这一点很重要。

指出她受到的伤害之后，我告诉克莱门丝，我理解她为什么生气，我可以接受她的难过。她的感受已经被听到了。她不需要闷闷不乐，或者大喊大叫。

回到卧室之后，克莱门丝点点头，对我说，没错，她的感受跟我说的一样。当真诚之箭平稳落地，你通常会感觉到你们之间的能量场发生了变化。当你说出他们最脆弱的想法和感受时，你的孩子会感觉到被理解、被听见，这时候你就可以发力，达到我所说的情绪沸腾了。

我在高个火柴人的嘴巴旁边画了个对话框，在里面写上"对不起"。我转过身，面向克莱门丝，真诚地告诉我女儿，很抱歉错过了她的演出，没能去看我也很难过。孩子需要听到，我们愿意花时间陪他们。他们需要知道，我们在乎他们。我可以保证我已经把下次演出的时间记在日记里了，下次我一定去。我还会再说一遍，我理解她为什么会生气，然后又加了一个词，难过。

切记：愤怒之下是恐惧。

所有孩子都会无意识地害怕他们会被抛下，或者我们对他们的爱不及他们的兄弟姐妹。这是演化主导的。蜥蜴一直在操心"我需要的时候，她 / 他 / 他们会不会在我身边？我能不能依靠他们？我可以相信他们会保护我的安全吗？"

如果你的孩子深深地担忧，你可能不爱他，或者你不喜欢他，或者他有需要的时候你不能成为他的依靠（所有的孩子都会在某个时候产生这样的想法），这种时候通常会以愤怒的形式表现出来。因为愤怒是一种可以提供保护的盔甲。

"我恨你"就是从这里来的。它来自受伤之处，来自难过之处，来自恐惧之处。记住，我们的孩子甚至没有意识到这些深刻、古老的感受，也不理解为什么这些感受会化作伤人或愤怒的话语喷薄而出。

回顾孩子最近让你感觉受到伤害的行为，思考一下他们当时是怎么想的。

你可以试着画带对话框的火柴人，想象一下"恨"下面隐藏的真实情绪。

"我恨爸爸！"可能会变成："我恨爸爸不住在这儿了。"

"我恨你"或许可以翻译成："你冲我大声说话的时候吓到我了 / 你们离婚了让我感到害怕 / 我有时候你觉你更爱我的小妹妹 / 我恨你不理解我，我伤心的时候还推我。"

谈到她最好的朋友时，说"我恨她"或许可以翻译成："她不跟我玩的时候，我恨自己的无助和孤独。"再说一遍，愤怒的底层是"狒狒"的恐惧："我被吓到了，因为如果我没有朋友，就只能独自一人了。"

"我希望他去死！"可以翻译成："有一个男孩在学校嘲笑我，当着所有人的面开我玩笑，我觉得特别痛苦，我只是希望痛苦消失。"换句话说，如果那个人不在了，那痛苦也就不在了。

"我不去上学！"的意思或许是："拼写测试让我感到非常紧张。"

孩子的愤怒语言之下藏着很多情绪。想办法替你的孩子说出这

些感受，相当于给孩子提供了向你坦露心声的许可。他们会接收到"你可以做自己。如果你难过、紧张、害怕，都可以告诉我"这样的信息。这些真诚的交流能帮助孩子进行反思，促使他们用自己的话把强烈的情绪表达出来，而不是通过爆发、喊叫或者身体撞击来表现。

回应严重且痛苦的声明

如果你的孩子说："我恨你！"你可以问他："你恨的是爸爸 / 妈妈做的哪件事？"

如果你的孩子说："我希望他们都去死！"你可以回答："宝贝，这真是一种强烈的感受！你想阻止什么呢？"使用亲切的称呼，比如"宝贝""亲爱的"或者你给孩子取的爱称，这个方法真的非常有用，能迅速安抚孩子的"狒狒"。

如果你的孩子说他恨他的兄弟，你可以问他："知道是为什么吗？"或者"你有这种感觉很久了吗？"

这种情况并不常见，但是如果孩子发表了措辞严重的声明，比如"我想去死"，这表明他们真的很不开心，很可能正承受着极大的痛苦。

当孩子受到伤害时，给他们喘息的空间很重要。让他们知道，你可以承担他们的痛苦，尤其是当他们自己感觉无力承受时，这一点至关重要。因为这样一来，他们会觉得能依靠你，进而可能会把自己的感受告诉你。这可以促成帮助治愈创伤的重要对话。当孩子感到痛苦时，他们会说出令人痛苦的话。我们必须严肃对待他们的痛苦。我们应该始终坚信自己能够提供帮助。儿童精神科医生布鲁斯·佩里说，在这方面，父母比他们自己所认为的更为强大。如果你觉得需要帮助，或者你的孩子说的一些话，表达了伤害自己或他人的意图，一定要向全科医生或有资质的心理健康专家寻求建议。如前文所说，这本书是一本育儿指南，旨在帮助家长和孩子一起进行心理调适，但是切勿把这本书当作孩子所需治疗或其他支持的替代物。

如果孩子告诉你他很难过、愤怒，或者感觉"非常不好"，一定要感谢他愿意与你分享他的感受，告诉他能这么做有多么勇敢。敢于表现脆弱，是需要勇气的。

如果觉得单独对话太困难，你可以温和地提议一起寻求帮助。永远不要觉得自己必须独自熬过困难时期，所有人都有需要帮助的时候，尽早寻求帮助和建议，对孩子最有利。学校甚至可以组建一个家长组织，让你和其他家长共同探讨各种培养情绪素养的方法。

我们要行动起来，这很重要。因为当我们把培养孩子的情绪能力当作一份送给他们的礼物时，我们给予的是一份让他们受益终身的礼物。2013 年，伦敦经济学院一篇题为《什么能预测成功的人生》的研究论文总结称，"成人生活满意度最重要的预测指标，是孩子的情绪状态和孩子的行为表现。"这项研究还发现，"最薄弱的预测指标，是孩子的智力发展。"如果我们真的想为孩子未来的心理健康提供支持，那么政策制定者和学校方面应该认真考虑这些问题。

实际上，情绪调节有助于学习，因为它能让孩子在学校安心地坐下来，从而有效集中注意力，能让孩子轮流做游戏，控制他们的冲动。情绪调节能让他们交到朋友，在社会环境中与他人和谐相处。它能确保孩子在没有大人陪伴时，独自做出明智的决策。考虑到即将到来的青春期，你就会明白，为什么成瘾专家加博尔·马泰将情绪方面的能力描述成"最佳预防药物"。它能让孩子理解并管控自己的行为，对内心因外部事件而产生的感受进行反思。

当一个孩子具备良好、健康的情绪管理调节能力时，就不需要让孩子出去冷静、惩罚或者让他们回自己房间了。这些手段都会因此变得多余。

儿童心理治疗师维奥莱特·奥克兰德尖锐地指出，孩子如果生活在一个不允许表达愤怒的家庭中，最终可能会"表现良好"，但是，她补充道："这些良好表现通常是受恐惧支配的，由于缺乏表达，孩子变得自我意识淡薄。他深层的感受被埋藏在心底。"

我们希望孩子成为一个健全的个体，而不是某个"版本"的他。只有当我们接受他们原本的样子以及他们带来的所有情绪，他们才能成长为一个健全的人。

我们的孩子，在我们与他们的互动中茁壮成长。找到正确的方法，**平静、亲密、坦诚**地与孩子探讨情绪、内心的感受以及他们真正想要告诉我们的信息，是帮我们与孩子建立起联系，促使你们展开重要对话的极为强大且有效的手段，其影响不只是当下，更是贯穿他们的余生。

猫头鹰的智慧

- 我们的情绪是人生中的重要指引。

- 所有情绪都是合理的，但是我们必须教会孩子如何安全表达。

- 具备良好的情绪调节能力，对心理健康有着关键意义。

- 我们的身体也能感知情绪。

- 愤怒、恐惧、兴奋和失望等强烈情绪，通常会引发压力反应。

- 给孩子表达的机会，他们就不需要大喊大叫了。

- 通过让孩子理解和表达他们的感受，能培养他们的情绪素养，相当于送给他们一件受用终身的礼物。

第二部分

与你的孩子建立
信任、安全、支持的关系

在第二部分，我会告诉你如何建立信任，并巩固和孩子之间的关系。我们还会探讨以"C"开头的十大核心支柱，它们能为我们养育子女提供支持，为孩子获得更多安全感提供帮助。

06

当我们与孩子建立更多的联结时，所谓的"淘气"即会消失

联结是孩子最大的需求，也是父母最有力的工具。

　　一个 7 岁男孩跑进自己的卧室，拿起睡衣，迅速穿上，冲着站在门口的妈妈嘻嘻一笑。他跳上床问妈妈，关灯之前能不能给他读他最喜欢的故事。妈妈挨着他坐下，一起读故事，然后开始抚摸他的头发，紧紧抱着他，最后给他一个晚安吻。

　　另一个场景，一个 7 岁的孩子，在他的卧室里来回跑，疲惫的父母跟在后面追。孩子完全无视妈妈让他上床睡觉的指令，跑过去，把一条脏裤子扔到身后。孩子一边大声笑，一边跑过楼道，来到姐姐的卧室，抢走她最喜欢的玩具。姐姐在身后追，大喊着："还给我！！！！"男孩的妈妈被激怒，彻底失去耐心，情绪开始失控。她冲儿子大喊道："马上上床睡觉！"男孩听话地躺下了，但是双脚抬起做骑自行车的动作，在那爬墙。

　　这两个男孩之间有什么区别？

区别就在于他们和家长之间的联结。

谁是他们的家长？

正是本人。

孩子感受到的与我们之间联结的紧密程度，会对他们的行为产生很大影响。

这不是价值判断，是生而为人的基本道理。

我们与生俱来就有一种"依附"他人的生物驱动力。为什么？因为我们依靠自己是不可能存活的。当我们的孩子从与我们的联结中获得安全感（我们称之为"心理依恋"）时，他们——或者更准确地说，他们的神经系统——能得到放松，他们相信任何不好的事发生时，我们都会在他们身边。

如果孩子感觉不到联结，就会缺乏安全感。这就意味着，我们更容易从他们身上看到野蛮的行为，我将之比喻成桅杆上松脱的风帆，在风中疯狂地拍打。就像威尔伯，由此引发的行为会造成一片混乱，让家庭之舟陷入翻覆的危险。如果想让我们的育儿过程一帆风顺，我们就要固定船帆。首先要加强我们之间的联结。

* * *

在我的治疗室，有一本非常可爱的书，名叫《看不见的线》，作者是帕特里斯·卡斯特。这本书讲述的是，一个小男孩和一个小女孩被晚间的暴风雨吓到，跑去妈妈的房间。妈妈讲故事安慰他们，故事里说，即便妈妈不在身边，也有一条用爱做成的、看不见的线，将他们与妈妈联系在一起。这个故事帮孩子们消除了心中的担忧，即使妈妈不在身边，那也不意味着他们之间没有联系。

现在，孩子和我们分开的时间延长了。他们面临压力考验，我们不在他们身边的时候会越来越多。长时间工作、外出旅行，或者因为家庭或其他紧急情况不在孩子身边，都会让我们和孩子之间的联系出现裂痕，安全感是让孩子感到安全的基础。他们原始的"蜥蜴"和"狒狒"知道，他们目前还不太可能独自存活，因此如果我们身体欠佳，要住院治疗，如果生活中发生离婚、分离或亲人亡故之类的重大变化，甚至假设我们只是累了、不堪重负了，也会威胁到孩子的安全感。这会导致更多焦虑行为，让孩子更容易陷入战斗或逃跑状态。

我深知，在面对"胡乱拍打的风帆"行为时，所有的决心都会被消耗掉。尤其是如果我们也感到跟孩子"断联"时。前面提问中谈及的那个夜晚，威尔伯在乱跑，我一个人照顾孩子已经筋疲力尽，我的"智慧猫头鹰"面临的任务真是太艰巨了！

* * *

我走出威尔伯的房间，来了个"手掌暂停"。我又吸了口气，提醒自己，我儿子的行为并不是针对我，虽然感觉确实像针对我！我必须唤醒好奇心。我问自己："他的行为在向我传达什么信息？"

我回到他卧室的时候，威尔伯还在床上，脸上露出不服的表情，两只脚还在上上下下做着骑车的动作。我走到他的床边坐下，把我的手掌放在他的胸口，重新建立一个身体上的联结。

威尔伯看向我。可能在等着我继续批评他，但是我很平静，只是好奇地问他："我在想，威尔伯，你现在是不是需要一些帮助？"我的声音低沉，语气柔和，而且由于我的"智慧猫头鹰"重新掌权，给人沉稳有力的感觉。

用上这项基础技能之后，你需要凭直觉判定，对你和你的孩子来说，什么是正确且适宜的。这里说的与控制和制伏无关。而是轻轻地把手掌放在孩子的脚踝、后背或胸膛上，有助于让孩子有被"拥抱"的感觉，通过我们的触碰，让他们恢复理智。

如果你试图这么做的时候，孩子把你甩开，尽管这感觉像是一种拒绝，实际可能只是对你的靠近太敏感了。如果是这样，要继续保持平静，在孩子允许的范围内，尽量离他近些。

我轻声问我的儿子："我在想，你是不是在告诉我，你需要妈妈更多关注？"

我的好奇是发自内心的。显然，我儿子处于一种失调状态，我知道对他大喊大叫不会起到任何帮助作用。另外，我怀疑还有别的事。威尔伯不再乱动，脸上流露出痛苦的表情，啜泣着说：

"你生我气的时候，我以为你不喜欢我了。"

我感觉有一股巨大的悲伤涌上我的胸口。

随着眼泪喷涌而出，他的话匣子也打开了。"而且我想爸爸了！他为什么非得外出工作呀？为什么不能像别人的爸爸那样待在家里？还有今天踢球的时候，有人把我推倒了！"

此时威尔伯哭得很伤心，起身坐在床上。被抑制的压力能量——这一天累积的所有想法、担心、恐惧，终于找到了一条健康的释放路径。我 7 岁的儿子已经可以不"爬墙"，改用语言交流了。

"威尔伯，真抱歉让你有这样的感觉。如果你以为妈妈不喜欢你了，这感觉得有多糟糕呀。"

重复孩子的话很重要，哪怕他们告诉我们的是一些让人感到痛苦的事。作为家长，我们始终希望让孩子过得更好。因此当他们诉说痛苦时，我们自己很可能会陷入我称之为"Ds"的残酷陷阱。

工具包小贴士

摆脱 Ds

当孩子告诉我们一些会引发我们情绪波动的事时，会让我们感到不舒服或感到尴尬。根据小时候父母的反应，我们通常会做出以下反应。

防御 Defend

我们可能会为我们的教育方式或者我们对某件事做出的反应进行辩护：

"别拿我说事，是你在'淘气'！"

"别冲我喊。又不是我的错！"

"你要继续这么乱跑，我当然不喜欢你了。"

"是你逼我冲你大声的！"

漠视 Dismiss

不是去认可和探索孩子的感受，而是不把他们的担忧当回事：

"别傻了！我当然喜欢你。"

"这是你想象出来的。"

"我保证他们不是那个意思。"

贬低 Diminish

我们甚至会贬低孩子，否认或否定他们的感受：

"算了吧！都这么大了，还为这种事哭。"

"你就是在犯傻！"

"马上停——没到那个地步！"

"你为什么不学学你哥哥 / 弟弟？他就不会这样！"

否定 Deny

否定是一种心理防御机制，我们可能会从父母那里习得。在这种情况下，我们会对孩子说：

"你一点也不难过，赶紧来吧。"

"你不是想家，只是无聊。"

"你没事，你不会感觉那么糟糕的。"

　　要和孩子建立最强大的联结，我们要摆脱 Ds，**尊重他们在痛苦时刻告诉我们的一切**。想象一下，如果你正因为某件事伤心难过，当你跟朋友或伙伴分享的时候，他们否定或漠视你的感受，说"你会没事的"或者"我也遇到过，不是什么问题"，这时你会是什么感觉。或者，如果他们试图帮你解决问题，从而缓解你的情绪，又是什么感觉。

　　如果他们的反应是："哦，真为你感到难过。听起来真的很痛苦 /困难。能跟我多说说吗？"你会觉得与他们的联结有多深刻？

　　如果孩子告诉自己的是"妈妈 / 爸爸不喜欢我"，他们会做出难搞、无意识的"叛逆"行为就不足为奇了。我们的孩子会得出结论，"好吧，既然他们不喜欢我，那我就按他们不喜欢的样子来！"少年犯往往是这样成长起来的。

　　我在治疗室接触过这样的孩子。如果他们觉得不受欢迎，就会在不知不觉间得出一个结论：他们就应该这样表现，把别人的不喜欢落到实处。挑战性或挑衅性的行为，也是唤起他人反应的一种方式——对孩子来说，获得一些关注总比没人注意强。放在联结这件事上，他们这么做的原因是"至少我被看见了，我是安全的，因为至少有人知道我在。"

　　利用我的好奇心，而不是我的 Ds，让我能看透我儿子那些令人恼怒的行为，共情他的感受。

　　"威尔伯，把这些告诉我，你真的很勇敢。这是一种多么强烈又可怕的感受啊！让你有这种感觉我真的很抱歉。我特别爱你。**我一直都喜欢你。永远都爱你。我只是不喜欢那些行为，不是不喜**

欢你。"

强调这一点很重要。

我们不喜欢的不是孩子，而是他们的行为。

如果不把这件事说清楚，我们的孩子会像威尔伯那样，在心里以为，我生他的气意味着我不喜欢他。想象一下你自己的父母不喜欢你是什么感受？这种被否定感会影响孩子将来的自我意识。你会认识到，这绝对不是我们想要的。

我们仍然可以解决问题，为孩子的行为划定界限，但是现在我需要帮助我的儿子驱除导致这些行为的巨大恐惧和悲伤。

在这种情况下，把内心的恐惧说出来，也就是"妈妈不喜欢我，爸爸不在家"，让我得以修复我们的关系，这一步极其重要。我可以借此纠正威尔伯告诉自己的"故事"，还可以趁机为我刚才没控制住情绪道歉，告诉他我已经意识到跟他说话的时候，语气应该更温和。过了一会儿，他冷静下来之后，我还可以提醒他，为什么不听别人讲话不是一个特别好的行为，以及下次可以想办法"用语言"表达。

我在卧室里对威尔伯说，因为刚才冲他吼叫，我感到十分愧疚，肯定是我的行为让他的"狒狒"变得躁动，进而乱跑。我还温柔地重复了儿子的话："你说，你真的很想爸爸，我听到了。"

说到这儿，我准备射出真诚之箭了。

"你非常想他，希望他能在家。"

紧接着，是第二支箭。

"我知道，宝贝，爸爸不在身边的时候很难过。妈妈也很想他。"

"我也想他！"克莱门丝突然喊了一声。她一直在走廊耐心地等着我。

我们聚在一起，威尔伯的眼泪渐渐止住了，开始给我们看他膝盖上的伤口。接着，他爬到我大腿上，让我抱着他，我们一起讨论了睡前干点什么，以及怎样才能让这段时光更有意思。

* * *

大家都恢复平静之后，我也开始思考我的失当行为，认识到我今天晚上发火或许也和思念麦克有关。反思自己和孩子相处时的表现，不仅是在向他们表明，我们也是人，也会犯错，还能让他们明白，当我们遭遇失败的时候，希望从中吸取教训，他们同样可以这样。

我首先在威尔伯的床边停下来，将手放在他的胸口，维持住这个空间的平和氛围，而不是再次责骂他，这开启了一次非常重要的对话，现在我们相拥在一起，重新建立了联结。

破裂与修复

在心理治疗中，我们经常谈到"破裂与修复"的价值。当我们身为父母犯下错误的时候（或者是治疗师在诊疗过程中出现失误），不仅给我们提供了非常棒的治愈机会，还可以示范如何解决困难和冲突。

为了确保关系会得到修复，一定要让孩子相信，**当他们敞开心扉展现脆弱的时候，我们会倾听。**他们需要知道，我们喜欢并接受真实的他们。这并不表示，关于睡前该做什么，我们不应该设定限制或边界。只是当我们作为一个整体共同努力的时候，更容易达成目标。我还是可以提醒威尔伯，他乱跑的时候，妈妈会很为难，爸爸不在家的时候，妈妈在尽力照顾他们。

这些"破裂与修复"时刻，会凝结成功效强大的胶水，加固我们与孩子之间的关系。其之所以重要，是因为孩子与家长之间联结的强度，是他们情感发育的重要组成部分。英国精神科医生约翰·鲍比将这种联结定义为"依恋"。他将其描述成"人与人之间持续的心理联结"。鲍比和发展心理学家玛丽·爱因斯沃斯发现，人类幼年时期形成的"依恋"关系，会对未来的幸福感和身心健康产生深远影响。玛丽·爱因斯沃斯甚至指出，我们一岁时建立起的情感联结，可以左右未来的人际关系，浪漫关系也不例外！

🧰 大脑工具箱

"情绪最稳定且善于抓住机会的孩子，都有对他们来说十分重要的成年人伴随他们成长，这些成年人会鼓励孩子独立，又能在其需要时随时提供帮助并承担责任。不能建立起舒适依恋关系的孩子，可能害怕与他人建立依恋关系，因为他担心被拒绝，以及与此相关的痛苦、焦虑和危险。这样的孩子可能会抗拒表达或感受对亲密关系的渴望，对信任关系产生防御心理。"

——保罗·格林厄姆，《情感成长与学习》的作者如果把依恋关系想象成一段光谱，一般来讲，很多人会位于其中一个区间。对于大部分人来说，与父母之间的依恋关系，会让人感到"安全"，但是在某些特定情况下，也可能触发让人感到不适的"焦虑""回避"或"混乱"反应。

就像本章节开头第一个情景中的威尔伯，可以想见，在与我的关系中，孩子是"安全"的，而在第二个情景中，他的行为则显得非常缺乏安全感。

矛盾心理所呈现出的推—拉行为，或混乱的依恋关系，经常表现为过分活跃。如果我长时间工作，同时我丈夫又不在家，我就会在我儿子身上看到这种表现。**当我花费时间和精力专注于我们的联结，一对一地陪他玩，多和他拥抱，多说话交流时，他的异常行为就会消失。**

我们都知道，无论是在家里还是学校，孩子的异常行为具有很严重的破坏性。当我们看穿孩子的"淘气"，思考"为什么"会这样时，就能帮助孩子解决他的行为问题。这样做至关重要。《亲子联结》的作者帕姆·利奥是这样描述的："我们要么花时间满足孩子的情感需求，用爱填满他们的杯子；要么花时间解决他们因需求得不到满足而产生的行为问题。两条路，都要花时间。"

你可能会想，怎么分辨孩子在与你的联结中是否感受到了安全。在我孩子还非常小的时候，我向我的同事加博尔·马泰提出过这个问题。他回答说，"孩子受伤、难过或害怕的时候，会不会找你？"

那是一个很有意义的时刻，我回想起我女儿五岁的时候，她大部分情况下会找我，但并不是每次都找我。孩子还小的时候，作为一位职业妈妈，我每天工作很长时间，我知道我们的亲子关系可能会出现一些"裂痕"，需要修复，我花了很多时间和精力去解决这个问题。家长不应该因为这样的反思而陷入羞愧或内疚。我们都已经尽力了。每一位家长都会受到环境的限制。但是，应用科学知识，确保我们和孩子建立起尽可能坚固的联结并享受其中，而不是停滞不前，这对亲子关系是有益且重要的。科学表明，**如果有一个在情感上可以依靠的成年人，能让我们感到与之有联结且可以信任时，大脑会"康复如初"**。就像，成年人可以通过治疗去"获得安全的"依恋关系一样，我们也可以帮助孩子做到这一点。

与孩子建立联结，是我们每天都能做的事。在我的第一本书中，我提出了"10分钟加满"计划，承诺每天与每个孩子相处 10 分钟，也就是 1 周 1 小时。在这 10 分钟，我们要把电话放在一边，完全把心思放在孩子身上，跟他们聊聊当天的生活，或者只是单纯地一起玩耍也可以。我已经数不清有多少父母写信给我，说这个简单的日常干预措施大大改善了他们孩子的行为。他们不仅告诉我孩子似乎与他们建立起了更深厚的联结，还说他们自己也有同样的感觉。

🔵 家长的思考

母亲纳迪亚，尼科 10 岁、凯 8 岁、利奥 5 岁

每天要忙着煮饭、打扫，在忙碌与烦躁中，爱可能会迷失。我知道我爱孩子，但是最近我一直在想，他们知道吗?

　　我开始给每个人半小时时间和我相处。没有电话，不受外界干扰。只有我，他们想做什么都可以。期间，我必须全心全意地陪伴他们。我现在只能做到每周一次，但这是一个开始。我已经感受到这么做的效果，也看到至少在接下来的 1 小时里，他们多么想离我更近些。

　　其中一个孩子选择和我一起观看一些东西。我本能地感受到，他渴望这种亲近，我们紧挨着坐在沙发里，以心与心相通的状态，共同感受彼此靠近的温暖。

工具包小贴士

建立联结的方法

下载我的一天

　　当我问威尔伯和克莱门丝，怎样才能"更好地"度过我们的睡前时间时，他们建议玩那个非常好玩的 10 分钟游戏，游戏的名字叫"下载我的一天"。

　　孩子们决定，我们在睡前半小时必须在卧室"集合"，轮流讨论当天发生的重要事情。谈话范围可以从"妈妈，你上学的时候是怎么处理霸凌问题的？"到"我遇到一个喜欢的人，你觉得我应不应该告诉他？"这是一个重新建立联结的好方法，同时也能增进兄弟姐妹之间的感情，还有助于解决问题。

阅读马拉松

我的孩子们也会想到这项活动。当我疲惫不堪，很想赶快睡觉的时候，他们跳到我的床上，不是我大声读给他们听，而是每人带着一本书，自己读自己的，这也能激励他们晚上快速上床。我们并肩躺着，安静地相互依偎，只有在分享情节或复杂的词句时偶尔会相关交流，床上时间成了我们最美好的时刻。

一起阅读，尤其是在睡前的床上时间，是经过一整天的分离之后重新建立联结最有爱、最自然的方法。我还是很享受读书给孩子听的时光，但是如果我一早起来状态不好，在这样的日子里，"阅读马拉松"不仅是一个很棒的"活动"，还是一个好用的工具，能让混乱的睡前时间立马变得安静祥和。

在这些亲密联结的时刻，我经常发现，我们依偎在一起，我会凑过去闻他们的头，就像他们小时候那样，使劲吸他们身上散发的甜美气味。在催产素和多巴胺的作用下，我的"蜥蜴"懒洋洋地趴着，我的"狒狒"沉浸在宁静的幸福中。由于我的神经系统适当下调，我通常会更早入睡——经常关灯后和他们一起睡着！

抚触

研究表明，安全依恋关系中的身体接触能让"狒狒"平静下来，其功效之强大，不亚于药物。

灵长类动物学家和动物心理学家哈里·哈洛，在 20 世纪 50 年代进行的一项著名实验，凸显了抚摸的重要性。他在恒河猴幼崽出生后，立刻将它们与母亲分开，并提供了两个选择，一个是用软布包裹铁丝网做成的代理"妈妈"，另一个是没有软布包裹但有奶瓶可以供应热牛奶的铁丝妈妈。小猴子们大部分时间会依偎在软布妈妈身旁——即便这位妈妈没有奶。只有饥饿的时候，它们才会去铁丝妈妈那里。如果在笼子里放置一个可怕的东西，小猴子们会去软布妈妈那里寻求庇护，紧紧地抱住软布妈妈。

和哈洛的灵长类宝宝一样，抚触和亲近对我们的孩子来说，同样重要。

威尔伯小的时候，睡觉前经常让我用手指在他的背上"打字"。每天睡前花 10 分钟跟孩子依偎在一起，意义非凡，随之而来的好处，不仅会体现在他们的行为上，最重要的是，对他们的健康有益。

认识到自己对感官抚慰的需求很重要。在忙碌了一周的漫长冬夜，从学校回到家之后，我喜欢马上换上柔软的白色连体衣（很容易感到满足，我知道），套上连体衣的感觉，就像在拥抱一只（友好的）北极熊。我渴望在睡前这段时间跟孩子重新建立联结。我的孩子们也很喜欢这件连体衣。"这件衣服好软好舒服呀，妈妈。"我们会抱在一起，谈论他们一天的生活。克莱门丝现在长大了，经常会谈到人际关系问题，还有学校里男孩女孩们产生好感的事。我那只装着爱的杯子是满的。它提醒我要珍惜这些时刻，趁孩子们还小的时候充分享受亲子时光。

向孩子表达爱意的信

孩子睡着之后，闭上眼睛，会感觉世界一片美好祥和。回想你注意到的这一天或者一周所有与他们相关的小事，然后告诉他们，是让他们拥有这种感觉的一个方法。

这个想法源自我第一次参与儿童心理健康的慈善组织"心灵之地"的辅导课结束之后所做的练习。我们的讲师乔治娅和贝奇曾让每位学生互写"感谢信"。我们在小纸条上列出我们最感谢对方的地方，我们的评价，以及我们对课程或个人的贡献。事实证明这是一项非常感人的活动，我们都对收到的纸条视若珍宝。

当我想要给孩子们的杯子中斟满爱意的时候，我会在睡前花些时间，像读感谢信或表达爱意的信那样，大声说出我的心中所想。当他们开始昏昏欲睡，完全安静下来，我会把手轻轻放在他们胸口，把我注意到的关于他们的事，说给他们听。

"我真为你感到骄傲。你真是个出色的好孩子。"

"你这周玩滑索的时候胆子真大，我好喜欢你的勇敢。"

"我喜欢你的笑声，你的笑声点亮了整个世界。"

"我好喜欢爸爸模仿威尔伯将来的女朋友，逗得你咯咯直笑的样子。"

　　这些都是事实，不仅孩子听到后感受到了美好，还能唤醒我们对孩子纯粹的欣赏，提醒我们是多么爱他们。我做这件事的频率不是很高，因为如果总是这样，它的权威性和意义都会大打折扣。但是这样做的效果真的非常好，尤其是当我们这一天过得有些艰难时。感谢信能帮孩子们记住并想起所有发生过的美好的事物，有助于缓和破裂的关系，缓解忧虑。

　　我们要珍视孩子的本性，不要评断他们的作为，这能在很大程度上帮助他们培养重要的自我意识。

　　儿童精神科医生戈登·诺伊费尔德博士总结得很到位："孩子必须感受到，是我们邀请他们以本来的样子存在于我们面前。"

猫头鹰的智慧

🦉 孩子的行为反应了他们的感受。

🦉 感受到安全的孩子，才会做出安全的行为。

🦉 孩子需要感受到与身边大人的联结。

🦉 我们都处在依恋的光谱中，我们可以学习如何变得更有安全感。

🦉 在亲子关系中投入精力、爱和时间至关重要，可以确保支撑"联结"的关键支柱不会缺失。

07

玩耍是孩子认识自我、
改善自我的最好方式

当我们以与孩子玩耍为乐时，
孩子也会乐于与我们相处。

　　玩耍也是一件强大的工具，可以修复与孩子脆弱或断裂的联结。如果我们想深化与孩子的联结，就要不断找时间玩乐。正如剧作家萧伯纳所言："我们不是因为老了才不玩耍，而是因为不再玩耍才变老。"

　　丹是我的一位客户，职业是企业律师，他和儿子的关系似乎越来越差，因此深感忧虑。他告诉我，下班回家的时候，8 岁的儿子会对他说："你走！我不想跟你玩。我不喜欢你！"被自己深爱的儿子排斥，丹觉得特别沮丧、挫败。"我感到特别无力。我知道自己这周大部分时间都不在，问儿子想不想去玩。我很想他，希望他知道我想他，但是被拒绝让我感觉，我给了儿子支配我的权力。我讨厌这种感觉。于是我转过身说，'好吧，随便你！'然后就走开了。我觉得自己太幼稚，但是不知道如何解决孩子对我的排斥。"

我问丹，那时候觉得自己几岁，他回答说："8 岁！"

"对你来说是什么感觉？"我轻声问他。

丹顿了顿，摇着头，惊讶地表示："我简直不敢相信。我像是回到小时候，朋友不跟我玩！"

当孩子长到我们自己儿童时期经历困难的年龄时，我们通常会发现，自己与孩子的矛盾变得越来越多。我们可能会发现自己对孩子做的事、说的话更加敏感，更容易受到刺激。丹意识到，真正刺激他的，是长期埋藏在自己内心的伤痛，而不是他的儿子，这让他感到如释重负，这意味着他可以在行为上做出让步，并以父母的身份去共情自己。他也会对儿子的反应感到好奇，想要了解到底是什么让儿子这样排斥自己。

"我猜测，是不是因为我总是不在，他才生我的气。我在家的时间不多，突然让他跟我一起玩，或许让他感觉，一切都得按我的需求来。也许我应该加以弥补，甚至应该为我的长期缺席道歉。"

* * *

这周晚些时候，丹给我发信息，说他给儿子写了一张卡片，卡片上说："很抱歉，一直以来我总是在工作。我真的很想你。如果你想跟我玩，我非常乐意。"他把卡片从儿子的卧室门下面塞进去。5分钟之后，他收到回复，上面歪歪扭扭地写着："OK。"

丹写道，那天晚上和儿子一起玩耍，让他感觉获得了解放。他感觉自己被儿子接受了，而且能听到爸爸为长期不在家向自己道歉，儿子显然很高兴。或许这让丹的儿子改变了自己内心的想法，不再认为"相比于我，我的爸爸更爱工作"。

成为爱玩的父母，不仅能让孩子获得快乐，也能解放自己，收获快乐。

跟麦克一起演习

守时是最让我头疼的事之一。当兵的时候，如果不准时起床，要被罚跳进装了冰水的水箱。我已经意识到这段经历对我养育孩子的影响。如果早上不准时起床准备好一切，我就会生气。我会到他们的房间，一边拍手一边喊："快起，该起床了！"克莱门丝反应尤其强烈，会冲我咆哮。我现在已经意识到，孩子的"猵猵"多么讨厌那种惊吓。我像军士长那样闯进他们的房间，会让我们这个早上过得都不愉快。我观察到，凯特总是能让孩子们哈哈大笑，受她的启发，我问孩子们喜欢什么样的起床方式。威尔伯说："要有音乐！"于是现在变成了他们选择歌曲，我用歌声（有点难听）把他们叫起来。我做这件事的时候总是忍不住发笑，因为他们选的可不是普通的儿歌。他们会选《通往地狱的高速公路》（Highway to Hell）和《失败少年》（Teenage Dirtbag）这类歌曲的副歌部分。如今，我家已经变成：睡前孩子们提出"要求"，而我知道早晨会是一片欢声笑语，没有人会暴躁发怒，因此十分乐于叫他们起床。双赢。

你的孩子可能不喜欢你们每天的例行程序，但是当我们愉快地坚持执行下去，每天的例行程序就会变成习惯。其中也有不少可以玩的机会。孩子还小的时候，我发现，我可以选择睡前逼着他们去洗漱，或者装成"巨人"，在屋子里一边跺着脚走路，一边吼叫"嗷呜！我闻到威尔伯臭屁屁的味道了！他在这儿，还是在那儿？我要把他装进他的小裤裤！"（不知道你的孩子什么情况，但是我儿子，只要和拉屎、放屁或者屁股有关，都能吸引他。）跟孩子玩，并不是说就算孩子不高兴，也要一直搞怪，或者讲笑话。而是帮助他们对正面的联结敞开心扉，去体验这种联结，这会让你们的亲子互动变得轻松得多。这一点我可以保证。

玩耍能让我们更深入地了解孩子的内心世界。在治疗室，我坐在地板上跟孩子玩的时候，了解到的信息最多。在教养过程中也是如此，因为儿童和少年会本能地通过玩耍去分辨或者说去理解他们的世界。玩耍是他们的语言，是儿童成长的重要组成部分。玩耍有多种形式，总的来说，我认为孩子和一个他乐于追随的成年人舒适相处时觉得安全，能够展现自我，这种高质量的陪伴时间，都可以算是陪孩子玩。主要是开心地在一起相处，气氛轻松，手机要放在一边，只专注于孩子。邀孩子一起玩时——就算孩子已经12岁了——会遇到出人意料的请求和选择。尤其是当孩子步入青春期时，他们有时会从和大人的日常游玩中得到慰藉。

威尔伯天性好动，即便如此，他还是最喜欢跟我坐在一起用乐高积木拼房子和船，然后把船放到浴缸里玩。或者，我们只是在他们的房间一起聊天，试验各种发型，或者一起搞点艺术创作。即便是我治疗室中最抗拒治疗的青少年客户，我坐在地板上画手指画或者玩沙子的时候，也会很快加入进来，治疗关系中一旦建立起信任，我们只需"存在"，魔力就会显现。

肢体互动中的粗暴摔打也很有意义。这些活动能帮助孩子的"小猫头鹰"成长，让"小猫头鹰"去调节"狒狒"的冲动，让它在兴奋之后恢复平静。实际上，神经科学家雅克·潘克赛普甚至怀疑，很多被诊断为多动症的孩子，可能只是"玩得不够"。

玩耍的时候必须由孩子主导。也就是说，我们应该让孩子去选择他们该做什么。有个朋友跟我说，在最近的一场公司活动中，大家鼓励她和其他几位代表玩所谓的破冰游戏。让他们用乐高在1分钟之内拼出一只鸭子。我朋友说所有人都在努力拼鸭子时，她自己却因为压力感到不堪重负。她觉得既有压力，又很烦，本来应该是个娱乐活动，却要受评判，被指导。大家都开始分享自己的鸭子时，她问，这项活动的目的是什么。回答是："就是这么玩的呀。"

但事实并非如此。

玩，不应该有时间压力，不应该有竞争感，不应该有规则，不应该是为了展示给别人看。玩，应该是无条件的：我们不能以威胁不让玩作为一种惩罚。

玩，应该从发出邀请开始。如果你像丹那样，被拒绝了，这或许是一个信号，说明孩子感觉和你断开联结了，你需要花时间再次建立联结。可能是他们因为你整天都在工作，生你的气，他们想"惩罚"你，也可能是你第一次问的时候，他们太过惊讶，不敢确定你到底是什么意思。面带微笑接受他们的反应，然后说："哦，好吧，可能现在不行。但是我很想多花些时间陪你。我知道，我一直很忙，我希望知道你想做什么。你觉得什么时候合适都可以。"

对于大多数孩子来说，你提出花时间陪他们，他们很快就会接受你的邀请。**我们的孩子最渴望的，就是和我们在一起。**

🧰 大脑工具箱

"孩子有机会在游戏中通过语言和非语言的形式表达自己的内心，是非常有意义的。所有家长都应该为孩子提供一个可以做自己的地方。孩子通过玩表达他们的情绪和情感，能让他们理解自己的经历，控制自己的体验。为了增强这种能力，作为成年人，我们也需要玩。"

——凯瑟琳·罗奇，"心灵之地"首席执行官

在我的治疗室，当我们对相处时的规则达成一致时，我告诉孩子的第一件事，就是这里由他们"负责"。这就意味着，由他们来决定，我们要在这间屋子里做什么。他们脸上流露出的喜悦（通常还有不可置信），让我由衷地开心。这凸显了孩子们感觉自己是多么缺乏自主权，他们的自主权被学校，被时间表、家庭作业、各种课外活动压缩得所剩无几。他们每天可以"做自己"的时间真的太少了。

如果你邀请孩子"玩"，你们可以一起决定能做什么、不能做什么。理想状态是，规矩越少越好。因此，或许你可以说："在玩的时候，唯一不能做的，就是可能会给你或我带来危险的事。比如，我们可以在床上跳，但是我觉得我们会越跳越兴奋，床可能会被我们跳坏，那时候我们就不得不停了。我们不能在客厅玩，那个房间有

太多尖角了。"

焦虑的孩子收到游玩邀请时，可能会不知所措。他们会觉得选择太多了——比如，房间里的玩具太多——这时，你可以在让他们感觉自主权掌握在他们自己手中的前提下，提出一些温和的建议。"咱们可以破解这个益智玩具，可以读一本书，或者咱们看看烹饪书，做点烘焙食品?"你也可以试着提议："咱们去外面，到草地上打滚。我们可以画画，或者玩装扮游戏。你可以帮我弄个发型，或者我给你弄……"一次性提出几个建议，能让他们的思维活跃起来，当他们意识到自己真的可以说了算的时候，就能放开想象的翅膀了!

* * *

你的孩子可能喜欢做些荒唐幼稚的傻事，或者喜欢安静。他们可能就想你待在他们身边，甚至像我的孩子们那样，有时会爬到我的腿上。我两条腿岔开的时候，威尔伯经常坐在我两条腿中间。他解谜的时候会靠在我身上，我自己则可以安静地放松一下，感受身体的反应。但是，当孩子平静的时候，他们常常会从你身上爬下来，开始走来走去，

可以尽力试着模仿孩子的肢体语言。如果你的孩子盘腿坐着，你也盘腿坐着。不用担心需要说些什么。只需要花时间陪在孩子身边，就已经足够治愈了。我们这样和孩子玩的时候，就能看到他们的内心世界。我们可以想象，蜥蜴和狒狒从树上下来，在树下的草地中欢乐嬉戏。

你可能想设定一个边界，如何划定则取决于你对混乱的看法：

"**我们可以随便玩，弄得多乱都没关系，只要最后能把东西全都收回去就行**。"值得注意的是，有的孩子可能急需制造一次混乱。这常常是一种无意识的自我表达的途径。如果你的孩子乐于制造混乱，要想办法实现他的愿望——比如，如果他们想用手画画，或者其他会导致环境脏乱的玩法，可以找一大块防水桌布，让他们到外面玩。

关键是让孩子感觉到自由。如果我们总是把所有东西都收拾得干干净净、整整齐齐，他们玩玩具的机会越少，"狒狒"无聊的时候越多。

跟麦克一起演习

作为父母，我们必须学会在嘈杂混乱中生活。我习惯让所有东西保持干净整洁，这是军队训练的结果。当威尔伯打算通过栏杆把裤子扔给我和凯特，让我们收拾，而不是自己放进脏衣筐的时候，我必须学会不对他发脾气。我已经渐渐接受凯特的观念，威尔伯那时候才6岁，他的"原始"脑根本不能理解，为什么这种行为会令人懊恼。"扔裤子"只是单纯地更好玩而已。不再纠结于这个问题，意味着我真正加入他那边了，我教他如何用裤子做降落伞，放下去让凯特接住。这样玩了几次之后，我发现了另一种玩法：把裤子和袜子往脏衣篮里投，看谁投得更准。当我发现让他这样把脏衣服扔进篮子，比我冲他抱怨容易得多时，不由得笑出声来！

日常生活中引入的嬉笑玩乐越多，培养亲密行为的机会就越多。

玩乐灵感

画出我的一天

我在第六章 119 页的工具包小贴士中介绍了一种方法，名叫"下载我的一天"，"画出我的一天"是它的变体。这是另外一种鼓励孩子"下载"一天生活，以及在分开一天后重新建立联结的方法。不用语言或文字，而是通过画画，进行一种无意识"讲述"，这也是一种非常实用的方法。尤其是对于孩子来说，他们可能更喜欢通过画画，或者给你看图，来让你了解他们一天的生活。

我还记得我的孩子们画画给我看的情景。克莱门丝 6 岁生日前后，我们在玩一个游戏，我记得她画了一个杯子蛋糕，然后在上面画了一个大大的叉。紧接着，她又用黄色的笔在蛋糕旁边乱画了几下。那天，她带了自制的杯子蛋糕去学校庆祝，显然是发生了什么不对劲的事。

我说："我看你画了一个杯子蛋糕，但是又打了个叉？"

问一个开放性的问题，请孩子回答。如果直接追问原因，反而会让孩子不愿开口。

克莱门丝说："我不喜欢我的杯子蛋糕。杯子蛋糕一点也不好。"

我重复克莱门丝的话，又反问了她一次。

"你不喜欢杯子蛋糕。杯子蛋糕不好，是吗？"

再说一遍，直接指出问题所在，射出真诚之箭，会加速"情绪沸腾"。这也是在邀请她对我说出更多心里话。

"不好，一点也不好！"她给出了肯定的回答，难过地望着我。

克莱门丝哭了一小会儿。威尔伯在一边看着我安慰她，轻轻摇着她。我们演绎的同情，他的"小猫头鹰"全都看在眼里。没过多久，我 6 岁女儿的脸上又露出了笑容，她给我讲述了大家一起唱生日快乐歌的时候多么好玩。介绍一个治疗小技巧，当我的孩子，或者是治疗室的孩子，在画画的时候，我会问他们："你想给这幅画取个什么名字？"或者"如果这幅画会说话，它会说些什么呢？"这些都是深入了解孩子的好办法。克莱门丝决定给她的画取名"摇摆不定蛋糕日"，很好地总结了她的复杂情绪！"画出我的一天"这类游戏能发挥奇效，让孩子用一种非常简单的方式把内心的恐惧说出来，通过纸张呈现出来，这通常能缓解他们的恐惧。

需要

可能会有这样的夜晚，你察觉到孩子有些"神经紧绷"，需要卸下压力反应的能量，才能平静下来。威尔伯 7 岁的时候发明了一个叫"需要"的游戏。（他自己取的名字，我们无需化身弗洛伊德，分析他的潜意识在其中扮演了什么角色！）他会站在一间卧室的门口，并让我站在他后面。我必须给他 2 秒钟启动时间，然后他会跑过楼道，跳到自己床上，用被子盖住头。我在后面追他，如果他身体还有哪部分漏在外面，可以任我挠他痒痒。

对于挠痒痒这件事，我一直很在意。身体自主权对孩子来说很重要，因此挠痒痒必须是在孩子的要求下进行，如果他让我们停止，必须马上停下来。威尔伯特别擅长这个游戏，我很少有机会挠他的痒痒，但光是追逐，还有对挠痒痒的期待，就已经能让他尖叫，让我大笑了。

在开始游戏之前，我们已经划定了界限，也就游戏时间达成了一致，因为我不希望他睡觉之前太过兴奋。只需要释放掉这一天积累的多余能量，不让威尔伯的压力反应向错误的道路倾斜，就够了。就像我在治疗室，提前跟孩子约定好游戏规则，还剩五分钟的时候，可以轻声提醒他。这样做有助于收敛孩子的精力和期望值。也能帮助威尔伯的"小猫头鹰"练习最重要的情绪调节能力，我会说："哇哦，这太好玩了！现在咱们要准备睡觉了。"让他恢复平静。

威尔伯释放能量的时候，我在旁边，能确保他的安全，还能通过愉快的玩耍，建立起我们之间的联结。无论当晚多么疲惫，我都能享受到游戏的乐趣。他的笑声是我的精神食粮。麦克通常不会跟孩子玩这种"想象"游戏，他更喜欢通过体育或猜谜、学习，跟孩子们建立联结。威尔伯向他解释了游戏规则，问他愿不愿意和我们一起玩。听到我丈夫和儿子的欢笑声，还有他们在楼上跺着脚走路的声音，对我来说简直就是天堂。

体育类的游戏也能培养孩子的自信心，有助于帮你们建立联结。以下是一些你可以尝试的体育类游戏。

● 枕头大战
● 拿一个吹起来的气球，隔着床抛来抛去

- 用柔软的玩具瞄准一个目标，投掷
- 捉迷藏
- 在地板上打滚
- 用毯子把孩子裹起来，再打开

我的一位同事，心理学家劳伦斯·科恩写过一本关于玩的书。他提倡定期玩一下"打闹"类的游戏，他说这类游戏对孩子发育以及家庭和谐大有好处。以下是他给出的重要提示：

- 要玩得安全，但是不要太过担心。"孩子需要冒险，因为他们可以在冒险游戏中了解身体如何运作，学会风险管理。"
- 要有一个没有尖角、远离玻璃门的专门游玩区。
- 不要害怕"打闹"。"和打架相比，打闹更像是在跳舞。"
- 只要不是成年人或年龄较大的孩子在欺压较小的孩子，打闹能培养孩子的自信。
- 通常要让孩子赢！"不要担心孩子会变得'过于自信'或者不尊重你。相反，他们会学习一堂重要的道德课，也就是在玩的时候，体型大的人应该抑制自己的力量，这样才能让所有人都玩得开心。"
- 如果有人受伤，哪怕不是真的伤了，也要暂停！"大脑的目的不是让孩子变得强大无比，而是让他们知道，即便全力投入，他们在身体上和情感上也可以是安全的。但是，没必要因为一点小伤或者几滴眼泪就仓促地终止游戏。给与安慰，用心去倾听他们的哭泣，随后继续游戏。"

● 不能按住孩子强行挠痒痒。"遗憾的是，这样的挠痒痒方式会使孩子的神经系统承受过重负担。简单挠两下，或者假装要挠，便能带来更欢快的笑声，同时也不会过度刺激孩子的神经。"

● 孩子咯咯笑是非常好的信号！"当你看到一个孩子满心欢喜地全力与你周旋，或者用枕头打你的时候，就说明你的做法是正确的。"

● 让你的孩子充当那个"更强"的角色，也就是柯恩博士所说的"更有能力"的人。"我乐于夸大自己的能力——你永远别想把我打倒，你休想逃出我的手掌心！"

● "如有疑问，那就摔倒。小孩子尤其喜欢稍微推你一下，看你夸张地摔倒。如果他看到之后哈哈大笑，那就再来一次。多重复几次……"

🧰 大脑工具箱

　　"我希望每次打闹，都从建立强有力的联结开始，比如拥抱、握手、击掌，或者互相鞠躬，就像一个小男孩对我说的'在决一死战之前表示尊重'。然后，最好也以象征联结的方式结束打闹。在打闹过程中，你可以通过倾听孩子的声音，注意他们的紧张程度、眼神和情绪变化，来建立联结。"

　　——《游戏力：笑声，激活孩子天性中的合作与勇气》作者，

　　劳伦斯·科恩

关于身体游戏，还有最后一点需要说明。劳伦斯·科恩博士也观察到，打闹会激发强烈的情绪感受。如果是兴奋，那就太好了。但是也可能激起其他极端情绪，比如难过（让孩子想起，过去的某段时间，他们从来没有这样愉快地玩耍过），或者愤怒（如果玩不只是玩）。如果孩子陷入盲目的疯狂状态，或者不跟你有眼神交流，那就需要让他高涨的情绪能量平复下来，你会观察到他们似乎怀有某种"强烈的感受"，想要帮助他们。你可以说"哇哦，我能看出来，你不高兴/生气了。我心里也不好受，妈妈/爸爸怎样才能帮到你呢?"提醒孩子他们是安全的，而且你的职责就是保障他们的安全。轻声提议，你们一起坐下来面对这种强烈的感受。这也是一种释放情绪能量的有效途径，还是一样，任何关系上的裂痕都可以修复。请你相信，你的陪伴、你的随叫随到，会强化你和孩子之间的联结。

所有欢乐时光终会结束。如果时间有限，最好跟孩子商量好结束的时间，让孩子提前知道该期待些什么。即便如此，当我告诉孩子该把玩具收起来的时候，我会体谅孩子对这一艰难时刻的感受，"好吧，我知道。我们玩得这么开心，此刻要停下来，实在太难了!我也很喜欢这么玩。我们明天晚上再一起玩，怎么样?"

你可以跟孩子商量，再多玩 5 分钟，以积攒更多好感。时间到了的时候，你可以提醒孩子，"晚饭前要把玩具收拾好"，或者"我们要准备睡觉了，现在，请竖起耳朵听我讲。"

对重要的事，我通常会设定严格的界限。比如，"我额外给你们5分钟时间，但是现在我们要安静一会儿，慢慢冷静下来。"我不会强迫孩子捡起每一块乐高积木。如果我们将自己对整洁的要求强加给孩子，就会破坏我们已经建立起来的良好关系。同样的，游戏为我们提供了机会，让我们帮助孩子接受边界的存在，使他们的"小猫头鹰"和"狒狒"也能从中学到有用的东西。

如果你让孩子跟你一起收拾，孩子拒绝，幽默是解决这个问题的有效手段。这种时候，我会挑选一个柔软的玩具，放在他们头上，说："哦，老虎，我知道你非常非常非常爱克莱门丝，但是她现在得安排你上床睡觉啦！克莱门丝会给你一个晚安吻。你想不想让她亲吻你呢？"克莱门丝听了会哈哈大笑，亲一下老虎，再把它放进盒子里。

我打趣说，克莱门丝长大以后会成为一位身价百万的大律师，因为我疲惫的时候，她跟我讨价还价，能把我逼至困境。这么做没有问题。有时，我会向孩子们妥协，同样地，到了晚上，如果我想休息，也可以按自己的意愿行事，同时提醒他们我们之前达成过协议。"宝贝，我知道现在停下来很不容易！我知道你还想玩，我们刚才玩的太开心了！你是想把可爱的玩具们扔进收纳箱来释放一下情绪，还是扔给我，看看我能接到几个呢？"

当我们配合孩子的时候，他们也会更愿意配合我们。我们仍然掌控着全局，我们仍然是这艘船的掌舵者，正如我们所看到的那样，我们仍然可以为了全员的安全设定限制条件。但是，孩子必须能感觉到我们在倾听他们的心声，要让孩子明白，我们理解此刻停下来不继续玩并非易事，这才是结束玩闹的正确方法。

最后，**想办法在需要说"不"的时候，仍然用肯定的方式来表述**。在儿童咨询训练中，我们玩过一个游戏，用"是的，还有……"来交流。你可以在收拾物品或者准备睡觉的时候，和你的孩子一起尝试玩一下这个游戏。无论是谁，说话都要带"还有，是的"或者"是的，还有"。

"到睡觉的时候了，还有，是的，我会帮你的！"

"还有，是的，我可以把乐高房子放在那儿以后再玩吗？"

"你可以把乐高房子放在那儿，还有，是的，你可以明天再玩！"

"还有，是的，睡前要讲故事吗？"

"是的，还有，我会告诉你，我有多么爱你！"

当我们告诉孩子，我们愿意花时间陪他们的时候，其实是在向他们传达：你对我来说很重要，我喜欢和你在一起。如今，养育孩子面临一个令人遗憾的状况，就是父母的时间太紧迫了，有时甚至难以提起兴致。但是我可以向你保证，你永远不会后悔答应和孩子一起玩耍。哪怕只是一天 10 分钟，让孩子带着你玩，这会成为你的精神慰藉，也能拯救你们之间的联结。这 600 秒，对于你们内心的安宁、亲子间的联结，以及你们未来的关系、孩子的心理健康，都有着至关重要的意义。

猫头鹰的智慧

- 玩耍对于 5 至 12 岁的孩子，益处颇多。

- 跟朋友一起玩固然重要，但是花时间和家长一起玩同样不可或缺。

- 玩能帮助我们的孩子理解他们所处的世界。

- 玩能让孩子们认识自我。

- 在结束忙碌的一天之后，玩能让我们重新建立起联结。

- 玩能改善孩子的行为，因为当我们同意和孩子一起玩时，他们会期望取悦我们。

迅速安抚"狒狒",调动孩子"小猫头鹰"的诀窍

与其思考"你有什么问题?"
不如思考"你遇到了什么事?"

　　睡觉之前,克莱门丝告诉我,她看见威尔伯在学校上舞蹈课的时候"淘气"了。威尔伯看起来有些羞愧。我不鼓励告密,但是我儿子的表情告诉我,有些事需要我弄清楚。我自己也感觉到一阵羞愧(哪有家长会喜欢孩子在学校表现不好呢),但是我尽力克服"狒狒"的不适,坚持让"智慧猫头鹰"主导,轻声问威尔伯:"宝贝,你想和我说说吗?"

　　威尔伯挑衅地看着我,愤怒地脱口而出:"我不喜欢那个舞蹈老师!他批评我!"

　　当我们的孩子摆出防御姿态时,也会激发我们的防御机制。这通常是我们儿童时期的后遗症。如果我们接受的教育是要服从权威,只能说"好听的话",我们就会陷入恶劣的 Ds(详见第 6 章)陷阱,马上为他人(尤其是老师)辩护,比如:"威尔伯,他人挺好的。如

果他批评你，肯定是因为你'淘气'了。"

或者，我们可能屈服于可能产生的羞耻感，因为我们会觉得孩子的行为出现偏差，说明我们是不称职的父母。我们可能会把这种羞耻感和愧疚感转嫁或投射到孩子身上。"哦，威尔伯，你做了什么？你怎么能这样？"

用"发生了什么事？"这样一个中性的问题，像孩子表明你想从他的角度了解事情。这样做能迅速安抚上蹿下跳的"狒狒"，让他感觉你会公正地听取他的发言，从而帮助孩子让他的"小猫头鹰"参与进来，帮助"狒狒"说明情况。孩子的"小猫头鹰"和"狒狒"协作时，能学到很多重要的东西。不带判断，仅仅是出于好奇去提问，更有助于让孩子相信我们不会马上认定是他们错了，因此更愿意把事情的真相说给我们听。

* * *

问"发生了什么？"还能保持情绪活跃。不要问"你为什么要这么做？"这相当于在阻止孩子表达。

"我不想跳舞！"威尔伯喊道，他的愤怒是一种被动防御。我知道愤怒之下是伤害，还有恐惧，因此能保持冷静和好奇。我歪着头，表达了心中的疑问："哦，所以你不想跳舞？"

威尔伯的声音变得有些烦躁，孩子的声音出现这样的变化，说明他要讲述某些让他感到痛苦的事。

"他让我在窗户边，我要跳的时候，每一个经过窗户的人都会笑我！"

　　犯了错误在同伴面前被羞辱、被嘲笑的感觉，每个人都深有体会。被嘲笑会产生一种深层的受伤感，威尔伯的眼睛里充满了泪水。脑神经成像研究揭示了其中的原因。这些研究显示，因遭受社会排挤产生压力，大脑被激活的区域，与身体疼痛时被激活的区域相同。

　　我认为这一点值得一再重申。我们的孩子感觉被朋友们排挤，或者感觉被我们拒绝时，他们会体验到心理上的痛苦。

　　这就是为什么，**我们的孩子展示痛苦的时候，正是他们最脆弱的时候**。假设一个孩子经历了被同伴排挤，这种情况下，他在潜意识里会极度恐惧，担心你也会排斥他。

　　他们会感到无力承受。

　　这种时候，是建立信任和联结的好机会。

　　我伸出双臂，声音中饱含真诚的温柔和苦恼，对他说："哦，哇呜，威尔伯。所以你不得不站在窗户边跳舞，每一个路过的人都会看到你，是吗？"

　　尽管说出这些话会让人感到痛苦，但是重复孩子对我们说的话，加以反问，是一种非常有力的表达方式。我向威尔伯表明，我"感受"到了他当时的尴尬，让他知道，我更想了解他的经历，并不想批评他。

　　在这种时候，**你要真正感受到孩子受到的伤害才行**。如果被人另眼相看，孩子马上就能感觉到。当我们感到难为情的时候，几乎没有人会喜欢被人盯着看。我还记当初跟阿尔亚兹·斯科里亚内茨一起排练《舞动奇迹》时的情景。他是一个体格健壮的 28 岁青年人，而我是一个不会跳舞的 48 岁中年人，还是两个孩子的母亲。阿尔亚兹经常邀请一群人看我们日常排练。我会带着一脸假笑继续练习，我的"智慧猫头鹰"安慰我，如果我做错了动作，顶多损失一点自尊。但是如果我累了，感觉不自信，就会告诉阿尔亚兹："不行，我没准备好！"为表抗议，我有时会故意犯傻乱来——就像威尔伯那样——分散观众的注意力，逗他们笑。实际上，除了表演，什么都做得出来！

回到卧室之后，威尔伯告诉我："他们在笑！克莱门丝也笑！"

他想让我知道，我错过了关键部分：大家在嘲笑他。痛苦在于：不仅被人看，还被人嘲笑。

我像他一样，用愤怒的语调重复了一遍他说的话："他们嘲笑你？"我们说话的语调要与孩子语调中的能量和强度相匹配，让他们知道，我们不仅在听他话的内容，也感受到了他的感受。

"是的！"他大声说道，然后真的流下了眼泪。当真诚之箭击中靶心，泪闸就会打开。我们不是有意为之。记住，见证孩子的痛苦和悲伤，抚慰那些眼泪和恐惧，能建立长期的情绪适应能力。但是首先，我们需要"驱除"伤害和痛苦经历，不让它形成负面的记忆或联想。重复孩子的话，就是在表明，我们真的理解那段经历是多么痛苦。

威尔伯蜷缩在我的腿上，我抱着他前后摇晃，一直说："没事，没事。有妈妈在呢。"**无论什么年龄，温柔的话语都能抚慰痛苦的大脑**。克莱门丝关切地望着我们。那一刻，我不用告诉她威尔伯有多难过，她也能看出来。她的表情告诉我，她已经意识到，她的嘲笑很残忍。

"对不起，威尔伯。"她真诚地忏悔道。

此刻威尔伯真的哭了起来，大声啜泣，眼泪哗啦啦地流。

🧰 大脑工具箱

"当一个孩子感觉安全，能得到你的情感支持时，他们就会从暴怒转为啜泣，释放多年积累的悲伤、恐惧和绝望的孤独。"

——心理治疗师卡米拉·巴特曼赫里德，

《支离破碎的生活：有勇气有尊严的孩子》

如果孩子哭了，不要害怕，也不要抗拒。如果我们的父母未曾这样养育我们，我们或许会很难做到，但是正如犹太谚语所说的："眼泪之于灵魂，正如肥皂之于身体。"我更愿意把眼泪视作冲走所有压力和焦虑的荷尔蒙，它不会让压力和焦虑在体内停滞淤积。

我们可能会担心，一旦让孩子哭起来，他们就不会停止，然而事实恰恰相反，随着时间的推移，再加上一些练习，走完"悲伤"固定流程所需的时间会越来越短。威尔伯真正悲伤的过程只持续了1分钟。他停止哭泣后，抬头看向我，高兴地说："妈妈，但是我今天铲球铲得可好了！"

我笑了。"哈，真棒！也就是说老师生气是因为你没专心听他讲课，在练习足球滑铲，我说的对吗？"

威尔伯面露窘迫。

把我们对整件事的理解重复一遍，是确保我们全面准确了解事实真相的好办法。

"也就是说，你上舞蹈课的时候被安排在窗户旁边，每个从窗边经过的人都会笑你，所以你不想跳舞，就在地板上练习铲球技巧，是这样吗？"

两个孩子都面带微笑。我们都知晓事情的全貌了。一旦威尔伯的"蜥蜴"和"狒狒"冷静下来，我便让他的"猫头鹰"参与进来，看看能不能想到解决方法，因为孩子的行为存在边界，这正是"小猫头鹰"该学习的重要课程。

"好吧，宝贝，你觉得在这种情况下，有什么好的解决方案吗？毕竟你们正在上舞蹈课，你应该专心听老师讲课。"

威尔伯努力思考了一会儿，说："我可以去另一边？这样就没有人能看到我了。"

这是个很棒的解决方案！我问威尔伯，请老师换位置这件事他自己能否做到，还是需要我给舞蹈课老师发一封邮件解释一下。我一直乐意协助处理那些他独自面对会感到有些棘手的事情。但是，让孩子亲自解决问题，对增强他的能力非常有帮助。这样做可以让他和他的"小猫头鹰"在未来的生活中掌握主动权。威尔伯决定自己去问老师，不过他也表示希望我能给老师发一封邮件，所以最后，两件事我们都干了！

这样解决问题，相当于把管理权交给了孩子，他们需要思考自身的行为以及如何表达需求。短短 10 分钟的对话，就让威尔伯最近宣称舞蹈课是他最喜爱的课程之一。他和老师的关系当然变得更好了，当老师了解到威尔伯的行为更多是源于紧张而非"淘气"后，开始对他在课堂上的出色表现予以加分，还会和他击掌。他的行为边界仍然存在——他还是要去上舞蹈课，还是要听从老师的教导。但是现在，所有人都很开心，而解决方法竟是如此简单。

当我们感受到被社会排斥或被嘲笑的威胁时，大脑会敏锐地感知到"痛苦"，这一点我们都深有体会。如果成年人能体会到这种处境的艰难，就能由衷地同情那些"行为出格"的孩子，而不会"公开羞辱"他们，人为制造风险。无论是在家庭中还是在学校，认识到这一点都会有所帮助。我希望，借助科学的力量，我们都能激发更多好奇心，思考出更有趣、更友好，当然也更有效的方法，引导孩子的行为"步入正轨"。

工具包小贴士

好奇式的提问，不要用"为什么"开头

问孩子"为什么?"，得到的回复通常是耸耸肩，或者"我不知道!"。

记住，如果是不加思考的"蜥蜴"或"狒狒"坐在驾驶座，我们的孩子通常确实不清楚自己为什么会做出那样的行为。

好奇式的提问是开放式的，充满温情，传达出我们想要了解的意愿。因此，与其问"你为什么这么做?"，不如直接问"发生了什

么?"或者"对你来说,那是什么感觉?"

工具包小贴士

让猫头鹰多参与

当我们的孩子告诉我们,他讨厌他的老师、朋友,甚至是我们时,我们马上就会陷入 Ds 陷阱,开始做出防御、漠视或贬低的行为。但这是我们自己的问题。你是你的孩子最有力的代言人,他们这时需要你的"智慧猫头鹰",而非警惕的"狒狒"。这种时候,我们可以利用"猫头鹰"(OWL)这个词,来记住该怎样表达:

O——"哦(Oh),宝贝。你想跟我说说吗?"或者"哦,发生了什么事?"

W——"我在想(Wonder)这对你来说是什么感觉?"(当他或她那么说时 / 当他们那么做时 / 当那件事发生时)

L——俯身(Lean in)、倾听(Listen)、展现爱意(Love)。

当孩子脆弱的时候,向他们展现你无条件的爱,能强化你们之间的联结,为你们一生的亲子关系筑牢根基。

抛开个人情绪

马特有两个女儿:7 岁的扎拉和 4 岁的菲斯。他告诉我,他的大女儿开始说出一些让他感觉非常不尊重人,甚至伤人的话,比如

"我恨你！你是个混蛋！"

马特对我说，他发现这些话真的很刺激人（当我们感受到赤裸裸的伤害和不尊重时，真的很难用热情和同情去回应孩子）。但是他又说，他不想总是让"狒狒"去回应孩子，不想吼回去，或者罚女儿回自己的房间关禁闭。

我让他指给我看，他女儿对他那样说话的时候，身体的哪个部位有感觉。马特立马指向了胸口。当我问他是什么感觉的时候，他说："受伤，还有排斥。"我没再追问，他却接着说，"感觉像我小时候一样，从来没觉得被倾听，也从来没感觉有人尊重我的感受。"

当我们感觉被孩子的行为刺激到时，通常意味着这件事揭开了我们儿童时期的伤疤，正如马特所说，这通常与我们幼时没有感受到被倾听、被尊重有关。

儿童心理学家劳拉·玛卡姆博士说："因为那块伤疤是我们讲述给自己的故事，比如'从来没有人听我说话'，我们一直在寻找确凿的证据，证明世界就是这个样子的。"

这就是接受心理咨询、参加育儿小组或者寻求支持，对父母来说非常有帮助的原因所在。所有人都有童年创伤。意识到我们并不孤单，我们不是糟糕的父母，有助于我们用怜悯之心反思自己的行为，我们也是受过伤的孩子，只是现在成了父母。

好奇心需要勇气去支撑，但是当我们正视并抚平这些伤害时，我们和孩子之间的联结会变得更加深厚。因为，当我们抛开个人情绪时，我们就能看穿孩子的行为，对他们心怀同情。我们马上就能知道，孩子在受到伤害时才会说出伤人的话。是的，最常见的情况就是，他们没有感觉到被倾听，或者感觉没有尊重他们的感受！好奇心能让我们听到孩子想要告诉我们的事，通常他们会用的方法只有一种。这样一来，我们不仅能修复和孩子的关系，还会为打破世代相传的伤害循环感到自豪和欣慰。

当女儿又一次对马特说"我恨你！你闻起来臭臭的！你是个混蛋！"时，他说他感觉自己真的很好奇，并且真诚地回应孩子的话："哦，亲爱的扎拉。所以你恨我，我闻起来臭臭的，我是个混蛋，是吗？！"（他说他当时甚至不得不压制住笑容，因为这些话听起来太幼稚了。）他没有把女儿当成自己的敌人，也没把那些话当作对他的人身攻击，马特说他感觉很同情孩子，她只是个小姑娘，却生了那么大的气，他突然真的很好奇，这到底是为什么。他想了解自己的女儿，他希望自己的父母当初也曾这样对待他。

马特说，扎拉当时愣住了，惊讶于爸爸没有用典型的"狒狒"方式回应她。马特继续真诚地表达了关切。"你这么跟我说话，一定很生我的气。我想知道是怎么回事。你能跟我说说吗？"

扎拉马上咆哮道："你都不跟我玩。你昨天吼我了。我不喜欢你大喊大叫。"

真相揭晓。扎拉爱她的爸爸。她特别想让爸爸花时间陪他，因为他很有趣，他们一起坐在花园里，她讲有趣的故事逗得爸爸哈哈大笑，她感觉自己被倾听、被重视。当爸爸盯着电脑，示意她别出声，挥手让她离开的时候，她感到困惑。她在心里告诉自己"他不再爱我了。"难怪她会穿上那件名为愤怒的防御铠甲——因为穿上它可比担惊受怕容易多了。

这类时刻给我们提供了很好的修复机会，我们可以利用我第一本书中介绍的简单工具 SAS 达成目的。

S—Say 说出你看到的或听到的。

A—Acknowledge 承认孩子的困扰，能让我们迅速找到我们能触达到的点。

S—Soothe 安抚。治愈孩子隐藏在仇恨言论之下的痛苦。

马特告诉他的女儿："我很抱歉。我听说你想我了。我也很想你。"

他解释说，工作上有一个项目必须要完成。但是，他强调，不是因为他不爱扎拉，也不是因为他更喜欢工作。他承认："我知道，似乎我没时间陪你了，你一定感觉很糟糕。我的工作非常非常无聊，我更愿意跟你在一起！我特别爱跟你一起玩，还有我很抱歉，昨天不该吼你。"

有点密谋的感觉，有助于减轻我们双方的负担，尤其是在工作以及我们对工作的兴趣远不能和孩子们相比这件事上。这样能让孩子真的相信，我们跟他们在一起的时候，比做任何事的时候都开心。

小孩子的世界不存在"工作"这个概念。他们不知道我们去哪儿了，不知道我们在做什么，也不知道为什么工作如此重要。当我们离开家，或者在家全神贯注地工作，让闹腾的孩子离开时，会让他们感觉到被排斥和困惑。"妈妈 / 爸爸明明可以陪我，为什么更愿意花时间做那些事？"然后他们会将故事内化成我们想离开他们，从而引发无意识的恐惧，害怕自己不够好。围绕工作跟孩子对话，甚至可以带孩子去工作一天，能切实地帮助他们理解，工作是成年人必须要做的事，要工作挣钱才能购买"我们的食物和玩具"。但是一定要记得强调，这"绝不意味着我不爱你"。

马特说他把手机放到一边，还特意关掉了电脑。他向扎拉表明，他真的在听她对他说的话。他想让她知道，他更喜欢花时间陪她。小姑娘拉起他的手，一块高高兴兴地玩了半个小时。马特说，他感觉与女儿的联结达到了前所未有的高度。现在，女儿和他自己的情绪都得到了安抚，他觉得可以告诉女儿："嘿，扎拉，我玩得好开心啊！谢谢你提醒我，我们应该多在一起玩。如果我再忘记这件事，你觉得你能提醒我吗？或者给我一个信号，让我知道你生气了？这样你就不用说那些气话了。"

跟麦克一起演习

我家五个孩子，我是最小的那个，我们兄弟姐妹几个，最大年龄差是 17 岁。我父亲在我 11 岁时就去世了。因此我幼年时期经常独自一人。我今天才意识到，我还是孩子的时候，从来没有感觉到被看见或被听见，因此现在最容易刺激到我的事，就是我的孩子不听我说话。我能真切地感受到这一点。跟凯特的交谈，让我意识到，我认为孩子的行为是在针对我。当我把个人情绪放在一边，就能让

"智慧猫头鹰"，而不是让"狒狒"支配我做出反应。比如，晚餐时间，威尔伯在外面踢足球，我叫他进屋吃饭，我很快就会生气，因为感觉他在故意忽视我。当我能接受，他的狒狒处在游戏模式，小猫头鹰真的很难插手时，我就能保持冷静了。我没有冲他大喊，没有因为被忽视化身狒狒，而是走到外面，蹲下来，看着他的眼睛，笑着说："嘿，威尔伯，晚餐准备好了。"真是神奇，我没有产生压力，没有愤怒，事情就这样快速、轻松地解决了。

我收到很多家长的留言，实际上，很多父亲都赞同麦克和马特的观点。卡勒姆是一位心理治疗师，有一年复活节，他五岁的孩子陷入崩溃，因此联系了我。他读过我的第一本书，因此知道"Stop SN-O-T"方法，这个方法同样是鼓励我们抛开个人情绪。

首先STOP 停止：深呼吸。

记住，这 S'Not 不是针对你！

Observe 观察孩子的行为。问自己：这些话／行为真正在表达什么？

Turn it around 扭转局面。当我们能从孩子的角度看待一件事时，我们就能化身智慧猫头鹰，扭转局面了。

🔵 家长的思考

卡勒姆，5 岁的阿尔菲的父亲

　　我在复活节当天，感谢你的书！此刻，我正坐在楼上的厕所，深呼吸，提醒自己要 Stop SN-O-T。我的儿子刚才大崩溃，我很生气，因为我费尽心思打造一个难忘的复活节，感觉付出的努力全都白费了。我父母从来没有为我做过这样的事，因此我想为阿尔菲制造一些特别的回忆。一上午的有趣活动和糖果显然太紧凑了。我感觉受伤，是因为我觉得他发脾气毁了一切。我在这里提醒自己，他不是在针对我，只是不知所措！我要下楼去给他一个大大的拥抱，冷静下来。我们明天再找彩蛋！

　　能够反思自己的行为，反思我们为什么会以那样的方式对待自己的孩子，不是一件容易的事，我发现心理治疗对此能起到很大帮助。和朋友，以及我们信赖的人坦诚交流，也能起到治疗效果。

　　你可以把会刺激到你的事罗列出来——不要让孩子看到，这样你就能带着好奇心去思考。

　　以下这些事常常会刺激到我。

- 孩子不听我说话，会因此迟到的时候。
- 孩子打架。
- 放学的时候，因为我给他们带的零食"不对"而抱怨。

好奇心会让我做出如下思考。

- 作为一个孩子，我总是因为"懒散"和迟到遭受批评。所有像我这样被正式诊断为多动症的人都知道，被人说思维散漫是一件多么羞耻的事。我要迟到了，会感到羞耻，会被人指指点点，孩子们拖拖拉拉会直接影响我。
- 我现在和姐姐的关系非常好，但是小时候我们俩经常大打出手。我们俩睡一个房间，拳脚交锋的时候不少。我的孩子打架会刺激到我，不只是出于为表面上的原因，还可能因为打架这件事会唤醒我心中的恐惧和与之相关的负面记忆。
- 我童年的依恋类型是"回避型"，这意味着，如果我试图对我爱的人做一些友善的事却遭到"拒绝"，我就会感觉自己受到排斥。

罗列这份清单的时候，你可能会感到脆弱无助，甚至会觉得有点傻。但是**人人都有旧伤疤，如果我们能用好奇心去面对它们，对我们的心理健康大有好处。**如果你受伤的痛点让人感觉很幼稚，是因为童年时期就经历过这种伤害，现在又想起来了。关注你心里的那个孩子，对我们小时候的感受心存好奇，会让我们心里的孩子感觉被人倾听，我们为人父母时也会因此尽量不做出连自己都讨厌的行为。至少，对我来说是这样。

当我能安抚自己内心的小孩时，就能让自己安下心来，今天早上迟到一会儿也没关系。我独自照顾孩子的时候，要带两个孩子、一只小狗出门，还要准时到校，这是很困难的！一旦我放下对别人指指点点的恐惧，跟让"狒狒"或"狒狒"的旧伤疤接管大脑相比，我们去学校的路上会变得快乐得多。

关于迟到这件事，早上应该对自己和孩子宽容些。我知道，因为要准时到校，早上的时间确实很紧迫。但是请记住，孩子是活在当下的，因为他们的"狒狒"没有手表——"狒狒"对路上的交通以及校门会关闭这些事完全没有概念。考虑到压力反应，以及"狒狒"把握时间的能力很差，我可以原谅我的孩子们，也可以原谅自己。要么早起半小时，多给自己一点时间，要么耸耸肩，想想偶尔迟到5分钟也没什么大不了的！

我的孩子们还小的时候，会吵闹、打架，我就会提醒自己深呼吸，让"智慧猫头鹰"参与进来，把他们分开，帮他们调节情绪，而不是冲他们大喊大叫。

我给孩子带零食的时候，会提前做好心理准备，他们可能又累又饿，因此任何抱怨都不是针对我，也不是针对零食。他们需要"智慧猫头鹰"给予的理解和安抚。

心理学家奥利弗·詹姆斯观察发现："我们会自动重现，或者反对，自己在儿童时期受到的照顾。"对自己儿时的经历心存好奇，认识到哪些对我们有用，哪些没有用，能帮我们获得詹姆斯所说的"自我性"。如果我们对自己的童年感到好奇，能解决自己的问题，就能帮助孩子，维护他们的心理健康。

工具包小贴士

我在想……

我们越能反思自己的行为，就越能帮助孩子们反思他们的行为。用"我在想……"这种方式提问，是开启反思的好方法。

如果我们的孩子告诉我们："我恨伊利安！他说利物浦是垃圾，因为他们昨天晚上输了！"我们可以花点时间思考一下，这里的"恨"到底是什么意思。然后我们就可以帮助孩子反思了，这时可以这样提问："哦，我听出来了，伊利安说你的球队垃圾时，你真的很生气，是不是？我在想，是不是他对你球队的评价，让你感觉也是在贬低你？"

如果她说："我恨珍妮弗——她说不跟我当朋友了！"我们可以回答说："我听出来了，珍妮弗说不和你做朋友的时候你有多受伤。我在想，是不是也感觉有点害怕呢，如果我们的'狒狒'会思考，它会不会担心，以后只能自己玩了？"

用"我在想"可以提出无数问题。用我们的好奇心去思考孩子们的真实感受，能帮助我们把心中的疑虑说出来，趁机射出"真诚之箭"。

"我在想，你是不是想奶奶了？我们想念一个人，希望他回来的时候，真的很难受。"

"我在想，你是不是因为爸爸不在，生他的气了，你让他'走开'，其实是想告诉他这些，是吗？"

"我在想，你只是想保护自己，对吗？"

"我在想，你是不是生气了？因为今天是姐姐的生日，大家只关注她。我在想，你是不是需要一点关注？"

"我在想，关于返校这件事，你是不是有点不安。"

"我在想，你是不是因为想念朋友，有点难受？"

"我在想，你气到忘记用语言表达时，会是什么感觉？"

"我在想，你是不是不相信我不会生气，所以你才不把在学校遇到的难事告诉我。"

记得也要留意孩子的正面情绪："我在想，在学校话剧中担当主演，你是不是感到很骄傲啊。我接你放学的时候，看到你的眼睛闪闪发光！"

身为教师，同时也是心理治疗师的路易斯·邦贝尔在她的著作《我心中受伤了》中引用了一位助教老师的话，其中提到了一个有力的实证。

"这种说话方式的效果让我非常惊讶，'我在想，今天换老师了，你是不是有点焦虑，所以才不肯坐在你的椅子上'。我凭借自己的直觉，猜到孩子可能在焦虑什么，然后说出来，能缓解他的焦虑。孩子会觉得有人理解他，然后我们就可以想办法帮助他了。"

如果你的家庭正在经历分居或离婚，或者有人离世或面临重大困境，可以借助我们的好奇心，思考孩子们的感受。有些情绪很难表达出来，这可能是帮助孩子面对悲伤的唯一方法，无论他们失去了什么。

"让你看到我们争吵，我真的非常非常抱歉。我在想，我们争吵的时候，你会是什么感觉？"

"我在想，爸爸不在身边是什么感觉？"

"我在想，妈妈要离开很长时间是什么感觉？"

"我在想，你看到我哭泣是什么感觉？"

"我在想，我这样大喊大叫，你会是什么感觉？"

"我在想，有时候你会不会感到孤单？"

最后，**好奇心是双向的**。如果你能敞开心扉谈论自己的童年，或许通过分享自己的故事（比如你的父母对你犯下的错误，面对困境反应失当），能够帮助你的孩子真正理解，你的大喊大叫不是因为他们，而是因为你自己情绪失控，你想教孩子学会情绪管理，但是自己小时候并没有接受过这样的教育。我们称这种教育方式为"心理教育"。实际上，他们会理解，有时我们做出某些行为并不是因为不喜欢自己的孩子，而是我们不知道怎样做才好，因为我们的父母就是这样教我们的。这会是非常感人且充满力量的对话，尤其是对大一点的孩子来说。就像 10 岁的米卡，和心理治疗师谈到自己的妈妈时说："不是因为她是坏妈妈，也不是因为她不爱我。她真的在努力学习不大喊大叫，但是她的妈妈就是这样对她的。"

好奇心能帮我们打破不健康的代际循环，卸下自己童年伤痛造成的负担。

猫头鹰的智慧

✓✓ 好奇孩子的经历，能开启重要对话。

✓✓ 保持好奇，能帮我们摆脱 Ds（漠视、防御、贬低或否定等）陷阱。

✓✓ 用"我在想"提问，能帮助我们的孩子了解他们的感受，还能帮他们反思并更深入地认识自己的行为。

✓✓ 记住"猫头鹰"（OWL）提醒我们要停下来观察，好奇、思考、倾听，最重要的是，要向孩子展现无条件的爱。

↘↘ 保持好奇能让我们打破陈旧、无用的亲子循环。

↘↘ 说到养育孩子，好奇心真的是致胜王牌!

09

父母和孩子的沟通方式
决定着孩子形成怎样的
自我意识

父母不好好跟孩子说话，

孩子就不会好好跟父母说话。

　　沟通是人类的标志性特征。我们的祖先能够存活下来，能够进行集体围猎等活动，靠的就是沟通。他们的生存离不开良好的沟通和处理信息的能力，这使得生活群体中的个体可以放松警惕，感觉到安全与保障。时至今日，对于我们的孩子来说，情况也是一样。

　　我们如何与孩子沟通，会大大影响他们的身心健康，因为孩子的大脑不仅会根据我们说的话做出调整，我们说话的方式、我们的肢体语言也能对他们的大脑产生影响。

大脑工具箱

"负面表情和负面互动会被记住并存储起来。负面表情和正面表情一样，会触发生物化学反应。母亲不赞同的表情会刺激释放皮质醇之类的压力荷尔蒙，从而抑制内啡肽和多巴胺神经元的活动，阻碍它们产生愉悦感。这些表情会对成长中的孩子产生巨大影响。"

——心理治疗师苏·格哈特博士，《母爱的力量：母爱如何塑造和促进婴儿的大脑发育》

核磁共振成像扫描揭示了儿童在看到负面、恐怖或攻击性的画面时大脑会做出的反应。如果我们对孩子大喊大叫，或者当着他们的面对别人大喊大叫，会触发他们的压力反应，他们的"蜥蜴"和"狒狒"就会有所反应。

没有人能永远正确。这世界上不存在从来没对孩子提高音量，或者一直都用赞同的表情看向孩子的父母！我们都是人，而且如今的父母，很多时候要忙于应付各种事务，这就意味着，有时候我们也会做出"压力过大"的行为。我们一直在研究减轻压力的方法，或者说如何管控压力，但是当我们把压力"投射"到孩子身上时，确实应该引起重视，因为他们最终会用我们跟他们说话的方式来回应我们，更重要的是，他们也会用这种方式与自己对话。

研究表明，我们每批评 1 次孩子，需要 6 次表扬才能予以中和。

因此，我们需要扪心自问，对孩子的批评是不是多于表扬，他们受到的负面关注是不是比正面关注还多？接下来，我们可以好好想想，自己儿童时期受到过多少表扬，或许应该下定决心改变我们养育孩子的方式。

我们已经看到，当我们有能力掌控自己的行为，能解决自身的压力问题，并为自己犯下的错误道歉时，就能打破不健康的循环。当我们学会调节自己的情绪，并且也能教孩子这样做时，循环就会被打断。

如果没忍住发火了，我们可以向孩子道歉，比如说"刚才大声说话，我真的很抱歉。我知道，我吓到你了。"或者"对不起，我不应该说那种话。我知道，我伤害到你了。"或者"对不起，我跟你说话的时候，应该更温和些。"

我们这样做同样是在验证唐纳德·温尼科特和梅拉尼·克莱因这两位精神分析学家所认为的育儿的重要组成部分——"破裂与修复"过程。当我们的孩子意识到我们也会犯错、失败时，我们就可以向他们示范：我们可以从失败中走出来，也可以原谅自己。

* * *

唐纳德·温尼科特曾经说过，要做一个"足够好的父母"，而且重要的是要持之以恒。我们不需要完美，但是可以朝"足够好"这一目标努力。我曾跟自己的孩子以及几个客户谈到，大人也会做出错误的行为，很多时候是因为没有人教导我们如何做出更适当的行为。这不是为我们做出后悔的事、说出后悔的话找借口，而是要告诉孩子们，就像我们希望他们"表现更好"一样，我们也希望自己"表现更好"。

正如精神分析取向的心理治疗师苏·格哈特博士解释的那样，我们与孩子的交流会生成"一个可供调阅的内心意象库，随着孩子的成长，这个意象库会变得愈发复杂、丰富，充满各种联想和思想。"孩子的自我意识，比如他们是否觉得自己"讨人喜欢"或者是否觉得"被重视"，都是在与我们、与他们的老师以及周围其他人的交流中生成的。这就是为什么，你给他们贴上"愚蠢""粗心""懒惰""不现实"或者"麻烦"的"标签"，他们就可能会变成"淘气"的孩子！

大脑工具箱

"孩子行为失当的一个主要原因，是父母与孩子的相处方式激活了孩子大脑中不该被激活的部分。如果你激活了孩子下层大脑的愤怒、恐惧、痛苦系统，你和孩子相处的时光就会变得非常糟糕。如果你激活了孩子下层大脑中的游戏、探索、关爱系统，你们就会度过一段愉快的时光。"

——儿童心理治疗师马尔格特·桑德兰，《育儿科学：当今的大脑研究如何帮助你培养出快乐、情绪平衡的孩子》

我们甚至可能都没有意识到自己做了这样的事，尤其是当我们的父母曾经也这样对待过我们，总是用"你在犯什么傻！""别再哭了""你可真难伺候"，或者"你怎么不学学你姐姐？"这类伤人的话来刺痛我们。我们已经知道，杏仁体，也就是我们的"狒狒"，会"标记"由负面事件形成的记忆，使得我们更容易回想起来（由于我们想避免发生负面事件，因此这是一种生存机制）。我们每天都要思考一下，跟孩子说了多少正面的话，因为"负面偏见"往往会让孩子把关注点集中到从我们这里得到的负面反馈上，从而忽略我们心怀爱意所说的那些话。

研究表明，羞耻感不仅会影响孩子的心理健康，也会影响他们的生理健康。一系列研究揭示了，对社会性自我（孩子的"融入"感）的严重威胁，会导致致炎细胞因子和皮质醇水平升高，这些变化会与羞耻感同时发生。正如儿童心理治疗师马尔格特·桑德兰所言："这和身体受伤一样，会对我们造成生理上的影响。"

🧰 大脑工具箱

"人们没有意识到，口头上的贬低，也是一种情感虐待，这种虐待对大脑正在发育、正在形成自我意识的孩子来说，尤其具有危害性。人们很容易将幼年时期的负面信息'内化'，并信以为真。这些负面信息会成为自我批判的组成部分，我们没有意识到，多年来我们一直在重复播放这些令人泄气的声音，就算那些真正批评我们的人已经在我们的生活中消失（比如老师），或者我们已经不和那个人生活在一起了（比如父母），这些声音仍在回响。"

——儿童心理治疗师马尔格特·桑德兰，《利用你的情绪》

　　尽管科学已经明确表明，羞辱可能会长期影响儿童的心理和生理健康，造成持续性的伤害，但是部分小学还没有接收到这些信息，仍然在实施涉及羞辱儿童的行为管理政策，以达到"行为规范"的效果。我经常听小学生的家长谈到孩子学校的某些校规，比如会让"淘气"的孩子坐在椅子上面壁，或者因为孩子"上课说话"或"迟到"，就把孩子的照片贴在"邪恶女巫"和"白雪公主"的对照表上。如果我们要为孩子的心理健康提供支持，就应该主动要求查看小学的行为管理准则，看看其中的要求是否符合最新的科学成果，是否有助于孩子的心理健康。

　　俗话说，沟通是一条双向道。如果我们总是辱骂孩子，削弱他们的自我意识，就不能指望孩子愿意和我们相互配合。

做闭嘴父母，让孩子发声

　　经过一段时间的高强度工作，我失声了。连续两周没办法说话，只能把想说的内容写下来，或者用手语跟孩子交流。他们觉得这样很好玩，而这件事对我却产生了非常大的影响。这让我意识到，我自己经受的压力，经常会让我提高音量，目的是让自己的声音盖住家庭生活中的嘈杂声，以便能够被他人听到。我反思了压力对自己造成的影响，发现压力不仅影响我的生理健康，就连我教养孩子的方式也受到了波及。

　　等我能说话之后，我把孩子们叫到一旁说："妈妈注意到，自己不能说话的时候，家里特别安静。我觉得一直以来我总是大喊大叫，好像'把乐趣吸走了'，实在算不上一个'有趣妈妈'。你们觉得呢?"

我们就这次对话专门绘制了一张"得分表"，孩子们可以依据我和麦克作为父母的表现来打分! 这是一个非常可爱的方式，可以给孩子在家庭中更多的主导权。当我们犯错的时候，可以借助幽默来表达歉意，诚恳对待孩子，是我们作为父母能做到的最有价值的事。给孩子提供发声的机会，请他们给我和麦克打分，效果非常好。孩子们喜欢给我们反馈，愿意告诉我们他们希望有更多"有趣妈妈"陪伴的时间，还有"爸爸要多跟我们玩"的诉求。你也可以和自己的孩子们试试。你可以把它想象成一次工作评估，虽然只是为了好玩，但评估的可是你人生中最重要的"工作"——为人父母。

你也可以试着"失声"一周，或者更准确地说，你要留意自己平时是怎样和孩子说话的，要降低音量，不要再大喊大叫。 要有意识地察觉压力所带来的内在感受，思考如何通过健康的方式释放压力。将原本可能通过大喊大叫释放的压力能量，引导到我们在第三章介绍过的健康活动上。你可以提议，家里的每个人在表达自己的需求时，都要从自己所在的地方走出来，无论是在楼上，还是在另一个房间，不要相互隔着老远就喊叫，而是要走到对方面前，与对方有眼神交流之后，再说出自己的需求。在家里实行这样的做法，就意味着孩子在想要发声争吵之前，会先来找我，冷静地"报告"发生的事，因为他们知道我会冷静地回应他们，而不是像以前那样，我一听到孩子们喊叫，就也用喊叫回应，大声呵斥他们"别喊了!"

废除批判性评价

最近我经常会花 1 小时在场边看我的儿子和女儿一起踢球。一位父亲坐在我旁边的折叠椅上，一边用手机拍视频，一边不停评论他儿子在球场上的表现。"你看你，就知道在那儿站着——怎么不知道动呢？你得动起来，跟着球跑呀。你瞧瞧别人——人家全都在追球，就你在那儿做白日梦。为什么会失球？！你怎么回事啊？！"听到这些话，我心里一阵难受，我想象着这个孩子在结束一场有趣的比赛时，原本应该兴高采烈的，可回到家之后，却要不断回想起整场比赛中爸爸那些刺耳的评论。我很同情这位父亲，他的父母很可能以前就是这样对待他的，以至于他认为这样做才是对孩子好。但是我们必须注意，该如何平衡我们对孩子的批评。如果我们有一些建设性的意见想要跟孩子分享，最好以正面评价来开启对话，然后再提及哪些方面需要改进，在结束对话的时候，也要说一些积极的话语，以此达到平衡的目的。

判断你的语气

精神病学家和神经科学家丹·西格尔博士，通过一个简单却十分有效的练习，展现了父母与孩子之间权力互动的变化，以及我们的语气和言语会对孩子的感受产生怎样的影响。

在我参加的一个研讨会上，他让我们稍微准备一下，说要做一个练习，紧接着就大声朝在场观众喊："不！不！不！"

他让我们闭上眼睛，回想他喊出的这几个"不"字对我们的身体造成的影响。

我感到泪水刺痛了我的眼睛，太阳神经丛（也就是胸骨中央那片区域，我们的焦虑情绪往往会在此积聚）充满了焦虑。他的喊叫声把我带回到小时候听到别人大喊大叫的那些瞬间。

接着，他告诉我们："现在，把你的一只手放到胸骨上，另一只手放在上腹部。"说完，他又语气友好而温柔地说了三遍"是"。

那种感觉上的变化真的特别惊人。我立刻就感到舒畅和安慰。

想想孩子的"狒狒"发怒时我们本可以进行安抚的时候，再想想关于你和孩子的交流，你希望他们形成什么样的记忆呢？

🔵 家长的思考

家长萨姆，露西 5 岁

"当得知孩子听到 1 次负面评价需要 6 次正面评价才能弥补时，我非常震惊。我意识到，长久以来我们家的情况一直是颠倒的。对这件简单的事做出改变，多多指出孩子做对的地方，而不是去强调她做错的地方，彻底改变了我们的家庭关系。"

思考自己如何与孩子交流，能从根本上改善你们之间的关系。最好是从现在就开始行动，而不是等到孩子进入受荷尔蒙支配的叛逆青春期时，才去思考该如何改变。我们都知道，如果孩子觉得无法表达自己的想法，就会将这些想法憋在心里，因此这对孩子的心理健康也是非常重要的。你可能会惊讶地发现，一件看似很小的烦心事，居然会让孩子感到无比沉重，但是当他们觉得能与我们分享时，就很容易放下或者解决这件事了。

💙 家长的思考

妈妈费依萨，阿里 9 岁

我儿子在去学校前表现出了一些焦虑的迹象，我找老师了解情况的时候，她说最近这段时间，孩子发现自己很难在课堂上集中注意力。我就直接问孩子："阿里，学校似乎让你感到很焦虑。你能告诉我，到底是什么在困扰你吗？"我以为他会闭口不答，没想到他马上就坦白说，他害怕这次考试不及格会留级，然后就和朋友们分开了。实际情况绝对不是这样的，但是我很震惊，他竟然一直独自背负着这个沉重的负担。我告诉他，既然他真的很担心，我会去找老师再核实一下。我找到老师后，老师说绝对不可能出现这种情况！他的同学跟他说过对这次考试的看法，我的儿子显然是误会了，难怪他会有压力！随着考试日期临近，这个沉重的想法盘踞在他的脑海中，难怪他没办法在课堂上集中注意力。

　　孩子自己给自己讲述的"故事"，往往会造成不必要的焦虑和恐惧。如果我们能让以 C 开头的那些强大支柱就位，就能轻松消除这种焦虑。如果我们与孩子之间建立起了安全的联结，那么我们之间就能进行更开放、更诚恳的对话，也能很快摆脱那些沉重的情绪负担。

所有的行为都是沟通

　　常言道，所有的行为都是一种沟通方式。无论你的孩子是在学校经历了一次大考、一次旅行，甚至是一次玩耍，日常生活中的任何一点变化，只要是让他们感到疲惫、愉悦或兴奋的事，你都有可能在孩子身上看到由压力反应引发的激烈行为。

　　威尔伯最近跟学校的一个新朋友约了一起玩，我提前想到，他跟朋友挥手告别的时候可能会不高兴。果不其然，门刚一关上，他的脸色就由晴转阴，等我让他去洗澡的时候，他看起来已经是满脸怒气了。他朝着楼上咆哮："我要看电视！"

　　这种时候，我们必须"守住底线"，暂且忽略那些恼人的愤怒行为，带着好奇心去探寻这些行为背后隐藏着什么。我深吸了一口气，让"智慧猫头鹰"压制住"狒狒"，说道："威尔伯，你似乎有些不开心哦。（先说出显而易见的的事实）妈妈想要帮助你。"

　　"不需要！"

　　拒绝。我只好再做一次深呼吸。

　　"威尔伯？"

一个含糊的声音传来："那你上来吧。"

我走上楼去，发现威尔伯在克莱门丝的卧室里，他的眼睛有些湿润。我走进房间，他转过身来面向我。我察觉到，他的"狒狒"就快要爆发了。于是，我坐到床上，跟他保持了一段距离，这样就不会因为我的存在而进一步刺激到他的"狒狒"。我蜷起双腿，满脸关切地对他说："你看起来真的很难过。能告诉我是怎么回事吗？"

"我不想洗澡。你从来都不让我看电视。现在才六点半！"他朝我怒吼道。

我给自己设定了一个边界，以此来控制我感觉随时可能升级的情绪。"威尔伯，请你跟妈妈说话的时候温和一点，好吗？"

"好吧，我不想洗澡。"

我心里明白，根本不是洗澡的事。他平常不会这样的。当我们的孩子做出这样的行为时，肯定有什么原因在背后驱动着他。我猜测刚才玩的时候是不是发生了什么事，我想了解得更清楚一些！

我心怀同情，"留出空间"，同时也划定了一条不过于激进的边界，让威尔伯相信，我乐意伸出援手的。我迎着他挑衅的目光，问道："是真的不想洗澡，还是有别的事呀？"威尔伯迅速回应道："阿什根本没提我的卧室，什么也没说！"

威尔伯房间里新添了一个上下铺。他的卧室很小，我想多腾出点空间，好让他能在床下玩，所以就买了这个上下铺。他对这个上下铺超级满意，在下面贴上了他最喜欢的足球海报，还把书架也摆在下面，另外还安置了一盏大人用的阅读灯，方便他在床上看书。

但是他的朋友却没注意到这张床。（他们玩得这么兴奋，室内设计显然不在他优先关注的事项清单上。）

我一下子就明白过来，威尔伯为什么会躲在姐姐的房间里了。他一直对新装修的卧室，还有他的上下铺，感到非常骄傲，但是他的朋友根本没注意到，威尔伯的"狒狒"一定将这视作一种"拒绝"。这再一次提醒我们，在社交场合中被拒绝、被排斥是一件多么痛苦的事情，威尔伯此刻真的正在经历这种痛苦。

"哦，宝贝。你肯定心里很难受。你有了一张新床，你的卧室让你引以为傲，你还那么兴奋地想让朋友注意到。"

我没有落入 Ds 陷阱，既没有否定，也没有漠视他对我说的话。我没有说，"算了吧，那有什么关系，你喜欢你的卧室不就得了。"或者"就这？算了吧，别像个孩子似的，赶紧去洗澡。"我接受并认可了他对我说的话，还把这些话重复给他听，让他知道我理解他。

仅仅花费了不到 1 分钟的时间来表达我想要理解儿子的难过心情，就使得他感觉自己被我看到了，被我听到了，沟通效果非常好。我的"真诚之箭"射中了靶心，他的泪水倾泻而下。威尔伯哭得越来越厉害，然后他望向我。我伸出双手，现在我们（我的"智慧猫头鹰"和他的"小猫头鹰"）联结在一起了，我感觉他会握住我的手。果然，他握住了我的手，把自己拉了起来。

"妈妈?"他叫了我一声，就像无事发生一样。

"嗯，宝贝。"

"咱们今天晚上一块儿读书好吗?"

"你洗完澡之后，当然可以。"

事情就这样结束了。没有进一步讨论，没有"拒绝"，只有咧嘴一笑和一种解脱感，痛苦得到了释放。

洗完澡之后，我们回到他的卧室，依偎在一起。没再提今天玩耍的事情，也没提上下铺，没有烦恼，也没有忧愁。

孩子的强烈情绪需要得到释放，通常只有在我们的帮助下，他们才能安全地完成这一过程。当他们诉说自己的脆弱和担忧的时候，我们要给他们留出足够的空间，而不应纠结于他们当时是如何表现的。我理解，当孩子对我们说"不"，或者拒绝我们的要求时，如果我们会产生被激怒的感觉（大部分人可能都会这样），这可能需要我们进行一些练习，并且要有足够的信心去应对。但是，如果我能把个人情绪放在一边，去探寻"不"背后隐藏的真正原因，就会发现，他们不是在"淘气"，而只是有着深层次的需求、恐惧或者担忧，需要我们去帮助他们去解决这些问题。

我们的沟通有价值

沟通对我们的身心健康也很重要。如果在我们的儿童时期，没有人帮助我们学会表达自己的需求，那么我们就会发现，即便到了成年之后，表达自己的需求对于我们来说仍然是件难事。我们会感到难以承受，觉得自己的声音不被他人听到，而且往往会为此感到有些不知所措。在社区、朋友和支持网络中主动请求帮助、寻求支持，可以在很大程度上帮我们打破负面的亲子循环，进而更有效地与孩子展开沟通。

🫧 家长的思考

父亲伊恩，乔 16 岁，乔什 14 岁，詹姆斯 8 岁

当我的妻子因乳腺癌离世后，我们的家庭仿佛也随之破碎了。我们有三个儿子：两个处在青春期，还有一个 8 岁。我完全不知道该怎么办。我发现，对孩子们来说，最困难的事之一，是家中失去了原有的秩序。我的妻子生前非常擅长料理家务，她能把家里的一切打理得井井有条。她去世之后，家里变得乱七八糟，我们经常会被东西绊倒，以至于我的孩子们都不愿意带朋友到家里来，觉得特别丢脸。这无疑加剧了我们内心的孤独感。

在和儿子学校的辅导员交谈时，我坦言，这对我来说确实是最困难的事之一，我也为此深感羞愧。这位辅导员真的很出色。她向我描述了她丈夫不在时家里是什么样子，我听后不禁哈哈大笑。我们讨论了帮我重新回到正轨的方法。这确实需要花费一些时间，但我意识到，其实羞耻感才是最大的问题，而我根本不需要一直背负着它。

一个人养育孩子着实艰难，如果你经历过离婚、丧偶，或者选择单身养育孩子，想必对此深有体会。伊恩因为觉得自己没能让家里保持妻子在世时的样子，认为自己不足以照顾好三个儿子，这加剧了他内心的悲伤。然而，当他能够把这些心事说给一个人听，说

出自己的担忧时，他发现放下内心的内疚，继续前行，会轻松很多。而且他这样做了之后，突然发现自己是可以让房子保持整洁的。他意识到，整洁的房子不仅能让他充分释放因为失去妻子而产生的悲伤，也能为整个家庭失去母亲这件事提供一个可以和儿子们一起尽情抒发悲伤的"空间"。

合作育儿也有它的困难所在。最近，一位妈妈告诉我，她丈夫每次回到家，家里就会变得乱糟糟的，因为家里"缺乏秩序"。她丈夫是在一个极度喧闹的家庭中长大的，经过一番探究，我们发现他的"蜥蜴脑"很可能处于过度警惕的状态，需要让所有东西"各就各位"，只有这样他才会感到安全。

孩子如果是在一个不能始终让他感觉到安全的环境中长大，就会形成一种被称为"过度警惕"的生物适应性反应。

可以把它想象成，有一只"狒狒"和一只"蜥蜴"（实际上就是整个神经系统）在对环境中任何可能预示着危险的感官变化保持着过度的警惕。对安全感的需求，有时会表现为强迫症，大脑对安全稳定的渴望，会通过让事物保持原状或按特定方式做事来实现。

考虑到她丈夫童年时期的成长环境，他的行为是可以理解的。但这位妈妈也很苦恼，因为家里有小孩，要让房子每天都保持整洁如新，她实在是做不到。她爱自己的丈夫，但丈夫回家之后表现出的烦躁情绪，让她觉得自己作为一个母亲、一位女性好像在遭受批判，同时这也在破坏他们之间的关系。

解决之道就在于相互沟通。

于是，这对夫妇坐下来，一起讨论如何才能找到一条出路。

他们将所有可能的解决方案都全部写下来，与其让两个人都感觉被对方挑剔，不如作为一个团队，开一次头脑风暴会议。

当她丈夫能够意识到，自己下班之后的"狒狒"行为，是由于小时候家里乱糟糟的环境给他造成了恐惧所导致的之后，他就能逐渐超越这种恐惧，开始考虑当下的实际情况了。他也认可，如果在大厅看到孩子们沾满泥土的靴子，更应该想到妻子是不是度过了"艰难"又忙碌的一天。然后，他甚至觉得，作为丈夫，自己应该主动提供帮助，而不是让儿童时代的旧伤控制自己做出反应。这位妈妈告诉我，在认识到丈夫对秩序的需求并非源于苛责，而是源于恐惧之后，她感觉自己仿佛拥有了一个"新丈夫"，反过来，她也觉得自己变得更加包容、更加温柔了。

通过沟通，他们之间的关系更像是一种伙伴关系了。就像经常会发生的那样，他们一开始想要讨论的关于孩子们的行为问题，突然之间就好像"消失"了！

如果在家里任由"狒狒"和"狒狒"交锋，那么孩子的行为也会表现出更多类似狒狒的冲动行为。因为压力是会传染的。

努力经营我们的人际关系是非常重要的。如果我们独自养育孩子，那就更要积极寻求帮助，获得外界的支持，以开放的心态和强烈的好奇心为我们所面临的问题寻找解决方案，这样往往会取得巨大的进展，最终也能更快乐、更轻松地解决孩子的行为问题。

猫头鹰的智慧

✅ 我们怎么跟孩子说话，他们最终就会怎样"跟自己说话"。

✅ 重要的不只是我们的言语，我们的语气、音量和肢体语言同样重要。

✅ 所有行为本质上都是一种沟通方式——保持好奇心、保持冷静，卸下担忧。

✅ 表达我们自己的需求也很重要。主动请求帮助，说出我们的感受，能帮助我们的孩子学会冷静地表达他们自身的需求，并懂得如何寻求帮助。

10

时时保持一颗同理孩子的心，孩子才可以同理他人

只有当我们关心时，才能理解，
只有当我们理解时，才能关心。

为了孩子未来的心理健康考虑，我们必须确保他们能感受到安全、被重视、被爱和被理解。**同情心的定义是，我们会对他人的痛苦与不幸产生怜悯与担忧之情，这也就意味着"共同承担痛苦"。**

神经科学研究表明，儿童在情绪躁动时，确实会真切地感受到痛苦。因此，即便他们经常会做出一些考验我们的行为，在他们陷入困境、苦苦挣扎的时候，我们还是要坚定地陪在他们身边，而不应把他们推开，让他们独自默默承受痛苦。因为孩子独自承受痛苦，极有可能导致令人担忧的长期后果。

这就要求我们要对自己的孩子怀有深切的同情之心，哪怕他们做出了非常糟糕的行为。我们必须摒弃旧观念，抛弃"淘气"这个概念，以及那种认为只有惩罚或管教孩子，其"不当行为"才会消失的想法。《牛津词典》对"discipline（管教）"一词的定义是，"训

练人们遵守规则或行为准则，用惩罚纠正不顺从的行为。"

嗯。

听起来像是维多利亚时代的语言。当然，我们有必要教导孩子养成良好的行为表现，但是为什么要采取惩罚的方式呢？孩子确实需要边界，因为边界能构建起一套体系，起到防护作用，保障我们和孩子的安全。但是，安全保障完全可以不依赖于惩罚来实现。如果我们想把孩子管教好，用加博尔·马泰博士的话说，我们应该"让他们成为我们的追随者"。教孩子如何做到行为得体，是我们为人父母的职责。**只有当我们以身作则，做出我们希望看到的富有同情心的行为时，我们才能成功达成这一目标**。如果我们选择惩罚而不是同情，就会破坏我们教育事业的根基。

值得庆幸的是，校内体罚如今已不再被视为合理或可以接受的做法，并且早在 2003 年就在全英国范围内被取缔。但是，正如我在第 9 章中谈到的那样，许多学校仍然在采用精神惩罚的方式，试图让孩子有"好"的表现。前面提到的，把孩子的名字或照片贴在教室里写有"好"和"坏"的看板上，就是一个例子。让孩子重复抄写、取消他们的休息时间，或者对"不好的"行为出示红牌等做法，无一不是在羞辱孩子，或是向他们灌输恐惧，以此确保他们能够"守规矩"。

2019 年，福尔柯克城贝恩斯福德小学的校长苏珊娜·麦卡弗蒂撕毁了学校的行为手册。这本手册是她数年前亲自编写的。然而，当她意识到这些规则是多么令人羞愧和耻辱时，她大为震惊。在参与 ACE-Aware Nation（全民警惕童年负面经历）活动接受采访时，她指出了因表现不够好而陷入困境的孩子们身上所发生的情况：

"他们会先收到一张黄色的警告卡片，上面写着'警告'二字。如果他们再次犯错，就会收到一张上面写着'后果'二字的红色卡片，然后孩子就会失去所谓的黄金时间。于是，到了周五，当其他孩子都能尽情享受他们的黄金时间时，有些孩子却还得继续学习，因为他们已经失去那些时间了。我们不认为这样的做法能给学校里的任何人带来好处。"

麦卡弗蒂说，她是在看了一场 TED 演讲之后改变了自己的观点。那一期的演讲嘉宾是儿科医生中的先锋代表纳丁·伯克·哈里斯。伯克·哈里斯医生阐述了负面的童年经历通常是如何对孩子的行为产生重大影响的。

童年负面经历（ACES）是指发生在 18 岁之前的创伤性事件。童年时期所经历的忽视、虐待、贫穷、父母离世、父母分离、父母有心理健康问题和（或）某种成瘾症等情况，都可以被视作负面经历。童年负面经历影响了很大一部分人。实际上，在英国，几乎有半数成年人都曾经体验过一种童年负面经历，而有 10% 的孩子甚至体验过 4 种或 4 种以上童年负面经历。

苏珊·麦卡弗蒂说："我心想，这才是我应该关注的重点。我关注的是那些已经处于焦虑状态的孩子，他们来到学校，需要的肯定不是我或其他人来增加他们的焦虑。他们想从我们这里得到的，是有人能够倾听他们的心声，需要有人帮他们调节情绪，需要别人去关注他们的生活中到底发生了什么。我们要让孩子知道，我们就在他们身边，我们会尽最大可能去帮助他们。"

　　她和学校的老师、家长以及孩子们沟通之后，制订了一份全新的、具有合作性的"关系协议"，这份协议将"淘气"行为解读为一种需求表达，提高了人们对行为科学的认知。这份协议优先考虑的，是理解孩子的行为，而不是单纯地惩罚。她还提到，协议在实施之后取得了让人难以置信的良好成果。不仅孩子们的表现大有进步，学校的教职工也反馈称，他们感觉更有信心，也更有能力以同情的态度去回应孩子们。

　　并不是每一个会做出"出格行为"的孩子都存在心理创伤，但是当我们能把他们的行为视作在表达某种需求时，一切就会变得不同了。如果我们追求的是缓解孩子的痛苦，而不是扩大他们的痛苦，那么我们就更有可能培养出忠实的"追随者"，他们会更乐意、也更真诚地追随我们的指引。如此一来，孩子们将会成为全身心投入的学习者，无论从哪个角度来看，都是如此。

　　回到福尔柯克的小学，"表扬公告板"取代了原先的行为对照表。孩子们有自己想要追求的积极目标，他们的名字会被张贴在墙上，以此彰显他们的个人成果。麦卡弗蒂介绍说，她的学校不会把孩子关进"隔离室"（我不敢相信如今居然还有学校采用这样的方式惩罚孩子），他们设置了一间"静静屋"，孩子可以根据自己的意愿选择是否去那里学习，那个地方只是提供了一个更安静的环境。如果在某一天，孩子们觉得自己在课堂上无法集中注意力，或者自制力不佳，就可以选择去那里。她表示，这一举措给那些在家里遇到困难的孩子带来了很大的改变。他们能够拥有一段安静的时间，能感觉到安全，也能更好地集中注意力。当被问到"应该有更多学校采取这种更具同情心的做法，为什么实际情况却不是这样，关于这个问题，你是怎么想的?"时，麦卡弗蒂回答说:"因为和花时间跟孩子讨论到底发生了什么相比，惩罚孩子显然更容易一些。"正如采访者加里·罗宾逊所说的那样:"这无关乎惩罚，而是关乎仁爱。"

这其实也是在为孩子的行为划定合理的界限。以最简单的形式来设定界限，可以帮助孩子了解哪些行为是可以接受的，哪些行为是不可以接受的。设定界限可以帮孩子建立起一套预设的行为程序，比如:"在上床睡觉前以及吃早餐前，都要刷牙。"这样可以给孩子营造一个安稳的环境，对于父母和看护人来说，也是如此。当我们确信孩子清楚家里的界限所在，以及我们对他们的期望是什么的时候，我们就能适当地给予他们一定的灵活空间，同时也能体验到那种宽宏包容的情感，也就是同情。比如，在治疗室里，我会请孩子尽情倾诉他们强烈的情绪。当这些情绪涌现之时，我只会以同情心平和地面对，因为关于将会发生什么，我事先和孩子设定了界限。我们将其称之为约定。就像在家里和我自己的孩子一起做这件事时一样，我还会确保我的 Cs 全部就位。

我会在下一章中分享更多有关这方面的内容，告诉大家该如何去做。

真正以同情心去对待孩子，让孩子拥有一个可以依靠的宽容胸怀，意味着我们可以给他们提供选择，而不会感到自身的权威受到损害。比如，如果你的孩子感觉"停止玩耍，准备洗澡"这件事很难，我们可以用同情心去感受，马上停止玩耍确实不容易，尤其是当他们正玩得很开心的时候!

没有界限，我们就不会有安全感。缺乏界限意味着，我们的"狒狒"会把所有"拒绝"直接解读为对他权威的威胁。它会暗自告诉自己，如果现在不能掌控全局，过不了多久就会彻底失去控制权。这时候我们会发现，自己在以"狒狒"的方式，用逼迫、恐吓、威胁和控制作为手段来教养孩子。我们可能会提高音量，愤怒地对孩子说："马上停下来，不要玩了！我数到三，你最好赶紧去洗漱，否则后果自负！"

我们应该都遇到过类似的情况，但是，请将"狒狒"的反应，和更具同情心的"智慧猫头鹰"的反应做一下对比。"智慧猫头鹰"有洞察力，有设定好的边界，因此它不会感觉自身受到威胁。它知道孩子的"狒狒"玩得有多开心，也知道"马上"停止玩耍有多困难！它理解孩子所面临的困境，也能共情孩子在开心玩耍时突然被要求停止有多困难。这就意味着，它的反应会既有趣又富有同情心："你玩得好开心呀！我听到了，你真的不想去洗澡！好吧，宝贝，我理解你。你可以选择再玩 5 分钟，然后跳进浴缸，怎么样？"

相信我们能守住行为边界，这会让我们在教育孩子的过程中更加灵活变通，给予孩子一些选择，因为我们知道这样能帮助他们养成更强大的自主意识，而这对他们以后的生活很重要。当孩子可以做出选择时，他们也能从由选择带来的"自然后果"中汲取经验教训。

我们可以这样说："好的，宝贝。那就再多玩 5 分钟吧，不过之后就一定要洗澡了，好不好？来，我们握握手，一言为定哦！真棒，因为要是不赶紧洗澡，可就没有时间在浴缸里玩小船了。"

我们并没有威胁孩子，而是在教导他们，每一种行为都会带来相应的后果。他们依然可以选择继续玩，但是如果玩的时间太长，就会错过另一项活动。

我们可以对孩子耐心解释（不要以为他们一下子就能明白），如果不在前一天晚上把上学要用的东西准备好，第二天早上可能会忘记带运动包，那这一天肯定就过得不够完美了！如果我们不准时上床睡觉，就可能睡眠不足，第二天就会脾气暴躁，还会感到疲惫。如果我们不穿外套就出门，稍微晚一点，在公园的时候就会觉得冷。反之（我更愿意关注正面结果，而不是负面结果），我们也可以向孩子证明，当我们把一切安排得有条不紊，睡眠充足，把自己照顾得妥妥帖帖时，会感觉生活变得更加简单、轻松，而且更加充满乐趣。

发展心理学家苏珊娜·泽迪克指出："我们的文化教导我们，'后果'是一件坏事，是大人对孩子的惩罚。但'自然后果'是孩子的行动带来的结果。确实，有些结果会让人不舒服，但是也会有令人喜悦的结果。让孩子体验自己行动带来的自然后果，他们就能更好地认识自己，认识自己与这个世界的关系。这样当然更健康。有趣的是，我们的文化以这样一种不同寻常的方式阐述'后果'的概念。"

当孩子做错事时，我们应展现出无条件的同情，切不可惩罚孩子，这样才能让他们在生活中做选择时，无需担心会"犯错"。为孩子提供选择，并揭示这些选择可能产生的后果，相当于给他们机会去思考自己的行为。这样一来，如果他们真的犯了错，就会铭记于心，下次做出不同的选择！

　　如果我们惩罚或羞辱孩子，就只是教会孩子服从。他们几乎没办法知道自己喜欢什么，想要什么，也不知道自己讨厌什么，不想要什么。如果孩子总是害怕犯错，担心受到惩罚或被公开羞辱，就无法成长为其本应成为的模样，而会沦为顺从的"版本"。

　　这就是为什么我们对孩子展现出越多的同情，他们的自我意识就越强。我们无条件的同情传达了一个重要信息："即便你犯了错，你依然会像现在一样被爱、被接纳。"

　　我们要以身作则，展现同情与善良，让孩子知道我们重视他们。即便他们犯了错，我们也要向孩子示范，当人们犯错时，我们该如何同情自己和他人。如果我们认真培养出一个拥有自由思想、适应力强、具备解决问题的能力、能忍受失败并从中学习的人，就相当于培养出了会给世界带来积极改变的一代人。

　　作为一个物种，我们的生存离不开怜悯和同情。地球的未来同样离不开它们。只有自己感受过同情和关爱，我们的孩子才会心怀同情，去爱护周围的人和环境。如果我们的孩子要去创造一个真正"美好的世界"，他们需要接收大量的怜悯和同情。但是，这需要我们或者其他能给予他们情感陪伴的成年人，要长时间跟他们相处，并演示给他们看，他们才能获得这种情感。

　　直到最近，科学才揭示了为什么人类的同情心、怜悯心和善良之类的品质和价值观不是通过教导获得，而是主动获取的。

　　20 世纪 90 年代早期，研究发现，我们拥有一种名为镜像神经元的脑细胞。当我们做出一个动作时，镜像神经元会被激活；当我们看到别人做出相同动作时，镜像神经元同样会被激活。比如，我们笑的时候，或者别人冲我们笑的时候，都会唤醒镜像神经元。看到笑容，我们就能感受笑容。孩子就是这样学习的：通过模仿我们。

如果我们想让孩子拥有同情、怜悯、善良之类的重要品质，我们就要以身作则。如果社会和制度在孩子犯错时对他们进行惩罚，我们就不必惊讶孩子也会这样对待别人了。

同情心和自我意识

自我决定理论认为，所有人都有以下三个基本心理需求。

- 感觉与他人有关联。
- 感觉能胜任自己的工作。
- 感觉生活真实可信。

当我们以人本主义心理学家卡尔·罗杰斯所谓的"无条件积极关注"的方式对待孩子，我们就给他们提供了最大的机会，让他们感觉到与他人有关联，感觉到自身能力和生活的真实。无条件的积极关注，意味着对某人展现同情和支持，无论他们说什么或如何表现，都接纳真实的他们。

当我们接纳孩子的本来面貌及其价值观时，我们就教会了他们接纳自己。我们帮助他们掌握自我同情的能力。拥有自我同情能力的人，哪怕自己或对方做了错事，也可以跟自己和他人友好地对话。

"善良"

善良是一种展现友好、慷慨和关怀的人类品质。作为父母，我们都期望在孩子身上看到这种美好的品质。然而，只是告诉孩子要善良，自己却不成为善良的楷模，是行不通的。如果要孩子表现出善良的行为，我们自己也要自然而然地做出善良的举动。

如果想要未来世代的人们繁荣发展，这些品质至关重要。然而，当下发生的事件以及对地球自然资源的过度开发，无一不在揭示一个非常可悲的事实——这些品质正在衰退。

就像我前面提到过的，在人类历史中，不用追溯太久，那时社会以小型狩猎—采集群体为单位运转，孩子由多代同堂的大家庭扶养，这样的大家庭就是一个强大的社会化养育组织。心理学家通常把这种协作性更强的集体生活方式的终结，归因于 18 世纪末的英国工业革命。他们认为，机械化制造改变了经济，在全球范围内取得了巨大成功，同时为家庭创造了一种全新的、截然不同的生活方式，这种生活方式对家庭的"精神财富"产生了深远影响，这种影响在很大程度上是负面的。更大规模的群体聚集在更具城市性的环境中，以便在工厂工作，人们被迫生活在一起，心理学家认为，为了"维持秩序"和保持可控，对管控的需求日益增强。随着社会发展至此，我们就会看到，同情心和同理心之类的品质开始衰退，经济开始主导家庭生活。

同情心和自我关爱

在我看来，技术进步的持续发展，代价巨大，牺牲了我们的孩子以及我们自己的生活品质。尽管曾承诺减轻时间负担，声称科技能让我们的生活更高效，但我爆满的收件箱对此却不敢苟同，我承认，我常常感到自己被奴役得更严重了。如果我们感觉生活品质以及工作与生活的平衡受到影响，我们应该考虑一下孩子会因此受到多大的影响。

并非所有前进都是进步。我们必须关注我们的过去并从中学习。身兼作家和神经发育科医生的萨莉·戈达德·布莱斯在其著作《培养健康快乐的孩子》中谈及近几个世纪时表示，"从历史上看，社会向来不重视母亲这个群体。当下文化以金钱为中心，越来越多的女性和母亲成为国民生产总值的贡献者，然而她们作为母亲对家庭稳定和未来社会的贡献，却没有受到足够重视（无论是她们自己还是整个社会，都是如此）。"

如果我们能考虑到孩子生命最初几年的重要性，以及这几年需要多少支持才能确保大脑健康发育（进而确保孩子未来的心理健康），就会理所当然地承认，一个健康的社会是一个既重视父母需求又重视孩子需求的社会。

对于很多家长来说，每天既要工作又要照顾孩子，确保孩子的需求得到满足，同时还要满足自己的需求，时间根本不够用。自我同情，指的是一种善待自己、滋养自己的态度，并且要承认人本来就是不完美的。

　　我知道很多家长都有危机感，他们被各种要求压得喘不过气来，既要操持家务又要应付学校的事务和家庭作业。没有时间和别人建立联系，往往也没有时间去寻求支持。

　　在这段旅途中，我们不必独自前行。借助同情心和集体的力量，我认为我们能够找到出路。我们可以从践行自我同情开始。就像用更多同情心对待孩子永远都不迟，对自己也是一样。

　　心理治疗的最大馈赠之一，就是让客户体验到我们年幼时可能不曾体验到的同情心。在一位专业的、可以提供情感支持并给予我们最高等级、无条件积极评价的成年人面前，我们可以慢慢开始学习如何将自我同情付诸实践。

　　你不必去找需要付费的专业人士来体验这种形式的同情。你可以在社区或朋友中寻找。找一个你信任的、能给你提供情感支持且可能也乐意从你身上感受到一些同情心的人。

工具包小贴士

充满同情心的对话

　　这里有一个练习，对于那些发现自己不堪重负，需要一个安全空间来释放压力的家长来说，可能非常有效。在心理治疗训练中，我们经常开展所谓的双人倾听或专注倾听练习。大致的做法是，两个人坐在一起轮流发言，倾听的人不允许打断对方。

　　找一个我们信任的，能给我们私密空间和时间的人，坐下来畅所欲言，且没有必须参与其中或解决问题的压力，这是一件能带来巨大能量的事。

如果有一个让你觉得天生富有同情心、温暖、善良，善于表达理解，且你又很信任的朋友或某个人，你就可以尝试一下专注倾听练习。这不仅是践行自我同情的好方法，你可以听到自己的想法，将其大声说出来，而且往往能在这个过程中找到解决问题的方法。

你可以按照如下步骤开始练习。

商定每个人的发言时长。时长可以在 30 秒至 5 分钟之间，也可以更长，以你们感觉舒适为宜。

达成保密协议。这意味着不与其他人分享彼此的对话内容，在任何其他时间都不提及彼此说过的话。

同意不互相抱怨，不互相批评，也不批评抱怨双方都认识的人。

讨论如何记录时间以及如何结束一方的谈话。比如，先倾听的人，可以留意时间，或者如果不觉得会受到干扰，可以用手机设置一个定时器。时间一到，可以轻声说一句"时间到了"，或者共同选定其他表达方式。

然后你开始不受干扰地倾诉，过程中倾听者一个字都不要说。

你可以讲述心中的想法、一天中发生的事，或者只是描述你当时的感觉。无论谁先担任倾听者，都只能默默听着。规则仅此而已。担任倾听者角色的人，不要说话，不要帮忙解释，也不要去解决问题，只需要通过肢体语言对讲述者说的话表达同情。可以用眼神交流（你们可以在第一次对话之前和之后讨论一下，看看你们是倾向于多些还是少些眼神交流），也可以通过歪头、轻声"嗯哼"，如果分享的内容让人感到痛苦，还可以通过把手掌放在胸口等方式来表达。无论我们的朋友或伴侣向我们倾诉什么，我们在担任倾听者角色时，只需要在那一刻向对方表示同情。

如果讲述者在时间结束前完成分享，请保持安静。

然后双方互换角色。

这个练习可以带来非常好的效果，可以让关系变得更为密切。我认识一些父母，他们一开始只是进行了一次非常随意的练习，现在已经成为伴侣间的固定安排，他们会提前安排好时间，或者只是一时兴起，找 10 分钟一起进行一次练习。这项练习成效显著，能让人感觉自己被倾听，能帮我们卸下一天的烦恼和担忧。这也是一个效果非常强大的践行同情心的方法，如此一来你就可以以身作则了。

如果你觉得这个练习有难度，或者发现找不到可以倾诉的人，你还可以尝试其他练习，用同情心与自己对话。

你可以试着坐在镜子前面，凝视镜中的影像，看看自己真实的样子。

慢慢来。微笑，或是悲伤。只需要注意自己的表达，感受内心的感觉。你可以对自己说话，说说自己身上优秀的品质，比如"你真可爱""你人真好"，或者"我喜欢你的笑容"，或者"我喜欢真实的你"，你甚至可以试着对自己说"我爱你"。

你可能会觉得很难做到，甚至觉得愚蠢——如果真是如此，这一点也值得注意。你可以问问自己，为什么说好话或听好话对你来说如此困难，会让你觉得愚蠢呢？或许你甚至可以回想一下，上次有这种感觉是什么时候？

　　留意自己说话时的反应、用词和说话方式。留意你对自己说好话时内心的感受。如果你觉得措辞困难，甚至用词不够友善，也要特别注意。这是一个非常深刻的练习，可以帮助我们思考，当我们跟孩子这么说话时，他们会是什么感觉。

　　成年后难以做到自我同情，常常是由于我们小时候缺乏被同情的经历。这里并不是在指责我们的父母。毕竟，如果他们没有过被同情的经历，又怎么会懂得表达同情呢？但这并不意味着，现在我们不能试着对自己表达同情。就像我们在倾听练习中看到的，一个关心我们的成年人可以让我们感受到同情。在这个练习中，那个关心你的成年人，就是你自己。

工具包小贴士

与你自己和你内心的孩子建立联结，对他们展现同情

　　如果看到自己小时候的照片不会让你感到痛苦，你可以拿出小时候的照片，花时间看一看。有时看到自己儿时的照片，会勾起一些令你难以释怀的情绪或回忆，如果遇到这种情况，寻求专业人士的帮助自然能起到作用。不过，如果你能做到，可以试着跟照片里的那个小男孩或小女孩说说话，把他们当时需要听到的话，说给他们听。注意一下，听到自己如此亲切地说话是什么感觉。坚持练习，

让对话持续下去。这样一来，你就能与内在的自我建立起联结，强化自我意识。

你越是能多多践行自我同情，就越能给孩子树立榜样。你所做的，正是打破世代循环的 Cs，因此也是在为孩子的一生奠定基础。

苏珊·麦卡弗蒂用事实告诉我们，**做出改变，永远不晚**。正如改变我们与孩子的互动方式永远不会太晚一样，改变我们与自己的互动方式，同样永远都来得及。

人人都应该心存善良与同情，这条基本原则也适用于我们内心的声音。

猫头鹰的智慧

- 同情是一种与他人共苦的能力。

- 践行同情心，对孩子塑造未来的自我意识至关重要。

- 孩子需要感受他人的同情，才有能力去效仿。

- 我们对自己也要心怀同情。

- 我们越能做到同情自己，越能帮助他人拥有同情心。

11

在"狒狒"掌舵的时候，如何应对孩子的情绪危机

孩子对自己内心的愤怒有很深的恐惧感，
无论是孩子还是大人，似乎都无法控制心中的愤怒。

　　艾玛联系我，是因为她 7 岁的女儿塔拉放学后情绪"大爆发"，艾玛形容她女儿"发脾气的样子让人害怕"。她想知道，是不是自己"做错了什么"，因为塔拉的学校说女儿像天使，祖父母们也说塔拉对他们来说"像金子一样美好"。

　　艾玛说，她感觉自己很没用，因为"似乎所有人跟我女儿相处得都比我好"。

　　"为什么只在我面前表现得这么差？"是父母们常会提出的疑问，找到这个问题的答案非常重要。

　　当我们的孩子被迫压抑所有微小的压力反应以及与之相伴的肾上腺素和皮质醇的爆发时，经过一整天的压抑，回到家后，他们往往会爆发。我让艾玛想想，她认为她的女儿在哪里最能表达自己的感受，在哪里最能做自己。在学校？她可能会被批评、被惩罚。和

其他亲人在一起？她必须要做出"最好的表现"。还是回到家里，在最爱她的人，那个她相信不会批评她、不会离开她的人面前？

虽然听起来像是某种讽刺式的赞美，但是如果你的孩子回到家，在你面前爆发，通常是因为他们觉得在你面前这么做是安全的。

● 父母的思考

妈妈詹娜，查理 9 岁

我是个单亲妈妈，当我儿子开始动手打人的时候，我真的受到很大刺激。我很害怕，因为他个子越来越大，我担心如果我控制不住他，我们都会失控。我很担心接下来会发生什么，因为我不知道有什么办法能让他冷静下来，最后我只能控制他，或者推他。我感觉用不了多久就会完全失控，我讨厌事情发生后的那种感觉。好像有什么东西破碎了。

对父母来说，孩子失控或崩溃是一件非常吓人的事。我们的压力反应会被唤醒，我们的"狒狒"会和孩子的"狒狒"正面交锋，感觉我们别无选择，只能施以惩戒，拿走孩子最喜欢的东西，把孩子关进卧室，甚至会冒出使用体罚的想法。这些反应往往会导致事态升级，让我们觉得自己已经失去控制权，最后就像詹娜说的那样，感觉有什么东西破碎了。

人们往往不太清楚的是，孩子也会因为自己的行为感到害怕。

"我身体里住着一只怪兽"

詹姆斯今年 8 岁。他对心理治疗师说:"我会生特别大的气,很吓人。就连大人也不知道该拿我怎么办。我的身体里像是住着一只怪兽,我拦不住它。"

孩子失控时会非常困惑,事后会对自己的行为感到羞愧。这在我的治疗室是一个常见的主题。当愤怒如此强烈,"就连大人也帮不到他们"的时候,孩子们通常会想知道,这说明了什么。他们是怪物吗? 这是一个多么恐怖的想法。孩子感觉,无论是大人还是他们自己,都控制不住他们内心的愤怒,他们对此感到深深的恐惧。

记住,当一个孩子的压力反应被触发时,他们会处于一种情绪痛苦、身体紧张的状态。用马尔格特·桑德兰博士的话说,压力反应会刺激神经化学和荷尔蒙发力,"像野火一样摧毁身心"。

你的孩子需要你帮他们扑灭这团野火。因为在这个年龄,他们还不能独立完成这项任务。

这一章会关注那些会给我们带来挑战的行为,大部分人都在某个时候面临过这种挑战。关于表达强烈感受时哪些行为是可以接受的,哪些是不可以接受的,为了保证你和你孩子的安全,我会提供一些指导,让你有信心为此设定明确的边界。我会与你分享一些治疗性的干预措施,提供一些工具和实操脚本,让你在最猛烈的怒火喷发中也能保持冷静。

但是,重要的是,分辨孩子的行为是学习调节情绪时的常见表现(大部分人都会在自己的孩子身上看到这样的行为),还是在暗示他们需要帮助。

这一点至关重要。如果你的孩子时常表现出伤害你或伤害自己的暴力行为，你必须寻求专业支持。孩子对父母施暴，已经超出本书提供的治疗干预范围。如果伤害随时可能发生，你无法保证自己和所有家庭成员的安全，可以寻求多种形式的专业帮助。本书的资源部分罗列了相关信息，内容包括你确实需要报警或向当地政府求助时会发生什么。你需要在自己的家中感到安全，你的孩子也是一样。

儿童对家长的暴力（简称CPV）变得越来越常见，这一点非常可悲，这类事件中的施暴者大多是青少年，目前记录在案的施暴者有年仅8岁的儿童。儿童对家长的暴力不是"正常"的挑衅行为，它会让父母感到恐惧、孤独，如履薄冰，会对家庭产生非常深远的影响。

大脑工具箱

"父母可能很难分辨自家孩子（或青少年）的行为是否属于暴力或侮辱行为。作为父母，永远要相信自己的直觉！事情不对劲的时候，你会知道。儿童或青少年的暴力行为不是成长中的正常现象。大部分孩子都会在某个阶段做出某些出格的行为，但是如果孩子的行为变得具有控制、威胁、恐吓或者危险的性质，就超出正常范畴了。"

摘自网络

有很多为父母开设的课程，尤其是寄养家庭的父母，或者孩子是领养的，亦或孩子在成长发育过程中感到痛苦的情况。一位家长对此深有感触，他不久前告诉我："真希望早点知道这些。"

让你的 Cs 就位至关重要，因为它们建立起的联结和信任，正是本章练习所需要的。如果你觉得能和孩子合作，相信他们会和你合作，就可以开始了。

先从预防开始。预防是关键，会有一些迹象表明孩子的"狒狒"马上就要不堪重负，如果我们能注意到这些信号，就能在他们累积到"危险点"之前解决问题，提前预防崩溃发生。

我观察到，孩子的难过和痛苦一般分为三个阶段或三个等级。

第一级

当有些事让我们感到担心或烦恼时，就会出现情绪低落、不舒服的感觉。这些感觉会让孩子做出更暴躁的行为。当孩子互相争吵，或吵到我们时，我们可以将这视作心里有烦恼的信号。这就是为什么，我通常会透过孩子的行为，关注导致这些行为的原因。如果孩子放学后对我发牢骚、抱怨，或者说话不耐烦，我不会批评他们"没礼貌"，而是会好奇：

"你似乎有点生气。我想知道一切都还好吗？"

"我注意到你有点暴躁。发生了什么事吗，还是你只是有点累了？"

"你看起来有点气呼呼的……我能帮你吗?"

"今天有红色代码事件发生吗?"

"我感觉你有点无聊。我们要不要玩一个游戏?"

当然,你可以根据你和孩子的情况,来调整说什么、怎么说,但总的来说,我们要传达一种"我注意到你似乎和平时不一样,我想知道能不能帮上忙"的感觉。

你的 Cs 足够坚定,这些对话就会变得更加轻松流畅,你很快就能看到孩子敞开心扉,"是的! 因为我没带运动鞋,史密斯老师批评我了。"或者"不是! 我生气是因为亚伯说不跟我当最好的朋友了!"

接下来,我们就要打开工具包,用复述技能,说出我们看到的一切,射出"真诚之箭",让情绪达到沸点。

这样我们就能用充满怜悯和关爱的回应,抚平孩子的恐惧和泪水了。

"哦,哇哦! 我想象了一下,被老师那样批评是不是很恐怖?"

你可以加上一句(我通常会这样做):"忘记带你的鞋,其实是我的错。真是对不起,让你被批评了,这批评应该算我的。"

你可以融入些幽默:"史密斯老师应该来咱们家,批评妈妈 / 爸爸,不应该批评你!"

消除孩子的疑虑:"确保这种事不再发生是我的职责,我很抱歉。

咱们写下来吧，下周我们就都能记住了。"

如果是友情问题，你可以这样回应："哦，宝贝，我想象了一下，你一定感到很受伤吧？"

将孩子恼人的行为视作低级别的苦恼，而不是"淘气"，意味着我们能迅速与孩子展开合作，让他们恢复平静。

如果你的孩子还是不愿意配合，或许他们会耸耸肩，仍然不高兴，你可以晚点再单独和他谈，通常是睡前，这时候可以温和地建议他"或许我们可以晚点再谈，我真的很想帮助你"。

在不羞辱孩子的前提下，拿镜子照照孩子的行为，能让他们反思自己的行为方式。这样能让他们厘清自己的行为。我们就是这样教他们学会"内省"的。内省是一项重要的能力，学会内省，孩子就能思考内心发生了什么，更重要的是，会思考内心想法如何影响外在表现。久而久之，在你介入前，孩子的"小猫头鹰"就能学会安抚"蜥蜴"和"狒狒"！

如果我们没有注意到孩子的恼人行为是心里不舒服的表现，它们就会不断"叠加"，升到第二级。

第二级

当孩子表现得更加不稳定，比如兄弟姐妹在玩的时候提高音量，或者行为变得更具攻击性时，我们就可以从孩子更强烈的表现中识别出第二级痛苦了。在我们家，以下情况可能会让孩子们陷入更严重的痛苦之中。

- 孩子吵架了，从公园回来。
- 参加了一整天的足球训练营活动，"错误的队伍获胜"。
- 没给孩子带玩具，长途旅行过程中感到无聊。这可能会引起争吵，最后可能会在后座动起手来！
- 某个孩子感觉受到群体的排斥，或觉得受到了公开羞辱。

请记住，脑神经成像研究告诉我们，在痛苦，尤其是群体排斥引发的痛苦时，大脑被激活的部分，与身体疼痛时大脑被激活的部分是一样的。

我们已经知道，失望、难堪、羞愧、内疚、愤怒和兴奋，都会引发激烈的、难以承受的情绪波动。当我们对孩子的感受保持冷静与好奇时，我们依然可以走在第二级痛苦前面，帮他们平静下来。实际上，做到这点很重要，因为如果我们不能用同情心去干预，孩子的第二级痛苦会升级，会加剧。

但是我也理解，如果孩子行为刺激到我们，激活了我们的压力反应，我们很难以怜悯之心回应他们。为了帮我们抛开个人情绪，我会想象，在我做出反应之前穿上一套我心中的"超级共情盔甲"！

超级共情盔甲

在我的脑海中，"超级共情盔甲"和电影里拆弹小组拆除炸弹时穿的防爆盔甲差不多。我想象中的这身盔甲，层层防护都是用爱铸就的。任何向我们投来的刺耳或伤人的话语，都会被其弹开。有了"超级共情盔甲"的保护，我们就能掌握空间，捕捉孩子们因投射自身的痛苦或受伤感而产生的汹涌的情绪能量波。即便只是想象中的防护，穿上它，也能让我们承接住他们情绪爆炸释放的能量，同时不伤到自己。

　　穿上超级共情盔甲并不意味着我们可以容忍孩子对我们的殴打或伤害，接下来我们马上回到划定界限的问题。

　　每当我听到家中孩子音量升高，或者愤愤不平地叫嚷时，我就会想象穿上超级共情盔甲，然后慢慢地、小心翼翼地走向冲突现场。我的肢体语言很重要。如果我步子迈得太快，用高过孩子的音量朝他们大吼："你们在干什么？！"这不仅无法缓和局面，反而会致使事态升级。

　　放慢动作，双臂呈半月形伸出，手掌张开，就像要给对方一个大大的拥抱，如此便能以一种毫无威胁的方式，在屋内营造出一个空间。这样张开双臂，能够"捕获"并吸纳房间内的愤怒能量波，同时也是在向我的孩子发出邀请，让他们靠近我，我的身体语言传

递着无声的信息："如果你受到伤害，可以到我这里来。"如果你的Cs 坚定就位，彼此间建立起牢固的互信和联结，你会觉得这一切做起来既容易又自然。当你的孩子坚信你能包容他们受伤时的痛苦情绪，就会愿意靠近你。如果身边有信任的人帮助稳定情绪，谁又会甘愿独自坠入困境呢？

当你开口的时候，声音要有力且镇定。如果你的音量偏低，听起来太过温柔，你的孩子很可能会"忽视"你的声音。孩子感到痛苦时，他们的能量会急剧上升，如果我们此时介入，就必须直面这股能量。并不是说你要表现得咄咄逼人，而是要传达一种即时的感受，即你能体会他们的感受，明白他们有多生气／愤怒／难过。

我们的作用在于吸纳孩子的强烈情绪，把他们从崩溃的边缘拉回来。因此，我们需要具备"驾驭"他们愤怒能量波的能力，把它引领回安全的彼岸。

举个例子，前不久，我的孩子们冲进家里，进门的时候互相推搡。他们刚从足球训练营回来，都指责对方是最差劲的弟弟／姐姐！！

克莱门丝跑向浴室，边跑边喊这次应该她先洗。这让威尔伯怒不可遏！他大喊："我现在非常恨你，克莱门丝！"

显然，这是进行干预的恰当时机！

我走向威尔伯，言语中充满同情。我没有批评他大喊大叫，也没有指责他用"恨"这个词（我讨厌这个词）。

我用和他相同的能量、语调和音量，说出了我看到的，"哦，我的宝贝，威尔伯，你现在真的很生气！"（记住，亲爱的、甜心、宝贝这类爱称，或者你称呼孩子时使用的其他亲昵绰号，可以迅速让他们的"狒狒"冷静下来，这样你就能让他们的"小猫头鹰"参与进来了。）

认可孩子的难过。

"你真的很想马上洗澡，但是克莱门丝先去浴室了？"

予以安抚。

"宝贝，这真让人难受。你真的非常想先洗澡！妈妈知道。来，我帮你。"

我们以这种方式向孩子表达同情时，并不是在袒护、溺爱孩子，也不是在嘲笑他们。我理解，威尔伯想洗澡而克莱门丝先跑进浴室了，这确实会让人恼火。点燃孩子怒火的，往往是一些看起来微不足道的小事，甚至可能让人觉得好笑——"她先进门了，我想先进门！"——但是我们必须保持严肃，抑制住嘴角的笑意，因为我们知道，孩子的难过通常不只是表面看起来那么简单。

威尔伯朝着我敞开的双臂走来，我向他身后点点头，示意克莱门丝进浴室。我稍后再处理谁对谁错的问题。现在，我想把注意力集中在帮威尔伯减轻痛苦上。我发现，少说话多给予同情，再加上一个温暖的拥抱，是达到这个目的最快的方法。

处于第二级痛苦的孩子，他们的"狒狒"通常因为太激动，没办法听清我们说什么，因此我们说出的句子要尽量简短，语气要舒缓。

现在显然不适合提醒威尔伯，昨天是他先洗澡的，哪怕这是事实，也不能在这时候说。

当孩子难过的时候，我们不能逼迫他们到我们身边来。对于某些孩子来说，拥抱不但不能起到安抚的作用，反而会刺激到他们。在后面的内容中，我们将讨论如果孩子不喜欢拥抱该怎么办。

如果你的孩子愿意让你把他拥入怀中，你可以在抱着他的时候轻轻摇晃，同时说些安抚的话语。我通常会轻声说道："没事，没事。"往往只需要这样，威尔伯和克莱门丝的"降落伞就会完全打开"，继而慢慢平静下来。

就是这个时候，当孩子切实地感受到被你看见、被你拥抱、被你听见时，他们往往会揭开导致他们痛苦的底层真相。那一天，我搂着威尔伯，感觉他的身体放松下来，他抬头望着我，下唇颤抖着说："克莱门丝拿到足球奖杯了，我却从来没拿到过。还有，有人用鞋钉划到我的脚了。"

啊！时机到了！现在他的泪水将如决堤般涌出。

威尔伯啜泣了不到半分钟，就足以驱散被姐姐夺走奖杯而产生的悲伤，以及被鞋钉划伤的身体疼痛了。然后他抬起头，笑呵呵地告诉我他有一个"精彩的"进球。我帮他脱下球鞋的时候，我们都笑了，我皱了皱鼻子，笑他袜子太臭。然后他就高高兴兴地去洗澡了，他的叫嚷和伤痛就此完结，他投射到姐姐身上的愤怒也烟消云散。

如果孩子被逼无奈，只能压抑自己的一级痛苦，痛苦无法以健康的方式释放，就会像威尔伯和本章开头提到的塔拉那样，升到二级。第二级痛苦可能由强烈的情绪引发，比如以下几种。

- 我真的感觉非常难堪。

- 我真的非常失望。

- 我太兴奋了，不知道该拿这些精力怎么办。

- 我太无聊了，大脑感受到了"痛苦"。

- 我今天一直压抑自己的一级痛苦，现在我所有的烦恼要爆发了！

做一个让孩子感到安全、让孩子信任的人，做一个让孩子愿意投身入怀，而不是想要远离的人。**穿上你的超级共情盔甲，多多拥抱，就能成功拆解即将爆发的情绪炸弹。**

在孩子情绪失控前抓住他，你作为父母 / 老师 / 看护者的工作就会轻松许多。曾经难以进行下去的交流，反而会为建立信任提供大量机会，为孩子日后掌握情绪调节能力和适应力打下坚实基础。

在理想世界中，我们总是可以在孩子痛苦产生之前，及时穿上超级共情盔甲，为他们提供所需的支持。在理想世界中，我们可以在崩溃发生前阻止其发生。

但是又有谁生活在理想世界呢？

第三级痛苦：又称"失控"

如果没有成年人提供情感上的帮助，孩子的痛苦很快就会达到顶点。他们会通过肢体或语言宣泄怒火，大喊"停！别烦我！我恨

你!"甚至说出更难听的话。他们可能会扔东西、打人或伤害自己。当孩子陷入第三级痛苦时,如果我们想把孩子(以及我们自己)安全地带回平静状态,就需要我们所有的 Cs 就位。

我要再次强调,如果你的孩子表现出的痛苦级别,时常让你感到超出你能控制的范围,如果孩子会伤害你或其他家庭成员,或者伤害他们自己,这时候你必须寻求专业帮助。这一点很重要,因为专业人士不仅能为你的家庭提供支持,你的孩子还可能存在其他潜在问题,需要专业人士的帮助才能彻底解决。

彼得·莱文博士在其著作中,对儿童对悲伤和失落的反应与儿童对创伤的反应进行了区分。我将在第 14 章详细阐述。当下的首要任务是掌握所有必要信息,以便选择最适合的方式为自己和孩子提供帮助。

在此,我会提供一份指南,让你能够接纳并见证孩子的悲伤、失落和愤怒,同时谨慎设定边界,在确保你们安全的前提下,让孩子能适当地宣泄情绪。在这种时候,你需要利用自己的直觉和本能进行判断,明确哪些是你可以做到的,哪些是适合你们的。我希望我在这里分享的指南,能给你信心,相信孩子会和你好好合作,同时拥有知道什么时候需要支持的勇气和直觉。我的指导以躯体体验和创伤知情照护为基础,但不能替代任何专业治疗。我分享的练习,都是我和自己的孩子以及一些适合这些练习的客户共同实践过的。你需要确定哪些是你有能力做到的,以及哪些对你的孩子最有效。

归根结底,我们的孩子需要相信,当他们受到伤害时,我们会给他们留出空间,并且清楚如果他们情绪爆发会发生什么。因为,

就像接受心理治疗的 8 岁男孩詹姆斯那样，当孩子感觉不到情感上的支持和接纳时，他们会非常害怕。我之前的心理治疗师丽莎·艾尔做出了这样的解释："如果我们不给孩子设定边界，孩子会觉得，他们可能会从世界的边缘坠落。"

再回到跳伞这个比喻，想象一下，如果你在飞机上准备跳伞，却发现什么也没有，那会是什么感觉。不知道接下来会发生什么，这多么令人恐惧。当发现自己身处半空，却孤立无援，没有人能帮我们停止下落，我们会多么惊慌失措。

虽然听起来很夸张，但神经科学告诉我们，这就是孩子的"蜥蜴"和"狒狒"发狂时的感受。孩子要学会如何调节强烈的情绪，首先要进行练习。他们练习的时候需要我们从旁协助。

我会告诉大家，当孩子的情绪如自由落体般失控时，如何做一位冷静的陪跳教练，引导他们安全着陆。如果我们从来没有学习过如何安全地控制自己的愤怒，就会觉得这项任务格外艰巨。这正是我们需要（我所认为的）危机管理计划的原因所在。实际上，这是一份我们和孩子之间的协议，或者说合约，这样我们就能知道，当发现自己处于情绪自由落体的状态时该做什么。我需要危机管理计划的理由，正如麦克谈到他的工作时说的那样："没准备好，就准备失败。"

跟麦克一起演习

　　我们公司负责培训前往冲突地区的记者。我就是这样认识凯特的，当时她作为记者正准备前往伊拉克报道当地战事。她参加了一个不利环境培训课程，其中一项内容是场景体验，包括遭遇炮火袭击以及模拟人质劫持。练习的目的是让记者为这类紧急情况做好心理和生理上的准备。让所有人明确自己在危机事件中的角色和责任。先在安全环境进行练习的目的，是让我们形成"肌肉记忆"，这样一来，即便在现实中面对战火仍会极度害怕，"蜥蜴"和"狒狒"起初也会受到惊吓，但是训练和事先的准备能够让我们的"智慧猫头鹰"牢记该做什么。我认为凯特将"危机管理"概念引入育儿领域颇具启发性，因为我完全理解詹娜的经历（197 页），她在面对儿子的暴怒时，自己的"狒狒"会经历一个我称之为"光芒乍现到彻底爆发"的过程。威尔伯生气发怒，在房子里跺着脚大喊大叫时，我和詹娜一样，担心如果我现在不加以管束，待他长大些，我可能就控制不了他了。我知道很多当父亲的朋友都有这方面的担忧。凯特的方法——提前为养育孩子过程中可能出现的危机做好准备——绝对是明智之举。当孩子被他们的"蜥蜴"和"狒狒"掌控时，我们需要去帮助他们，而只有先打好基础，我们才能做到这一点。我训练记者如何在战火下保持冷静，凯特也在对家长们做同样的培训。

危机管理计划

提前制订一份家庭协议或危机管理计划极为必要。这份计划能帮我们确立一些"基本原则"，涉及行为规范，以及让你和孩子对下次情绪失控时的情况有所预期。

在对孩子进行第一次治疗时，我会先和他们达成约定。基本内容包括：我的身份、我们的会面时间、会面地点以及会面期间的活动安排。按照约定，我要为我的行为负责，在房间里营造出安全感，因为这样孩子就会知道我对他们的期望，以及他们能期待我做什么。由于引导强烈情绪释放是我的工作，所以我必须设定明确的行为界限。我会告诉孩子，唯一的原则是："我不伤害你，你不伤害我，我们不伤害这个房间。"

围绕行为划定界限，或者说让双方都掌握明确的信息，能让孩子生理上感到安全，在心理上感到"安稳"。他们"知道自己在哪儿"。实际上，如果我们的生活井井有条且充满确定性，大多数人都会在心理层面获得安全感。

大脑工具箱

"一个社会如果缺乏组织架构，会成为滋生恶劣行为的温床。没有完备的法律法规体系，文明就会崩塌。儿童也是一样。他们需要成一套清晰的家庭规则，以及明确的日常行程安排。"

——儿童心理治疗师马尔格特·桑德兰博士，《育儿科学》

我在治疗室和孩子的约定，与你在家里制订的协议有所不同。实际上，你要制订一份危机管理计划，以便在孩子经历难以控制的痛苦时，为他们提供最好的支持。

危机管理计划的三个主要目标是：

1）帮住你和你的孩子思考，每个人在（情绪的）紧急事件中的角色，类似于麦克对记者的培训；

2）建立信任，让孩子相信，在他们最脆弱的时候，你不会离他们而去；

3）帮助你设定明确的界限，明确哪些行为是可以接受的，哪些不可以接受，哪怕是在孩子情绪失控时也不例外。

到了这个阶段，确信你的 Cs 足够坚实很重要。因此，如果你没有花时间构建这些重要支柱，切勿进行下一步尝试！然后，当你和孩子平静、放松地待在一起时，你可以不经意地告诉孩子，你一直在思索，下次他再"情绪失控"时，你该如何更好地提供支持。

你可以说，你一直在思考，如何以最佳方式接纳他们的情绪，但同时要确保他们（和你自己）的安全。

"我希望你能有一个让你感到安全的地方，在那里你可以向我倾诉你的感受。还记得我们说过所有情绪都是被接纳的吗？如果某种情绪汹涌澎湃，极为强烈，我希望能有一个我们能一起前往的地方，让那些强烈情绪得以安全地释放。"

创造一个安全空间

让孩子在家里挑选一个能让他们感到安全、能表达自己内心感受的房间或空间。你可以这样解释给他们听："我希望当你有特别强烈的情绪时，可以有一个我们能一起去的地方。你可以放心地把情绪邀请进来，然后将它们安全地释放出来。""安全"这个词是关键。这个词是"狒狒"的正面唤醒词，因为对于"狒狒"来说，安全意味着一切。安全能让"狒狒"保持平静。

理论上来讲，你们一起挑选的这个空间应该铺着地毯，有柔软的垫子和家具，家具不能有尖锐的棱角，不能有易碎品。卧室通常比较适合，但是你和你的孩子在这个空间中必须感觉舒适。也可以是房间的一个角落，除了你之外，没人能看到他们。这与让孩子独自回房间冷静的做法不同，你们要作为一个团队一起做这件事。

选好地方之后，你们可以给那里取个名字。可以在门上或墙上贴一张大字报，指出这里是孩子的特殊空间，或者说"安全点"，这样便能清晰地表明，如果事情开始失控，他们可以到这里来。

然后你可以温柔地提醒孩子有关边界的事。"现在我们有一个可以卸下重担的空间了。如果你很生气或者想发火，就到这里来告诉我，好吗？"

还是一样："唯一的规则就是，我们不伤害彼此，我不伤害你，你也不伤害我，我们都不伤害这个房间。"

你说这些话的时候，要看着孩子的眼睛。这一点很关键。你是孩子的飞行教练。你在教导孩子如何在自由落体时控制自己。你可以开玩笑，但在涉及不可逾越的边界和限制时，你要表现出坚决的态度。如果觉得有必要，可以解释一下。"如果妈妈／爸爸感到不安全，很遗憾，我就不能跟你待在一起了。我想帮助你，让你向我倾诉你的强烈感受，但是如果你伤害我，我们就不得不停下来。我会尽最大努力让你记得，不要打我，不要伤害我，但是你要知道，如果我们做的这些事伤害到我，很遗憾，我们就不能继续下去了。"

你可以用轻快的语调补充一句："好啦，不能打人，不能伤人，但是，我要告诉你我们能做什么！"

你的语调甚至可以变得诙谐一些。你想让孩子的"狒狒"参与进来，告诉他在危机出现时能做什么！你的语调中绝不能有任何责怪或羞辱的意味。你只是在教孩子如何正确地表达愤怒。

提醒孩子有关压力反应的事，以及压力反应蕴含的能量真的非常强大（甚至有点可怕）。反复告诉孩子这是正常的，只是有时会强大到让人觉得难以控制，而留下来提供帮助是父母的职责。

你会发现，与孩子共同探讨你们一起看过的与情绪调节相关的书籍或电影，会有所帮助，比如《头脑特工队》或《青春变形记》，它们都略微涉及情绪调节、代际创伤以及青少年方面的主题。

一旦孩子选定安全空间，你就可以开始思考能帮他们安全释放强烈情绪的恰当练习了。

以下是我和自己的孩子以及接受我咨询服务的孩子共同进行过的练习。你可以想想孩子可能愿意尝试的练习，并提出一两个建议，也可以让孩子自己想。

重击枕头

重击枕头，是我的孩子们小时候发现的一个非常有效的工具，如今我们偶尔仍会使用。他们会挑选一个枕头或靠垫，生气的时候用拳头锤打它。他们也可以选择锤打自己的床垫。当我的孩子生气的时候，我会把枕头放在他们床上，请他们"把你全部的力气都用上"，大声鼓励他们"来吧，加油！"还会鼓励他们大声说出让自己如此生气、愤怒的原因。比如可能是"弟弟拿了我的玩具，我气死了！"或者"我讨厌做家庭作业！"我在第 3 章提到过的瑜伽长枕，也很适合拿来锤打或者使劲挤压！如果他们愿意，我有时候会鼓励我的孩子，大声说出惹他们生气的原因。

扔玩具

朝墙上扔柔软的玩具，是释放负面情绪的好办法！让孩子挑选合适的柔软玩具或豆袋，告诉他们可以朝安全空间朝内那面指定的墙扔。你可能想给他们挑选一些柔软但稍微有些重量的玩具，这样用力扔出去既不会坏，也不会损坏其他东西。但是必须让孩子自己挑选要扔的玩具，因为有些玩具比其他玩具更有感情或情绪价值。在治疗室，我有一个装满软玩具和玩偶的大桶，孩子释放情绪的时候，我常常会蹲在大桶旁边，把玩具一个一个递给他们。这形成了一种奇妙的互动，甚至能让人感受到联结，有时我甚至会看到孩子们会心一笑，因为哪怕是最愤怒的孩子，也会承认，允许他们通过拼命扔玩具发泄怒火，是一种解放！这样的练习让我们有机会体验到深刻的联结感。这个方法的宝贵之处，不仅在于孩子把他们的伤痛和愤怒展示给我们看，还在于我们一起做这件事。这种体验会形成一种非常强大的凝聚力，唯一的"受害者"就是那些可怜的玩偶或可爱的玩具。

影子拳击

这些练习的目标，是鼓励我们的孩子，从仅通过肢体动作表达生气，过渡到能够拥语言来告诉我们。我发现影子拳击是一个非常好的方法，可以帮我们迈出第一步。我和我的客户或我自己的孩子并排站着，用拳头对着空气"啪啪"出击，左拳右拳，左拳右拳，来上几拳。我这么做的时候，会大声说出我所知道的对他们造成伤害的事。无论是友情问题，还是其他一些惹他们生气的事。有时甚至可能和我有关："凯特今天没带蹦床来，她让我失望了！"当我们说出与自己直接相关的伤害时，效果格外好。你的孩子可能因为你没做什么事（或没说什么话）生气，你大声说出来，能非常有效地化解并彻底消除情绪上的疙瘩。你可以代表孩子发言，说他们的问题："爸爸说我是个挑食的家伙，他伤害了我的感情！"

你可以继续提醒孩子注意界限，尤其是在这个练习中，温和而坚定地提醒他们：我们可以打空气，但是不能打对方。我们的目标是给我们的孩子提供一个安全的出口，让他们练习发泄和表达他们的愤怒。通过这种方式，我们可以帮助他们逐步学会使用语言来陈述自己的感受，而不是让拳头替他们说话。这样的练习，能进一步帮助我们的孩子牢固地建立起与他人沟通的语言边界。这些练习能带来非常显著的效果。最近有一位家长告诉我，她之前一直担心哥哥们玩的时候太闹腾，会没轻没重，伤到弟弟，做过这些练习之后，她无意中听到 5 岁的小儿子大声、坚定地对哥哥们说："不！停下。不可以这样！"

不要尝试任何感觉不恰当，或者直觉告诉你对你或你的孩子无效的练习。希望这些练习能激励你找到其他适合你们的活动。有些孩子生气的时候喜欢撕纸。针对这些孩子，我会把一卷长长的纸贴在治疗室的墙上，他们生气的时候喜欢撕，就可以撕。还有些孩子喜欢用手沾上水，再拿手掌在墙上涂抹，作为某种形式的抗议。

你可以制作一个专属于你和孩子的盒子。只把他们自己挑选的玩具放进这个盒子，只有当他们需要释放情绪，或者需要跟你一起玩的时候，才拿出里面的玩具。拿出盒子的时候，可以选择一种奇妙的有共谋意味的方式，（你可以眨眨眼睛示意，"我们一起把盒子拿出来？"）这样你就能通过游戏的方式介入，将可能演变成大崩溃的危机化解掉。

有节奏的摇摆

请记住，和孩子一起做任何模式化的、具有重复性、有节奏的事，都能舒缓过度紧张的神经系统，而且效果极佳。如果孩子在厨房里生气发怒，你探测到孩子的痛苦等级可能达到三级，你可以提议由你带路，领他们去安全空间，可以跺着脚过去，边走边大声咆哮、嚎叫、哼哼、唱歌。另外一个可以尝试的练习，我称之为"萨尔萨摇摆"，你可以用我在第 3 章提到的方法把愤怒或神经能量甩出去。如果你的孩子还小，你可以同意他们在床上跳，但是必须拉着你的手，这也是一个非常有爱的释放情绪的方式。关键是要一起去安全的地方，共同处理这些强烈的情绪。

边界和限制

记住，要明确指出房间内哪些东西不能扔，不能打，或者不能在什么东西上蹦跳。提醒孩子，如果他们要蹦跳，必须握着你的手，因为保证他们的安全是你的职责。

"我的职责是保证你的安全"是你可以对孩子说的最重要的话之一。

你是在告诉孩子：帮你维护这个空间是我的职责。即便你感觉自己身体里有一只恐怖的怪兽，我也不会让它破坏这个空间。让孩子知道你不害怕他的行为，意味着他们也不必害怕自己的强烈感受。

如果孩子在情绪激动的时候会忘掉规则，可以花些时间多多练习，你可以坚定且平静地提醒他们："记住，不许打人，不许伤人。我会尽力帮你，但是如果你打我或者伤害到我，我们只能停止。"通常这样提醒就够了，他们会选择通过枕头来释放能量。如果他们一再突破边界，你们必须停止，让自己摆脱当前的处境。你可以理直气壮地告诉他："我很抱歉，我想留下来，但是我不能允许你伤害我。"

当……时，会发生什么

如果孩子的痛苦等级达到三级，你们去往他们的安全空间，但是他们让你离开，会发生什么？对于大多数人来说，如果我们正经历痛苦，会感到非常脆弱。孩子通常不想让我们看到他们的脆弱，实际上不只是孩子，任何处于这种情绪状态的人都是如此。但愿我们都能理解这一点。重要的是，孩子感到痛苦时，决定权应该在他们手里。如果他们让我们离开，我们要尊重他们的意见。同样的，我们要表达无条件的爱，我们会一直爱他们，一直愿意提供帮助，哪怕他们正处在最艰难的时刻。你可以说：

"我猜，我在这儿可能让你觉得不舒服。我可以少占点地方，坐在那个角落，这样你感觉好点吗？保证你的安全是我的职责，如果可以的话，我想待在旁边，但是如果你真的想让我离开，我会按你说的做。你说了算。"

给孩子选择权很重要。当他们难过时，让他们自己决定会发生什么，就意味着他们必须让自己的"小猫头鹰"参与进来，而不是由你发号施令。只要划定的安全行为边界不会被突破，你可以按照孩子的要求，离开安全空间。你可以提出留在外面："万一你需要我，可以告诉我。"

强调"如果你想让我回来，我随时可以回来"至关重要。我们的孩子需要知道，我们的爱和支持是无条件的。这是在向你的孩子传达一个非常有力的信息："即使在你感觉自己处于最糟糕、最可怕的状态，也不会吓到我，如果你正在受到伤害，我绝不会抛下你。"

有时，可能是你的孩子想离开这个地方。如果一个孩子选择逃跑，就会出现这种情形。提前讨论这种状况，同样能帮你和你的孩子考虑到有关安全的基本原则。你可以告诉孩子，他们生气的时候如果真的离开这个房间，可能会让他们或周围的人陷入不安全的境地。比如，如果孩子冲出房间，可能会不假思索地对兄弟姐妹大打出手。你可以同意他们做一个快速清醒练习，再离开安全空间，可以做 5 次深呼吸，或者 5 次开合跳加一个西米舞的动作。做什么练习由他们自己选择。做一次快速释放练习，可以确保孩子在离开安全空间前头脑至少已经有些清醒了。同样要让他们知道，你会在这里等他们一会儿，以防他们想回来。事实证明，这是一个引诱他们返回的强力诱因。如果我们在跳伞，开始自由落体，我们更想独自失控、害怕，还是希望身边有一个冷静的、能帮我们平稳降落的"教练"？

如果你的孩子在公共场合，或者在亲戚朋友面前崩溃，你很难控制住自己的"狒狒"。我们的"狒狒"和孩子的"狒狒"一样，不喜欢感到难堪。找到一个"安全"的地方，无论是带孩子去另一个房间（如果你们在别人家），还是把孩子带到一个比较安静的地方（如果你们是在公共场所或在参加聚会），都能帮助你和你的孩子减轻压力。这样能给你的"智慧猫头鹰"提供一个可以介入的空间。在"狒狒"掌舵的时候，想要成功控制情绪崩溃，难度会变得非常大！

你可以和孩子一起讨论一下，想想以前遇到的困难都是在哪里发生的，或许是嘈杂的生日聚会，人群熙攘的活动现场、商场、嘈杂的火车或街道，可能是一起过节、一起玩，或者是在亲戚家。你可以大声提问："如果我们去购物，你觉得烦躁，我们可以去哪里？"或者"如果是我们在参加聚会，你的朋友都在的时候呢？"

你可以提供一些建议，看你们双方是否都认可，你可以提议找一个没有人的房间，或者在商场的话，找一间盥洗室或一个安静的角落。你不可能任何时候都能立马想到解决方案，但是只要能在双方冷静的时候，提前把事情想清楚，就能在出现情绪危机的时候，更能凭直觉去思考。像这样一起讨论，有助于建立彼此间的信任和理解。建立起的联结有可能让孩子更愿意跟随你的指引。如果我处于自由落体状态，和独自下坠相比，贴着教练这个选项对我来说，肯定更有吸引力。

你也可以制订一个方案，如果"我不伤害你，你不伤害我"这个规则被打破，该怎么办。

你可以在认可孩子强烈情绪的同时，提醒他们注意边界。

"你真的好生气呀！用语言说给我听！或者你也可以跺脚，让我知道你有多生气。但是不许打人，打人很疼。"

你可以告诉孩子："我不会允许你伤害我，因此如果太艰难，我可能不得不走开，你感觉能保证我和你的安全时，我再靠近些。"

你可以考虑拿起一个枕头或瑜伽枕作为保护，让孩子去击打，如果你拿着那个东西没有感觉不适的话。我在治疗室做过一次这样的事，当时那个孩子很难控制自己的行为，我拿起一个大靠垫举在身前，然后轻轻放到地上，孩子继续在地上击打那个靠垫。

要特别强调，如果孩子觉得难以承受，除非他们向你求助，否则不要去碰触他们。第二级痛苦时，拥抱和碰触会让孩子感受到包容和安慰，到了第三级，当孩子处于自由落体状态时，这样做可能会激怒孩子，导致事态升级。

当孩子处于第三级痛苦时，你的作用是稳定孩子的情绪，你不需要去触碰或搂抱孩子。考虑到跳伞教练的工作，你要保持安全距离，但以防跳伞新手需要帮忙稳住身体，不要离得太远。通常能在房间内留出空间就足够了。

你和孩子前几次尝试的时候，可能很难想起制订好的计划。这时你需要即兴发挥，利用自己的直觉。切记，在自由落体的过程中，不需要太多语言，你的孩子在一片混乱中听不见你说的话。

你可以只说你看到的："你现在真的很生气！妈妈 / 爸爸看出来了。别忘了，我能帮你。"

但是还要记得，当我们的孩子表现出陷入高度痛苦的状态时，我们自己常常会陷入战斗或逃跑状态。

因此：

记住要**深呼吸**。缓慢地深呼吸能帮助我们保持冷静。

提醒自己"**这一波也会过去**。"你可以把第三级痛苦视作一股巨大的能量波。很像海上愤怒的巨浪，抵达岸边时，就会失去威力。

要自信地把自己变小，抑制住想要起身并获得控制权的诱惑，当孩子身处困境时，**要放低身段，慢慢来**，这样做比你试图利用自己的存在坚持施加控制要有用得多。

坚守阵线。你的孩子需要你保持坚强，当他们茫然无措时，为他们撑起一片天。保持冷静，相信你的自信、你的安慰，会传递出有力的信息——"我们能行"。

不要慌! 这需要时间和练习，所以要有信心：你正在和孩子一起做重要的事。

把自己的情绪放在一边。请记住，当我们的孩子使用"伤人"的字眼时，通常是对内心感到"受伤"的折射。你的孩子实际上并不恨你，也不是想要一个新妈妈或新爸爸，无论他们喊出了什么，都不是真实的。她不是"行为恶劣"。她感觉受到了伤害，既害怕又无力，所以才做出她能想到的最让人难受的事，这样你就会知道她有多难受。当你的孩子意识到，她不必为了被听到而提高音量或者攻击别人时，她表达感受的能力就会变强，下次就能更恰当地表达自己的感受。

先建立联结，再下达指令。不要陷入意愿之争。如果你的孩子往地板上扔了一个枕头（而没有往指定的墙上扔），或者用词或语调粗鲁无礼，记住不要把目光局限在行为上，要关注你和孩子之间的联结。你可以指着墙，干劲满满地说，"你可以往这扔！"

如果我们要教孩子学习调节情绪的方法，他们需要先练习。他们只能通过体验陷入困境的感觉，然后在你的帮助下平静下来，进行练习。

所有人在肾上腺素飙升之后都会感到异常疲惫，因此你的孩子在经过一次大规模宣泄之后，也会是一副精疲力尽的样子。你会看到他们的能量达到顶峰，然后逐渐消散，只剩一个精疲力尽的孩子。这种情况有时会被称为"肾上腺素大爆发"，孩子会疲惫地蜷缩在一个角落，一动不动。这时，我们可以稍微靠近些，前提是如果你感觉这么做没问题。不需要说话，你的孩子还在"驾驭他们的波涛"，现在只是离岸边近了些。在这种时候跟他们待在一起，你往往会发现，你的孩子会主动向你寻求安慰。帮助孩子安全度过三级痛苦时，有的孩子会感到如释重负，甚至会非常高兴。他们可能会大笑，甚至手舞足蹈——这是一个非常动人，甚至神奇的时刻。可能就连你都想跟他一起手舞足蹈！

和我们以为的恰恰相反，孩子最崩溃的那次爆发，其实给我们提供了最佳的修复机会。只要我们能记得孩子内心在受到伤害，我们就能坚定信念，只要我们能一直保持冷静，依靠我们之前商定的协议，我们完全可以相信自己知道该怎么做。我们越冷静，我们的本能越能发挥作用。

父母的思考

父亲马克，雷克斯 8 岁

我们只有雷克斯这一个儿子，跟他一起玩的压力，有时会让我感到紧张。我喜欢这种感觉，但是我注意到，雷克斯的表哥——12 岁的乔来的时候，他跟一个与他年龄相仿的人一起玩时，脸上流露出的喜悦和跟我玩时是不一样的；而且他也可以仰望乔，可以与乔交流。最近，乔来我家住，他们一起度过了一段非常棒的时光。但是，乔刚一离开，雷克斯的情绪就发生了变化。他转身面向我的妻子，用手指着胸口的一块擦伤说，那里疼。我的妻子很心疼孩子，但是当她告诉雷克斯说，看起来没什么事时，雷克斯突然暴怒，冲着我们俩大喊道："我讨厌你们！你们俩太无聊了——你们从来都不跟我玩！"我惊呆了，而且真的觉得很受伤，因为我今天早上还和他，还有乔一块踢过足球！我想吼回去，给自己辩护。我妻子的一个眼神阻止了我，我意识到，孩子生气不只是胸口的一块擦伤那么简单。他想念他的表哥，在失落和痛苦中，朝留在身边的人发泄。

他冲回自己的卧室，真的哭了出来，可怜的孩子。我还是很生气，但是因为一些事让我想要安慰他。我觉得我认识这种强烈的失落感，我在他这个年龄也经历过。他的一些行为表明，他真的很伤心。我来到雷克斯的房间时，他朝我扔了一个可爱的玩具，让我离开！我站在他房间外面，但是想了想又回来了。我爬到他的床上，躺在他旁边。我没说话，也没碰他。在克服痛苦的时候，知道我在身边陪着他，这对他来说很重要。事情似乎发生了变化。雷克斯一直把头埋在枕头里哭泣，但是把小胳膊伸到我这边，伸出了手。我没说话，握着他的手，轻轻捏了捏。我非常感动。慢慢地，我的儿子靠向我，我们抱在一起。他为自己的失去悲伤过，现在平静下来了。

在这个美好的事件中，我们可以看到，雷克斯实际上是为表哥的离开感到难过。我们可能也注意到那个具有象征意义的动作，他指向自己的胸口，告诉妈妈"这里疼"。他的心可能真的在疼。当我们体验到生活中的喜悦，体验到我们在意的人的陪伴时，从巅峰跌落低谷的崩溃真的会让人感到痛苦，会刺激大脑分泌一种名为乙酰胆碱的化学物质。乙酰胆碱会让孩子（也包括成人）变得非常愤怒，充满敌意。当孩子得到安慰时，乙酰胆碱会回落到基础水平，孩子会感到内心平静。有时，只需要我们坐在孩子身边，温和平静地跟他们交谈，他们就会感到安稳。有时我们的存在会进一步激怒他们。这时候，不要惧怕去做出不同的尝试，远离或者往边上靠靠。你越冷静，越能相信自己的本能，就像马克那样，躺下来，用爱平静地陪伴，帮助孩子调节情绪。

你越是自信，声音温和而坚定，孩子越有可能跟随你的指引。当一个孩子相信我们可以为他们撑起一片天时，他们就会展现出自己最脆弱的一面。

🧰 大脑工具箱

"只要我们感觉到，爱我们的人在心里在脑海里护我们周全，我们会翻山越岭、穿越沙漠，熬夜完成计划。无论是孩子还是成年人，都会为他们相信和重视的人做任何事。"

——精神科医生巴塞尔·范德考克博士，《身体从未忘记：
心理创伤疗愈中的大脑、心智和身体》

　　这可能要花费几个月，甚至几年时间（作为成年人，有多少人还在学习如何控制自己的脾气和强烈的情绪），但是有能力去缓解孩子的痛苦情绪，能够从旁陪伴，而不是让他们回房间自己解决，不仅能治愈孩子，对亲子关系也大有帮助。我们可以——也必须——帮助孩子负责任地管理情绪。这样做也能帮到我们自己。

　　当孩子感觉可以当着我们的面展现脆弱，把内心的丑陋展示给我们看，能把这些"投射出来"，而不必一直藏在心里时，神奇的事情就会发生。如果他们想把我们推开，但是看到我们还是很坚定地为他们留出空间，始终保持冷静，不让事态失控，我们会看到恐惧和信任形成一种强大的粘合剂。当你坚守"所有情绪都受欢迎""不会在孩子失控时抛弃他们"的承诺时，我向你保证，他们对你表现出的感激之情，比世界上的一切都要珍贵。

跟麦克一起演习

要不是因为亲眼所见，我可能到现在都不会相信。有一次，我不小心把威尔伯没吃完的最后一片披萨给扔了，按照惯例他会大发雷霆。我知道，这是小事一桩，我通常会用"狒狒"的方式回击，批评他的表达方式，说他听起来就像个被宠坏的孩子。然而，在我发作之前，威尔伯喊着喊着突然停了，紧接着做了一次深呼吸。他说："对不起，我不该大喊大叫，爸爸。只是我真的一直想吃那块披萨。"

我们鼓励威尔伯练习，用言语把他的感受说给我们听，不要大喊大叫，其实我们自己也必须要做这方面的练习。

如果事情发生的时候，你的孩子没有遵守规则，或者忘了规则，不要惩罚或苛责他。成年人会让他们的"狒狒"占上风，孩子肯定也会。这需要练习，也需要时间。你越是觉得自己能做到，你孩子的"小猫头鹰"会变得越强大，你目睹孩子情绪大爆发的时候会越来越少。

要想真正获得调节情绪的能力，需要花费时间，需要我们投入情感，也需要我们有信心、有耐心。在这个过程中，你也要照顾好自己，如果你之前没有那种一切尽在掌握的感觉，尤其要注意。第 3 章的所有练习，对此都能起到帮助。在你试图让孩子冷静下来之前，自己先花点时间冷静下来。彼得·莱文在他杰出的著作《让孩子远离伤害》中，提出了躯体体验疗法，正如他所言："对成年客户的治疗经验证实，童年经历的事件中，最可怕的部分，往往是父母做出的那些让人感到恐怖的反应！孩子会'读取'照护者的面部表情，借此对危险和伤害的严重程度做出判断。"

猫头鹰的智慧

- 预防是解决困境的关键。

- 要留意孩子处于"战斗"或"逃跑"状态时释放的信号，并迅速采取行动。

- 要同情孩子，不要升级事态。

- 设想自己穿了一套超级共情盔甲，能帮我们保持冷静，给孩子提供安慰。

- 实施危机管理计划，有助于让你和你的孩子作为一个团队携手合作。

- 提前部署，依然不能保证一切按计划进行，必须先保证自己的安全。但是，你们练习得越多，你会越有信心。

- 在家感觉安全，是你的正当权利，也是孩子的正当权利——如果你感觉需要，请随时寻求专业支持。

12

如何说，怎样说，才能
让孩子觉得你的话有分量

透过行为，你会看到痛苦

有时候，知道该说什么、怎么说以及什么时候说，真的很有帮助！当孩子感到难过或做出"出格的行为"时，我们不可能总是有充裕的时间去"思考"应对之策，因此这里提供了一些或许能派上用场的建议、脚本和句子，你可以提前准备好，以备不时之需。

虽然这不是一份详尽的清单，但我希望在进行重要对话的时候，下面这些建议能对你有所帮助。或许你可以思考一下，当孩子跟你说某些具体事情时，你该怎么回答。提前把一些句子写下来会大有帮助，这样能让"智慧猫头鹰"在关键时刻及时调取运用。

复述

复述孩子的话，用与他们相似的语调和能量，再把话说给他们听。

比如，孩子说："这个聚会太糟糕了！"我们可以回应："哦，哇哦！这个聚会太糟糕了？"

说完这句后，稍作停顿，以便让孩子能够进一步表达想法。或者，如果有必要，你可以接着问一句：

"你能跟我多说说吗?"

复述有助于开启对话，去探寻隐藏在"伤人话语"背后的伤痛。

把自己的情绪放在一边

如果我们的孩子说出伤人的话，比如"我恨你"，我们可以这样回应：

"我明白了！你因为我不让你做某些事而非常生气，我猜你真的挺失望的。我理解。你真的很想做那件事，可我现在不同意。这让你很为难，我很抱歉。我爱你，只是有些时候我不得不拒绝你。"

这样回应也不错："哎呀！你肯定是非常难过，才会跟我说这样的话吧。我在想，你说出最难听的话，是不是为了让我知道你有多难过。快跟我说说你为什么难过吧。我在这儿，我会听着。"

问开放性的问题

封闭式问题，往往只能用"是"或"否"来回答。开放式问题，则需要对方给出更详尽的回答。比如，不要问"你喜欢香蕉吗?"而是可以改成，"你喜欢什么水果？"

"你喜欢学校吗？"可以换成"你对学校有什么看法？"

"内森是你最好的朋友吗？"可以换成"跟我说说你在学校的朋友吧。"

还有，不要问"你今天是不是过得很艰难？"可以问"你感觉今天过得怎么样？"或者"今天哪件事让你最开心呀？"

如果我们接孩子回家时问他："你今天过得好吗？"而孩子只回答了个"好"或"不好"，就不再多说了，那我们可能会有被孩子排斥在外的感觉。重新组织一下这个问题，确实能帮你开启对话。

我可能会问："今天让你开心的事是什么呀？"如果我察觉到他似乎遇到了难事，比如看见他皱眉了，我可能会试着问："今天发生了什么糟糕的事吗？"或者"你今天感觉怎么样？"

避免假设

不要问"爸爸不在，你是不是难过了？"可以换成"爸爸不在，你感觉怎么样？"或者"没有爸爸陪着，是一种什么样的感觉呀？"

还有，不要问"她那么做，你生气了吗？"可以问"她那么做的时候，你是什么感觉呀？"

如果孩子经历了失去什么或亲人离世的情况，你可以试着"发射几支真诚之箭"，看看会发生什么，但是切记一定要态度温和。

"爸爸不在的时候，我们好难过呀。"或者"我敢打赌，她那么做的时候你一定非常生气吧?"

"是呀，你很难过。外公去世了，妈妈也很难过。妈妈有时也会忍不住哭呢。"

或者"我也很难过。难过是正常的呀。你难过的时候可以跟我说一说，我们可以一起排解哀伤。"

"我明白，宝贝。想念他很正常。我也很想他。"

"他去世了，我们都很难过，以后再也见不到他了，这确实是一件让人痛苦的事。"

"你哪里觉得难过? 我是这里。你能指给我看看，是哪里觉得难过吗?"

"咱们和你的难过待一会儿吧。要是你的难过能说话，它会说些什么呢?"

"和悲伤共处，感觉挺不好受的，不过别怕，我在这儿呢。没事的，我们可以一起面对悲伤。"

"咱们看看能不能把难过宣泄出去。静静地坐着，去感受一下它，找找它在我们身体的哪个部位，这样我们就能安全地把它排解掉。我们可以一起试试哦。"

避免问"为什么"

无论什么时候都，不要问"你为什么这么做？！"你可以换成"哦，我的宝贝，你现在有非常强烈的感受。你能不能通过跺脚让我知道，那是一种什么感觉呢？或者通过一种颜色告诉我，你现在是什么感觉？"

不要立即提出解决方案

当我们的孩子描述问题时，要时刻注意，不要立即提出解决方案。关键是，首先要表达共情。想想看，如果你和朋友或伴侣分享自己的脆弱时，他们马上就试图去解决问题（显然是想提供帮助），却不再听你说了，没有真正去体会你的感受，你会是什么反应呢？设想一下，如果我们敞开心扉谈论某件事，朋友/伴侣像下面这样回应，对我们来说该是多么大的帮助。

"唉，听起来真的很难。真是遗憾，太不容易了。"

或者"哦，天哪，一定很棘手吧。你现在感觉怎么样？"

接下来，不要说，

"你会'这样'做还是'那样'做?"或者"如果是我，我会……"

可以换成：

"你感觉自己想怎么做?"或者"你觉得有什么办法能帮到你吗?"

只有这样，我们才能开始讨论一些可能的解决方案。重点不是你给孩子提供解决方案，而是请他们自己选择合适的办法。

你可以温和地询问：

"如果你试着……你觉得会发生什么?"

或者

"你希望发生什么?"

或者

"如果你跟他们说了这件事，你觉得会发生什么?"

　　如果遇到孩子难以独自解决的问题，你可以提出一些潜在的解决方案，但关键依然是，选择权要交到孩子手中。

　　我可能会这样表达疑惑：

　　"天哪，听起来好难啊。我能理解为什么你会担心了。我在想，有什么办法能帮到你呢？"

　　紧接着再表示：

　　"我觉得有几个选项。你可以自己去跟他们说，也可以让我来帮你，或许还能到学校请一位老师帮忙呢。你觉得这里面有没有适合你的选择呢？"

"我在想"

　　使用"我在想如果 / 什么 / 如何……"这样的句式，可以让我们"射出几支真诚之箭"，看看后续会怎样发展。如果孩子说了什么，而你不太确定该怎么回答，这也给了你一个停下来思考的机会。

　　比如，孩子说："我不喜欢学校。"你可以回答："嗯，我在想，你不喜欢学校里的什么呢？"

　　如果你能做到，尽量使用孩子的用语。对孩子保持好奇，善用停顿，他们通常会在觉得轻松自在的时候，主动填补那些"空白"。

　　你可以灵活运用我们在第 8 章提到的"我在想"这个句式。

谈论 "部分"

不要把孩子作为一个整体去讨论，而是可以谈论他们生气或难过的 "部分"。这样能帮助孩子意识到，部分的感受不代表整体的感受，从而能够正确看待自己的情绪。

"我在想，你是不是有感觉难过（或生气或担忧）的部分呢？"

这样做也能帮助孩子将这部分具象化，或者将其分离出来，甚至在你的帮助下，与这部分感觉开启一段对话。这会让他们好奇，为什么这 "部分" 会伤心、生气或感觉很糟糕。

你可以提出请求：

"我在想，你生气的部分，能不能把是什么让你生这么大气写下来？"

"我在想，你能不能告诉我，你哪里难受？"

"我在想，'担心' 能不能告诉泰迪熊，它担心什么？"

如果你的孩子因为做了什么事，在学校遭到批评，你可以把这件事当成一个 "部分" 来看待，还是一样，不要让孩子觉得自己整个人都是同一种感受：

"我在想，发生这件事时，你心里是不是有一部分觉得羞愧 / 难堪 / 难受 / 内疚？"

说出孩子的负面情绪，让孩子知道，有这样的感觉没什么，他们不必为此纠结。这种情况下，你不是在批评他们，只是指出他们有一部分存在这样的感受，而且他们可以跟你聊聊这些感受。

不要把你的感受强加给孩子

很多时候，我们会无意识地将自己的感受强加到孩子身上。比如，如果我们的孩子告诉我们，他们不喜欢学校，我们小时候也不喜欢学校，这时候我们可能会说："学校是不是让你感觉不舒服了？"实际上，可能孩子大部分时间是喜欢学校的，只是他想起了明天的拼写考试，不喜欢脑海中关于考试的这个念头罢了！

认可情绪，表明你接受情绪的态度

向你的孩子表明，你想了解他们对事件的感受，这是让他们尽快平静下来的最快捷、最稳妥的方法。

"威尔伯，我能看出来，你非常生气。你想让我跟你玩，是吗？"

停顿一下，你的孩子可能就会把心里的委屈一股脑儿地说出来："是！我想让你过来陪我玩，但是你没有！"

记住，我们不一定非要认同孩子希望我们做的事，但是我们要尊重他们因此产生的感受。

接下来，我们可以进行安抚："很抱歉让你这么难过。妈妈／爸爸忙着做晚餐呢，不能陪你玩。我很遗憾。我太忙了，没能陪你玩，让你难过了。我其实特别喜欢陪你一起玩，但是我也要做晚饭，咱们晚上睡觉前玩点特别的游戏怎么样？"

不要把你的解读强加到孩子的画作上

当孩子从学校带回画作或手工作品时，或者你跟孩子一起创作时，一定要克制住想要解读其中含义的冲动！

不要说"这个人看起来很难过！"或者"这画的是我吗？"或者"你用了好多黑色，你不高兴吗？"我们可以这样说："你在给我看你画的画呀！你能给我讲讲画里的内容吗？"

进行一般性的评论，比如："你在这里用了蓝色，在那里用了橘色……"

这样能让孩子知道，你确实留意到他们做了什么。

如果画中有（人物）角色，你也可以问："跟我讲讲这个人（也可以是狗或怪兽）好吗？"

你甚至可问："他们是什么感受？"

让孩子给画作取名，这会是一个非常有用的练习。这样做既能帮他们给创作画上一个圆满的"句号"，也能从中获得有趣的想法，不过同样要注意，无需过度解读！

句子要短

如果孩子的"蜥蜴"躁动不安，"狒狒"也上蹿下跳，那就意味着他们的"思维脑"根本没有参与进来。就像在硬盘嗡嗡作响时还在电脑上打字一样。

因此：

说的话要简单易懂。

句子要简短。

声音要温和舒缓。只有当我们的声音中饱含温情，传递出同情和好奇时，才能与孩子的边缘脑建立有效的沟通。

避免"狒狒"状态的陷阱

7 岁的马克斯拒绝做家庭作业。他在作业本上乱写乱画，随后站起身离开桌子，跑去了花园，还对妈妈说："我不在乎！我再也不想做作业了。"

他的妈妈工作了一整天，又面临监督孩子写家庭作业的压力，现在已经被"狒狒"掌控了。她冲孩子大吼：

"停，马上！"

"去做作业，现在就去！"

最后甚至说：

"我只能给老师打电话，告诉他你不写作业了！"

马克斯的妈妈感到很无奈无能为力，觉得自己不被尊重，便来问我："有什么办法吗？"

首先，我提醒家长们，在这个年纪，让"狒狒"和"狒狒"因为家庭作业的事起冲突，往往会形成一个负面循环，让孩子对学校和学习产生不好的联想，这是很不利的。让家长监督家庭作业，会给辛苦工作的家长增加不必要的压力，还容易引发孩子和家长之间的对抗。事实证明，每天晚上让家长陪孩子玩 10 分钟，比让家长监督作业的好处多多了。

当我们发现自己陷入这种布满陷阱的处境时，可以提醒自己要放松心态，开心起来，要发挥创意，利用好奇心。

马克斯的妈妈可以先停下来，拿起儿子乱涂乱画的纸，思考一下："嗯，马克斯在这里画了一条扭动着身体的章鱼，它看起来好像很生气！"然后她可以假装用章鱼的声音说："我好生气呀！我讨厌做作业！"

此时，马克斯的妈妈可以和"章鱼"开启一段对话。

"哦，天哪，章鱼先生，我很遗憾，你看起来好像遇到麻烦了。坚持住，我去找马克斯，他说不定能帮到你。"

接着，妈妈可以转头对马克斯说："马克斯，你能帮帮忙吗？章鱼先生很不高兴。我们要怎么帮帮他呀？"

马克斯可能会看向妈妈，但还是气呼呼的。接下来，马克斯的妈妈可以真诚地表达关心："你还好吗，宝贝？你看起来也有点生气。你愿意跟我坐一块儿待一会儿吗？"

你可以提醒孩子，确保他的安全，以及在他想说话的时候认真倾听，这都是你的职责，你们可以一起坐在安静的角落，静静地待上一会儿。跟孩子肩并肩坐着，你的陪伴，以及让孩子意识到你想提供帮助，会让他们感到安全，你们之间的关系也会因此变得更亲密，而惩罚和威胁可没办法达到这样的效果。

当你们一起坐在"安全"空间时，你可以思考一下，孩子的行为并不仅仅是"对抗"这么简单，实际上有可能是作业太难了，或者在学校发生了什么让他不开心的事。这或许意味着，他乱涂乱画其实是一种表达内心受到伤害或遇到挫折的方式。

　　妈妈接下来可以说:"马克斯,我在想,你对做作业的感受,是不是就像这些涂鸦表现出来的一样呀?"

　　"我知道那种感觉,我遇到挫折时,也会想把事情搞砸,因为那些事给人的感觉特别糟糕,就想一堆垃圾似的!我有时候还特别想尖叫、大喊,想把那种'垃圾的感觉'都喊出去。"

　　她可以用"我在想"来提问:

　　"我在想,是不是有什么事让你不开心了?"

　　"我在想,你能不能跟我说说,到底是怎么回事呀?"

　　这些对话是需要不断练习的,得花时间,也需要有耐心,我们不可能每次都做得完美无缺。我知道,当孩子冲你大喊"不!"的时候,还要同情他,这确实挺违背本能的。不过,提前思考应对方法,能帮助你避开这些陷阱,让那些重要的 Cs 始终保持在线,用同情和好奇去回应孩子,而不是任由你的"狒狒"掌控局面。

道歉

　　每个人都会犯错,而我们犯错的时候,其实也是一个非常好的学习契机。我们可以借此机会,给孩子们做个示范,让他们知道当自己做错事的时候,我们希望他们怎么做。

　　"对不起,我想我可能说了一些让你更不开心的话。我们看看有什么办法能帮到你,好吗?这样我下次就知道该怎么做了。"

　　这种回应方式,比生气的时候说"行,好吧,你爱怎么办就怎么办!"或者"回你自己的房间,冷静下来之前不许出来!"要有力量得多。

要让孩子知道,我们也是普通人,我们做错事了就会道歉,也要允许孩子犯错,允许他们成为一个会犯错的人。

如果我们感到恐惧,害怕道歉会让自己失去"指挥权":首先,这说明我们的掌控感是脆弱的。我希望家长们有"可控"的感觉,但这不是去"控制"孩子,二者之间有很大的差别。我们得先建立起良好的亲子联结,确保十大育儿支柱为你"掌舵行船"打下了坚实的基础,在此之后,才能真正获得控制权和指挥权。在此之前,你是没有办法掌控好那些"飘扬的风帆"的。

孩子通常是愿意与我们合作的。他们心里明白,自己需要我们——没有人照顾的生活是非常可怕的!因此,如果你的孩子做出具有"对抗性"的行为,首要的问题不是施加更多控制,而是要对他们可能产生的"断联感"抱有好奇之心。要先建立联结,再进行指导,以身作则,想让孩子做到什么,自己就要先示范出来。要能向孩子以及我们自己承认,他们会犯错,我们同样也会犯错。

跟你合作,总好过独自面对。

要去理解,不转身离开

有时,你的孩子可能会说"我讨厌自己""我不喜欢自己""我大喊大叫的时候真是糟透了"或者"你批评我的时候,我感觉很糟"之类的话。

听到这些话，为人父母的往往会很痛苦。而家长们的第一反应通常是采取 Ds 攻势，也就是防御、漠视、否定、贬低。我们会这样做，不是因为我们是不称职的父母，而是因为我们太想竭尽全力，不让自己看到孩子深陷痛苦之中了。

但是，如果我们想帮助孩子驱除这些强烈的负面感受，就必须学会如何"忍受痛苦"。我们必须学会如何"理解，不转身离开"。

只有帮孩子将这些痛苦的感觉宣泄出去，才能真正帮他们摆脱痛苦。要想做到这一点，就要引导他们去直面悲伤，学会释怀。如果不会让你产生不好的感受，你可以试着大声说出下面的话：

"我不配。"

"我很糟糕。"

"我不喜欢自己。"

"我很坏。"

"没人喜欢我。"

"我讨厌我自己。"

这些话语承载的都是非常痛苦的感受。

但实际上，很多孩子每天都会产生类似的消极想法。甚至可以说，大多数孩子在生命中的某个阶段，都会萌生出一种或多种这样消极的念头。

你是希望他们把那些消极的想法深埋在心底，还是希望他们说给你听，进而学习如何化解这些消极的想法呢？

使用 Ds 不能帮我们的孩子从痛苦中解脱出来。

当你的孩子对你说一些令人揪心的事时，他们实则是在跟你分享自己内心的痛苦。这是一个信号，表明他们感觉跟你有足够深厚的联结，他们十分相信你，所以才愿意向你袒露自己的脆弱，他们此刻正需要你的帮助。

面对这样的痛苦，你若是漠视、贬低，或者摆出防御的姿态，那对孩子是不会有任何帮助的。

但是你的共情却能发挥作用。

不过，做到这一点确实难，尤其是当我们在成长过程中没有接受过这方面的引导，没有人帮助我们去体验并驱散痛苦感受的情况下。在我自己接受心理治疗的早期阶段，我学会了如何与那些长久存在于内心的感受建立联系，我在脑海中想象出了一个住在内心深处的小女孩，这个小女孩扮演的就是承担所有痛苦的角色。这本质上就是我们心理层面所发生的情况，精神分析学家梅兰妮·克莱因称之为"分裂"。如今我们谈论的是内在家庭系统疗法 IFS。无论是克莱因的分裂，还是如今的 IFS，如果你去研究，就会发现二者都对你有帮助，我在书的后面附上了这方面的参考资料。

那么，当我们的孩子跟我们说"我觉得我是个坏人"时，我们该说什么呢？

可以重复孩子说过的话，让他们知道你听到了，并且做好倾听他们更多想法的准备了。

比如，你可以说："你觉得自己是坏人……"

如果他们只是看着你，你要知道，此刻他们的大脑在扫描你的面部和身体，借此判断你的反应。这个时候你在向他们传达什么信息？你是不是在批判他们？你是不是觉得他们的想法很幼稚？你是不是认为他们是坏人？

因此，你的面部表情要尽量柔和，要流露出真诚的关切之情，说话的声音也要温暖亲切，同时还要注意自己的肢体语言，避免刺激到孩子的"狒狒"。他们可能此前从没有过这种感觉自己很脆弱的经历。如果他们认为会遭到你的漠视或否定，可能更愿意再次将自己封闭起来。

如果你的孩子似乎不知道该怎么进一步表达，你可以接着说："你心里揣着这么大一件事呀，敢说给我听，你真勇敢。是发生了什么事，才让你感到难过的吗？"

有能力和"糟糕"的感觉共处，还能大声说出来，让孩子明白你并不惧怕这种感觉，而且你们可以不带任何批判地一起谈论这种感觉。这对于一个一直被羞耻感困扰的孩子来说，是一种莫大的解脱。你可以说："如果这种感觉真的那么强烈，我为你感到难过。或许你可以告诉我，为什么你会有一部分觉得很糟糕，或者你能用图画告诉我吗？"

你可以画一个火柴人代表孩子，然后再画一个对话框，把他们说过的话，比如"我感觉自己是个坏人"写在里面。

通过看到纸上所写的内容，去理解其中蕴含的痛苦，这可以给你一定的指引。

现在，你可以引导你们的交谈，跟纸上的人说话。这样做有助于减轻孩子身上的压力，让你们的交谈更具象征意味，即便如此，你仍然可以感觉到自己是在跟孩子对话。

"哦，艾丹。我为你感到遗憾。心里藏着这种想法，一定很痛苦。你能告诉我，是不是发生了什么事，才让你有这样的感觉？你能告诉我这种想法是怎么冒出来的吗，或者是发生了什么才让你这么想的呢？"你的孩子可能会脱口而出，说出一些事，又或者只是低声嘟囔几句。比如："因为我昨天对我妹妹很凶，你批评我了。"

"啊，所以我昨天批评你的时候，你不仅感到不开心，还觉得自己是个坏人。还是说，因为我昨天批评你了，所以你以为我觉得你是个坏人？"

注意孩子的反应。如果你说对了，他们会点头。你甚至可能会看到孩子流泪。看到眼泪，就说明真诚之箭命中靶心了。

"哦，宝贝，你心里一直藏着这么大的心事，对不起。我当时说的是你的行为，可不是针对你这个人。这两者可是有很大差别的。当然，我们要照顾好妹妹。我很关心她。但我同样也关心你呀，如果我说的话让你难过了，你得告诉我。我不希望你因为昨天的一个行为，就觉得自己不好了。我们可以改进自己的行为。我们本身并不是那样的人，只是有时会做出那样的行为罢了，我们任何时候都可以做出改变。"

我们一定要将孩子和孩子的行为区分开来。

接下来，我们可以这样说：

"我真的特别为你难过，你昨天一定过得挺不容易的。"

"我很遗憾，你会这样看待自己。"

"我非常爱你。我爱我的每一个孩子，胜过世界上的一切（注意，如果还有其他孩子在场，不要只对一个孩子这样说！）我不希望你把这么大的痛苦憋在心里。我很高兴你愿意把这件事说给我听。谢谢你。妈妈有时也会犯错。你跟我说了昨天的事，现在我知道了，你可能就是想只跟自己的朋友玩，不希望妹妹在旁边打扰。"

当孩子察觉到你真的理解他们的感受时，他们会觉得迎来一道认可的曙光！ 他们并不是坏孩子，只是希望能不带着妹妹玩一次！

在这种时候，你们之间就能真正建立起联结了。孩子可能还有其他自己对自己讲的"故事"，然后就会突然开始向你倾诉起来了。

"还有，我用球打碎了花瓶，然后你批评我了。"

"还有，你跟帕梅拉阿姨说我'淘气'。"

"还有，老师说我懒惰！"

还有，还有，还有……就好像按下了那个写着痛苦的按钮，你能帮孩子找到一个宣泄情绪的出口。

选择和后果

我们可以通过让孩子做选择，赋予他们更多主导权，比如问他们："你是想现在收拾房间，还是晚点呢？"或者"你想现在洗澡，还是吃完晚饭再洗？"

如果我让孩子们收拾厨房，可他们没当回事，我就会停下来，提醒他们："今天晚上我本来想跟你们一起进行一次阅读马拉松，但是如果我们不能像一个团队一样好好合作，我就得自己收拾厨房了，那可就有时间陪你们了。"这样一来，孩子会开始思考，依照"小猫头鹰"的想法，做出相应的选择。

如果孩子在生气的时候打破了什么东西，我们要鼓励他去想一想，该怎么弥补自己行为所造成的后果，或许可以存钱买个替代品，又或者帮你一起把东西修好。

不要陷入不同选择和不同后果的斗争——要引导"智慧猫头鹰"和"小猫头鹰"一起合作，一起思考如何做出选择，然后共同应对这些行为可能带来的后果。我们这样做，孩子将来才能学会自己调节情绪，独立解决问题。

最后，措辞要明智，记住，表扬要多过指责！

关联教育

在孩子强烈的情绪得到释放之后，你可以讲一个故事，帮孩子把他的行为放到故事背景中，用一种"奇幻的方式"告诉他们发生了什么。

"你想要一块饼干，可我没同意。你当时就不高兴了，而且很失望。接着你就生气了。这些都是强烈的情绪。我看到了，也听到了你有多生气。你做的很棒。你用语言表达了自己想法，而且记得不许打人。这做得非常好。每个人都有忍不住想哭的时候。现在在你感觉好多了吧。谢谢你能以安全的方式向我表达你的感受。"

通常情况下，小孩子是非常想听那些关于他们生气、哭泣、解决问题的故事。但一定要是一个充满共情的故事，可千万别做成一段批判式的演讲！这样的故事能帮助他们理解自己，还能确保他们真切地感受到自己是被看见、被听见了的。

第三部分

来自现实中的更多考验

　　在第三部分，我们会聚焦孩子即将踏上的一些重要舞台，这些舞台往往没有我们的陪伴。健康的自我意识对心理健康至关重要，我们会探讨，如何给他们提供最大的帮助，以及他们如何通过自助，树立起健康的自我意识。

　　没有哪本书可以完全涵盖小学阶段会遇到的所有情况，我会尽量把重点放在通常会遇到困难的几个方面。

13

孩子的每个行为都事出有因

"羞耻是'负面情绪'中最深刻的恶意，
我们会为了避免这种感觉而不惜一切。"
加博尔·马泰博士，《身体会替你说不：
内心隐藏的压力如何损害健康》

柯尔斯滕有一个 5 岁的儿子，名叫乔。这位妈妈通过社交应用联系到我，说乔一直拒绝上学。"他总是说胃疼。劝说孩子上学这件事真的太让人有挫败感了，我和丈夫担心，如果我们不把他说服，这会变成一个长期的问题。"柯尔斯滕说道，她给孩子许诺过好处，甚至威胁过（比如跟孩子说"你再不去，校长会来家里批评我们！"），尽管她本心并不想这么做。她承认，这些做法只会让儿子更不舒服，导致她和丈夫每次哄孩子出门时，孩子就发脾气。

柯尔斯滕告诉我，医生说孩子的身体没有问题，于是我请她试着从一个 5 岁孩子的视角去思考乔的行为。如果乔不是故意要为难你们呢？如果只是乔的"狒狒"感到害怕了呢，如果真是这样，那又是什么原因导致的？柯尔斯滕一直被乔的"淘气"表象牵着走，我便建议她试试我的阶梯安抚法。睡前，乔依偎在她腿边，她坐在台阶上面，前后摇晃着孩子，问："亲爱的乔，我很遗憾学校让你不开心了。你能帮我个忙，跟我讲讲你遇到了什么困难吗？"

柯尔斯滕对我说了接下来发生的事。

"我轻轻地抱着他摇晃。我又问了乔一遍，能不能告诉我学校里有什么让他讨厌的地方。他立即脱口而出，说学校里有个孩子老打他！然后他就开始哭，哭了很久，感觉好像会一直哭下去似的。他心里肯定积压这些恐惧和伤害很久了，一想到他一直独自承受着这些，我的心都要碎了。我和丈夫之前一直以为他是'淘气'，一直在想办法解决他'淘气'的问题。可实际上，他只是不敢去教室，怕再挨打呀。"

柯尔斯滕开始使用SAS法。首先，她说出（Say）自己看到的情况："哦，不，乔。你得多难过、多害怕呀。别人打你是不对的！"接着，她认可（Acknowledge）孩子的难过情绪："难怪你不想去学校！"柯尔斯滕告诉我，她还增加了最重要的一个环节——道歉，为自己没能早点理解乔而向他道歉。之后，她开始安抚（Soothe）孩子："没事的。你能把这件事告诉我们，真的很勇敢。记住，保证你的安全是我们的责任。我们会帮你解决这个问题的。在学校不会再有人伤害你了，我们会保护你。"

柯尔斯滕对我说，乔往她怀里一靠，仿佛卸下了一个沉重的包袱。当我们帮孩子卸下了情绪负担，他们当然会变得轻松，又充满活力了。柯尔斯滕说乔不哭了之后，转过头对她说："那就没事了，妈妈。就像野地里有一头公牛，我知道我必须无视它。"

　　乔的这个比喻，让柯尔斯滕感到有些惊讶。他才 5 岁！孩子的理解能力实际上比我们以为的要强得多，他们往往能找到相当奇妙的方法，将自己正在经历的事，置于特定的情境中去理解。我也琢磨了一下，如果一个小男孩每天都要面对一头"狂暴的公牛"，那他的压力该有多大呀。难怪他会觉得离开家是一件困难的事。

　　柯尔斯滕和学校进行了沟通，给两个男孩提供了相应的帮助，最终事情圆满解决了。

　　孩子的行为都是事出有因的，如果我们能读懂他们的"摩斯密码"，那我们在处理这类事情时就会轻松许多。

学校

　　无论你的孩子是刚开始上学，还是即将升入中学，又或者处在这两个阶段之间，每天都会有很多情况发生，每天都可能触发孩子的压力反应。可能是老师在课堂上大声吼他们了，或者批评他们了，也可能像可怜的乔那样跟其他同学产生矛盾了，还有可能是其他任何会刺激到这个年龄段孩子的问题。当孩子感觉自己被理解时，跟奖励、积极感受和社会联系相关的大脑活动会随之增加，这些大脑活动能让你们之间的关系变得更加紧密，并且有助于从根本上改善孩子的行为。

分离焦虑

如果跟你分开这件事对孩子来说比较困难，你首先要思考的应该是为什么会这样，是什么让孩子的"狒狒"觉得不安全了。你可以和孩子一起回忆一下，孩子第一次出现这种情况是什么时候，或许是上幼儿园的时候。别忘了，"狒狒"会储存负面记忆，而且相较于正面记忆，负面记忆更容易被标记、被记住。当孩子开始上学时，之前那些伤心的经历就可能被唤醒，然后投射出来。保持好奇心和同情心，能让我们陪着孩子坐下来，轻声问他："我在想，你是不是一直记得曾经离开我的情景，这让你感觉很难受？"

要想消除难受的感觉，最可靠的方法就是去探索它们，探索的时候既要小心翼翼，又要充满温柔。别忘了你现在已经拥有的工具。你可以让孩子告诉你，他在学校大门口跟你分开的时候心里是什么感受，如果那种感受可以说话，它会说些什么？分离焦虑跟软弱无关，只是孩子感觉不安全了，大脑发出了这样的信号而已。

解决分离焦虑是需要时间的，不存在什么立竿见影的办法，但是确保你和孩子之间的联结足够牢固，保证沟通渠道畅通，比起看着孩子被迫独自面对焦虑，更能帮助他们慢慢培养起适应能力和自信心。还是一样，不要害怕寻求外界的帮助，可以向学校或互助小组求助，也可以联系儿童治疗师或辅导员。你和你的孩子得到的帮助越多，问题往往就能越快得到解决。

尽量别采纳那些看似出于好心实则有害的建议，比如"放下就走，孩子慢慢就好了！"我们都知道，孩子害怕的时候，大脑和身体会被压力荷尔蒙淹没。我们也清楚，有一个能给予情感支持的成年人陪在身边，是缓解压力的最佳方法之一。如果有一个孩子信任的辅导老师，这个老师有时间提供帮助，又能理解孩子的困境，还会运用安抚技巧，能帮助孩子平稳度过这个阶段，那当然是再好不过了。否则的话，那就有必要跟学校合作一段时间，你和孩子一起进入校园，到一个能帮助孩子调节情绪的地方，最终让孩子有信心独自走进校门。

我知道，人们常常会担心"如果我现在这么做了，他以后每天都会要求我这么做"。但是根据我们所学的知识，大脑可不是这么运转的！当孩子感觉一切都好的时候，那他就真的会一切都好。这意味着他们感到安全。一旦他们有了安全感，焦虑——往往还包括焦虑行为——通常就会消失了。

研究表明，孩子从幼儿园过渡到小学期间，压力荷尔蒙皮质醇的水平会升高，要经过 3 到 6 个月的时间，皮质醇浓度才会回落至基准水平。这就是我希望每个幼儿园、学前班和一年级的入口处都能设置"亲情长椅"的原因，家长们可以在上学前和孩子一起在长椅上坐一会儿，远离压力，远离排队人群中窥探的目光。家长可以运用我在第 3 章、第 4 章和第 5 章分享的身体练习方法，在这里跟孩子一起调节情绪。当然，并不是所有孩子都需要这么做，不过对于那些有点焦虑的孩子来说，能有这么一个安全的地方，让他们和父母一起唱唱歌、做做开合跳，通过一些有创意又好玩的方式，让躁动的"蜥蜴"或上蹿下跳的"狒狒"将能量释放出来，那可是非常有帮助的。确实，刚开始的时候，我们需要多花些时间，不过现在花时间让孩子恢复平静，总好过让孩子老是把分离和焦虑联系在一起，也好过让他们一整天不断分泌肾上腺素和皮质醇。

对于那些在调节强烈情绪方面有困难，或有过创伤经历的孩子来说，这一点尤为重要。一位老师曾经跟我谈起过，一个小女孩离开寄养家庭的照护者时，会在学校门口制造"混乱"，但在操场的攀爬架上做了 5 分钟障碍训练后，她就平静下来了，而且能集中注意力了。

只需要 5 分钟，就能让处在过渡阶段、有些挣扎的孩子，更自信、更平静地面对学校生活了。

应对艰难分离，家长的自我照护

作为父母，我们很疑惑，为什么送孩子的时候千难万难，老师却反馈说"他们一到教室就好了"。如果老师既温柔又细心，还明白依恋的心理学意义，那就太好了，因为孩子没事你就可以放心了，孩子在学校建立起了新的人际关系网，他们确实"感觉不错"。但是，一定要跟孩子确认一下，因为我们也知道，他们有可能始终处于一种压力反应状态，心神不安，也许是在"迎合"或掩饰自己"不好的感觉"，如果是这样，就需要解决这个问题。

有些学校会在学前班教室里安装摄像头，让等在走廊的新生家长们能看一会儿，看到自己的孩子没什么事，还很开心，家长们也就放心了。能让家长自在地坐着看孩子们安顿下来，真是一个不错的主意。分离是一件大事，如果与之相关的所有人都能感受到包容，所有的感受都能被看见、被听见，那对大家都有帮助。

我们也清楚，孩子会非常关注我们的肢体语言、面部表情以及说话的语调。你的神经系统和孩子的神经系统是直接"交流"的，因此如果我们小时候也经历过分离困难的问题，就要多加注意，我们的压力是会"传染"给孩子的。跟孩子班级的主要负责人，比如新老师或助教，安排一次交流，或者花 5 分钟在校门口跟他们谈谈，都会很有帮助。如果你的孩子看到你和老师轻松地交谈，他们的大脑和神经系统就会记录下："妈妈 / 爸爸认为这个人是安全的，因此我跟他在一起也是安全的。"

跟孩子一起努力应对吧，如果心里有任何犹疑或不安，坦然接受它的存在，让孩子安心，要知道，在面临改变和过渡的时候感觉困难是很正常的。也别忘了发挥你的创意，想一些有意思的解决方案，让孩子能感受到和你的联结，好让他们在你不在身边的时候也能坚持下去。

脑海中的猜猜游戏

"你的空间治疗中心"的儿童心理治疗师艾玛・康纳，给那些有分离痛苦经历的孩子们分享了一个好玩的游戏：

她管这个游戏叫"脑海中的猜猜游戏"，游戏方法如下。

让孩子指定当天的某个时间点，你要把注意力全部集中到孩子身上，然后猜一猜他们那时候在做什么（你可能需要俏皮地摆出专注的表情！）

接着，你要把自己想到的孩子正在做的事画出来，然后把画折起来，等到去学校接孩子的时候再揭晓答案。

因为有了这个"大揭秘"的环节，接孩子放学的过程就成了一件让人挺兴奋的事儿。把画交给孩子，看看你猜得对不对。这样一来，接孩子放学就变成了一个充满温情、增进联结的时刻（当然了，接孩子放学这个时间点，也可能是孩子闹脾气的时候），通过这么一个有趣的游戏，就能帮助家长和孩子顺利度过重聚时刻的考验。

你有可能没猜对！但是也向孩子表明了，你一直在想着他们，这才是最重要的，猜没猜对其实一点儿也不重要！你可以跟孩子说，下次你集中注意力的时候会更努力。

孩子还可以把这些图画保存在剪贴簿中，把父母 / 照护者猜对、猜错的所有情况都展示出来，用这种充满创意的方式记录下他们被父母记挂在心头的点点滴滴。

有创意的联结

威尔伯上学前班的第一周，我编了一首歌，每天进学校之前都会唱："我爱你，你爱我，三点钟，来接你！"很多时候，年纪小的孩子只要知道我们会回来接他们就够了！别忘了，孩子的"狒狒"可没有时间概念，5 分钟和 5 小时（甚至 5 天！）对他们来说可能没什么差别。

联结手环

据我所知，有些学校会为学生家庭提供"联结手环"，孩子可以戴着去学校。每天早上，爸爸妈妈给手环"装满"亲吻，如果孩子需要补充一些爸爸妈妈的爱让自己安心，可以把手环放在自己的脸颊上贴一会儿。前几周做好过渡工作——无论是孩子升入小学，还是大一点的孩子升入中学——都能带来长期收益。在一开始的前一两周，可以请假或者提前下班去接孩子（前提是你 11 岁的孩子想让你这么做），这能为将来打下更坚实的基础。

拒绝上学

我们发现，现在越来越多的孩子拒绝去学校了。病毒的影响、长期封锁带来的作用可不能小瞧呀。有些孩子本来就对上学这件事存在障碍，"学校不适应组织"就是为了给这些孩子的家庭提供各方面的资源而成立的。该组织成立于 2018 年，当时只有 100 名成员。封锁结束之后，会员人数已经近 40000。

他们在网站上提到，"这些障碍通常与为满足的特殊教育需求和（确诊的和怀疑的）失能、生理或心理疾病、霸凌和攻击、创伤、学业压力过大，过度苛刻的行为规范、归属感缺失，以及课程设置不当等因素有关。"

心理治疗师菲利帕·佩里也是一位作家，她在文章中写道："英国教育系统当下的问题是，总是认为问题全在学生身上，却不承认学校环境以及政府围绕目标制定的无效政策也有问题。"她继续写道："不能一概而论。很多学校的环境不适合孩子——太嘈杂、恐怖、压力，同时资源捉襟见肘，想改善也无能为力。"

虽然我还想继续探讨这个问题，但再深入下去就超出本书的讨论范围了。我要说的是，如果你的孩子觉得学校的环境难以适应，请不要认为你和孩子必须独自挣扎。每所学校和当地政府都应该备有 EBSC（基于情绪的学校应避免的事项）指南。EBSC 条款的保护对象就是在上学方面遇到困难的儿童和青少年（比如有焦虑情绪的孩子）。

如果你的孩子拒绝上学，一定是有原因的。当我们认真对待孩子的感受，并尊重他们时，我们就能让孩子感到更安全，也就能给予他们更多的理解。和学校合作，共同认识到孩子需要有他们信任的大人陪在身边，需要感觉到安全，这一点十分重要。

霸凌

归根结底，孩子在学校需要感觉到安全。每所学校都应该配备相应的措施，保护孩子免受霸凌侵害，同时也要预防孩子沦为霸凌者。面对这方面的问题时，你可以，也十分有必要向学校寻求帮助。但是如果你的 Cs 屹立不倒，有助于塑造孩子的自我意识以及提升他们与同龄人沟通的能力，如果孩子遇到困难，也可以从你这里获取帮助。

英国全国防止虐待儿童协会（NSPCC）对霸凌的定义是"伤害

他人的行为。辱骂、殴打、推搡、散布谣言、威胁或贬损他人，都属于霸凌行为。霸凌行为可能发生在任何地方——学校、家里或网络上。通常会在很长一段时间内反复发生，会对孩子的生理和心理造成伤害。"

任何一个孩子都不应该忍受霸凌。我们知道有些孩子遭受霸凌后，会出现创伤后应激障碍。就像我们在乔身上看到的，如果一个孩子在学校感到不安全，睡眠、饮食都可能出现问题，还有可能出现胃疼、头疼以及其他症状。创伤后应激障碍不仅会削弱孩子的学习能力，还会严重威胁他们的健康。

游戏时间是霸凌高发时段，偏偏也是学校监管力量最为薄弱的时间段。威尔伯跟我说过，有个孩子总是在操场欺负他。他向老师告状，得到的回应却只是让大家"玩的时候注意点""友好相处"。我约老师面谈，真诚地向她提问：如果一位家长跑来学校打你，事后你向校长反映，校长却只跟你说要"友好相处"，你作何感想？！

要想理解孩子，我们必须换位思考，将心比心。孩子不只是个子小，大脑也还没发育成熟，游戏时间本就容易触发紧张情绪、刺激压力系统（杏仁体，也就是"狒狒"）。

如果发生霸凌事件，或者出现过度粗暴的行为，光叮嘱孩子"友善待人"是不够的。如果学校和社会真的想彻底整治霸凌问题，最好给游戏时间增配资源，安排充足的监督人员，而且这些人员要接受化解冲突的专业培训，了解霸凌对孩子大脑发育的破坏作用。

🧰 大脑工具箱

"大脑体验社交痛苦和识别身体疼痛，共用一套神经网络。常言'棍棒和石头会打断骨头，但言语无法伤害人'，这句话错得离谱！社交挫败、遭人拒绝引发的羞耻感——比如觉得自己不够好、不被接纳、不值得被爱、无足轻重，会切实地影响到我们的自我认可能力，而所谓自我认可的能力恰是自尊的基石。会有一些迹象表明孩子受到了霸凌，认真对待这些细节，认可、同情他们的感受至关重要，哪怕我们对事件有不一样的看法。社交支持能缓解生理疼痛和心理痛苦——当有人给予支持时，我们对疼痛的敏感度就会降低。"

——朱莉·哈米森，英国创伤知情学校教育与国家战略总监

孩子独自面对被拒绝的感受时，心理痛苦会加剧，甚至会将自己感受到的羞耻和痛苦转嫁到其他孩子身上，让他成为自己受到伤害的受害者。在心理治疗中，我们了解到，我们常常攻击别人身上那些我们无法忍受的特质。这就解释了，为什么孩子往往会选那些看起来比较弱小的对象下手。朱莉·哈米森说："霸凌发生时，要和受害者、施暴者一起解决问题，这一点非常重要。施暴者的伤人之举，多源于内心的痛苦，我们要共情这份痛苦。"

创伤知情学校、英国全国防止虐待儿童协会，以及许多儿童心理健康慈善组织，都提供了不少优秀资源。如果你的孩子遭到霸凌，

或者你怀疑你的孩子霸凌别人，寻求专业支持、治疗或咨询是不二之选。英国创伤知情学校教育与国家战略部门建议："发现孩子伤害他人，家长大概率会愤怒、失望或产生其他强烈情绪。这时，要明确告知孩子，这种行为是不可取的。儿童和青少年不一定能意识到自己在欺凌别人，也不一定能意识到他们的行为会对他人造成多么大的伤害。"

尽早干预，能防止孩子那些不受欢迎的、有害的行为特征进一步恶化。值得注意的是，察觉到学校会提供支持的学生举报霸凌的积极性更高。另外，如果想阻止孩子反复做出挑衅行为或控制行为，得深挖背后成因。霸凌他人的孩子，可能在家中或其他地方目睹过暴力行为，也可能自己遭受过霸凌。靠惩罚制止霸凌行为，短期内或许见效，但长远来看，问题难以根除。

🧰 大脑工具箱

"惩罚充其量只能立即制止行为。问题是，研究表明：行为会以同样的速度恢复。"

——耶鲁大学心理学和儿童精神病学教授、耶鲁育儿研究中心主任，阿兰·卡兹丁

兄弟姐妹之间的霸凌很容易被忽视，鲜少曝光。我们必须认识到，"伤害孩子就是伤害孩子"，已有研究确凿表明，手足间的霸凌是霸凌现象泛滥的一大诱因。小时候受到霸凌，负面影响可能贯穿

一生。关键在于直面、解决根本问题，而不是用"只是闹着玩"轻描淡写、一带而过。孩子被兄弟姐妹霸凌，他的"小猫头鹰"还没有足够的智慧，没有能力告诉你他的痛苦有多深，就可能呈现出受威胁的状态，甚至转头霸凌其他孩子。

关于构建健康手足关系的实用性建议，我会在第 15 章详细分享。

羞耻和孩子的自我意识

令人遗憾的是，当下不少小学仍然靠羞辱手段维持纪律，像是游戏时间把孩子留在教室、"取消课间"，或是把孩子照片贴在教室行为表现表上威慑他们，美其名曰"有效管理"。实则不然，缺乏适当的指导、没有结合具体情况说明后果，这类做法以孩子的自我意识为攻击目标，让他们产生"如果我这样做，我就是坏孩子"的想法。

大脑工具箱

"羞耻感和内疚感密切相关，但二者之间存在本质的区别。内疚感不需要观众，没有人知道，内疚的人就是自己的法官。羞耻感则不然。羞耻中的羞辱，需要他人的反对或嘲笑。"

——心理学家保罗·埃克曼

神经科学表明，孩子的身体对羞耻这种心理创伤的反应，与对生理创伤的反应是一样的。如果我们真心想守护孩子的身心健康，用基于神经发育学的循证方法取代这些政策，似乎更合适。这些方法能为家长、教职工和孩子们提供支持，营造平和有序的教学环境。

关系结束

老师在孩子的生活中举足轻重，深刻影响着孩子的身心发展。如果孩子跟老师情谊深厚，到了学年、学期结束时，他们的心里难免空落落的，滋生失落情绪。

我们需要为孩子的这种情绪提供空间，当孩子因为离别伤感时，我们要及时提供帮助。有些家长对我说，听孩子描述老师对他们多么重要，心里不是滋味。其实换个角度，这何尝不值得欣慰？我们不可能永远陪在孩子身边，当我们不在时，能有一个在情感上可以依靠的成年人让孩子感受到温暖，理应感到安慰。我们要认识到，关系结束是一件大事，会对孩子日后如何面对各种形式的离别产生影响。

如果你的孩子即将转学、毕业，告别现在的学校，以下建议可以提供一些帮助，让这种分离变得容易些。

首先，永远不要让孩子毫无准备地直面重大变故，也不要到最后一刻才通知孩子要转学或搬家！改变，对大部分人来说都是一件难事。孩子准备时间越充裕，过渡就越平稳、轻松。我在心理治疗时，从第一天接触孩子起，就开始考虑治疗关系的收尾事宜。结束关系对于孩子来说可能很艰难，但这是一个重要的过程。结束关系的过程有助于锤炼孩子的适应力和自信心，而这两者正是孩子前行道路上不可或缺的"法宝"。如果临到最后一周才告诉孩子治疗关系要结束了，这种冲击过大，反而是有害的。

同样的道理，无论是老师离职、学年结束，还是小学毕业，你不妨提前和孩子聊聊关系结束这件事。无论孩子会（或者不会）表现出什么样的情绪，你都要静静倾听，给他们留出空间，让他们的泪水，甚至是沉默有处安放。你要用自己的 Cs 让孩子知道，你会坚定地陪在他们身边，一起度过艰难的时期。

老师可能会请孩子画一幅画，或者写点什么，跟班级告别。这幅画可能会被带回家，也可能会被留校展示。你们在家也可以这样做，让孩子自制一个作品集，把在校期间的成绩都收录其中，这个作品集象征着他们经历的一切都值得珍藏。班上同学可能会给你的孩子准备小卡片，还会分享欣赏孩子的地方、难忘的瞬间。

成年人畏惧变化，孩子也是一样。在 Cs 的帮助下——还要保持好奇心——我们能引导孩子安然迈过那些人生节点和过渡期。

14

父母放下手机，是孩子远离屏幕和社交媒体的前提

"你的手机已经取代了你的相机、日历、闹钟，
不要让它取代你的家庭。"

智能手机和各种屏幕设备

2007 年，苹果公司首席执行官史蒂夫·乔布斯在第一代 iPhone 发布会上说："每隔一段时间，就会出现一款革命性的产品，然后改变一切。"他说的一点没错。智能手机横空出世，从根本上改变了我们的思维方式、工作方式、游戏方式以及交流方式。然而，有意思的是，乔布斯本人，还有谷歌首席执行官桑达尔·皮查伊、前脸书高管查马斯·帕里哈皮蒂亚以及阅后即焚（Snapchat）首席执行官埃文·斯皮格尔一众科技界大佬，却不约而同地限制自家孩子使用电子设备。据《史蒂夫·乔布斯传》作者沃尔特·艾萨克森透露，乔布斯家中，一家人围坐在厨房的长条餐桌边享用晚餐时，讨论的

话题多围绕书籍、历史和各种事情，席间从来没有人拿出 iPad 或打开电脑，孩子们似乎全然没有陷入电子设备的泥沼，对其并没有依赖成瘾。

提到"沉迷"很有意思，因为智能手机和电子屏幕从设计之初，就自带"成瘾"属性，旨在牢牢勾住用户及其子女的注意力。我们借助智能手机浏览的内容，还有消费这些内容的方式，无一不在触动大脑中由多巴胺驱动的反馈回路，诱使我们沉迷其中。社交媒体更是深谙此道，精准激活大脑中与老虎机甚至可卡因刺激机制相仿的区域，这般设计初衷，目的就是让用户上瘾。

凯瑟琳·普赖斯所著的《手机断舍离》等一众书籍畅销热卖，恰恰说明大众正逐渐清醒地意识到，手机已然给我们的时间分配、睡眠质量、自我认知、注意力集中程度，乃至心理健康层面都带来了负面影响。可与之相悖的是，我们的孩子花在屏幕上的时间还在持续增加。病毒大流行期间的封锁举措，更是大幅推高了儿童的屏幕使用时间。哈里斯民意调查机构在 2020 年开展的一项调查显示，家中有 5 到 18 岁孩子的家长，每 10 人中就有 7 人表示，他们孩子使用屏幕的时间有所增加，其中 60% 的家长无奈表示"实在没别的办法，只能让孩子用。"

一项全球性综合分析指出，小学生群体日均屏幕使用时间增加了 1 小时 20 分钟。

很多学校不管校内校外，教学模式愈发依赖技术和电子屏幕。但是，这不断累加的屏幕时间，究竟会对孩子的大脑发育以及他们的行为模式产生什么样的影响呢？

美国国立卫生研究院自 2018 年起全力推进一项具有里程碑意义的研究项目，该研究早期披露的数据显示，每天花在屏幕上的时间超过 2 小时的儿童，在语言能力和思维测试中的得分明显偏低。有些儿童每天花在屏幕上的时间超过 7 小时，这些孩子的大脑皮层——大脑中与批判性思维和推理相关的区域，竟出现了变薄的迹象。

时至今日，已有海量研究成果，足以让我们对让孩子长时间被动地坐在屏幕前的做法提出质疑。《大脑很重要》是一部聚焦于早期大脑发育的专题纪录片，该片导演卡洛塔·纳尔逊在为联合国儿童基金会撰写的文章中总结道："**阅读书籍的时候，孩子有时间处理文字、图像和声音信息，可倘若不断地吸收屏幕上的影像和信息，势必会干扰孩子注意力和专注力的养成。**"她还说："屏幕会逐步削弱孩子克制冲动的能力，要知道，儿童在成长过程中需要适度的无聊时间。无聊时间能让孩子学会如何应对挫折、有效抑制冲动，如果小孩子经常受到屏幕的刺激，久而久之，就会忘记如何靠自己或他人娱乐。"

我们知道，我们越是重复一项活动，大脑越会照此发生变化。1949 年，神经心理学家唐纳德·赫布，对大脑通路经由重复行为得以形成与强化的原理作出了解释。他提出了"一起被点亮的神经元也连接到了一起"的说法。

我的父亲是一位伦敦持证出租车司机。为了拿到这个证件，他必须通过相关知识考试。这需要多年的努力，驾车穿梭于伦敦由25000 条街道交织而成的庞大迷宫，把每条道路的信息都记在脑海里。2000 年，伦敦大学学院的一支神经科学家团队发布了一项研究成果，他们对 79 位志在投身出租车行业、全力备考的司机展开了长达 4 年的跟踪调研。研究发现，和那些没能通过考试的人相比，成功通过考试的人，其海马体（"狒狒"记忆银行的组成部分）体积明显偏大。对此，波士顿大学神经生物学家霍华德·艾肯鲍姆表示："这充分表明，通过针对性训练，大脑能够发生深层次的结构性改变。此发现意义重大。"

当我们的孩子——还有他们尚未发育成熟的大脑——每天被动地盯着屏幕，手指滑动屏幕的时间越来越长时，这确实是一件需要考虑的大事。神经元被同时点亮，就会连成线，反过来同样成立。

前谷歌设计伦理学家特里斯坦·哈里斯，后来联合他人创办了人道技术中心，全力提升人们对电子设备操纵性的认识。他甚至说，对智能手机的沉迷正在导致"人类退化"。

诚如我在第 1 章所言，家长都是大脑开发事业的从业者，因此我们以及学校要确保能服务好我们的孩子。

当然，越来越多的人已经察觉到，屏幕和智能手机会让人沉迷，会分散使用者的注意力。"www.safescreens.org 运动"这类由家长领导的组织，希望在所有与屏幕时间和智能手机相关的广告中，效仿香烟健康警示的做法，添设健康风险提示信息。

不过，反对监管电子设备使用的声音也不绝于耳，最常见的论调是，监督孩子使用电子设备是家长的分内之事。但是你也知道，限制孩子的屏幕使用时间谈何容易，尤其是当孩子临近小学毕业，来自同龄人的社交压力会让他们笃定自己必须拥有一部手机。对于那些在现实社交场合感到不知所措的孩子来说，网络成了他们寻求慰藉、搭建伙伴关系的理想平台。当然，我知道很多孩子喜欢玩游戏、使用应用程序，既为了娱乐，也能学到知识。

当下，迫切需要开展更多纵向研究，来明确对于年龄稍大的孩子来说，什么样的屏幕使用时间组合才算得上"健康"，而一旦超出多长时间，便应视作"不健康"。鉴于现阶段缺乏针对小学年龄段儿童的详尽、正式的指导规范，只能由家长自己决定什么才是适合我们和孩子的。根据我的个人经验，现在孩子们做家庭作业和娱乐都离不开屏幕，要想给屏幕使用时间设定界限，着实困难重重。

但这绝非意味着要忽略屏幕带来的好处。当我们忙碌的时候，让孩子看半小时契合他们年龄段的趣味节目，屏幕便化身得力助手，为我们换来片刻的安宁。如果我们爱的人住得很远，孩子想在校外有更多联系，智能手机和屏幕就成了维系亲情、丰富社交生活的救星。谁不喜欢生日或节日的时候，通过视频连线与世界各地的家人一起庆祝，又有谁不喜欢在孩子运动会现场，举起手机让家中长辈同步感受赛场的激情呢？

那么，我们究竟该做些什么，才能确保孩子花在屏幕上的时间尽量不超出合理范围呢？

对于大一点的孩子来说，跟他们讨论相关研究成果是有用的，可以向他们解释屏幕不只是被人操作这么简单，也并非完全"无害"，因为屏幕编程用的算法，就是为了让他们上瘾。我们也可以用适合孩子年龄的方式，跟他们谈论大脑健康发育究竟需要什么样的刺激。你可以跟孩子谈谈他们做的这些事，会让大脑产生什么样的变化。就像钢琴会越弹越熟练、认字多看便能掌握一样，如果长期坐在那里被动地盯着屏幕，大脑会渐渐变得"懒惰"。如果孩子反驳，你可以向他们说明，守护他们的身体健康是你的责任，保证他们的大脑稳定健康地发育，你同样责无旁贷。你可以给他们展示相关的研究资料，让他们知道，过度沉溺网络、依赖手机，会干扰记忆存储与提取，降低我们感知、融入现实世界的能力。

很多家长跟我说，为了拿走孩子的屏幕设备，不仅费心费力，还引发了争吵。一位母亲给我发过一段视频，画面里，她扬言要拿走屏幕设备，5 岁的儿子便瞬间暴跳如雷。当我们拿走孩子的"心头好"时，孩子表现出的痛苦是真实的，此刻的大喊大叫也绝非在"淘气"。认清这一点——使用屏幕会致使大脑释放多巴胺，进而干扰孩子控制冲动的能力，有助于我们保持同情心，做出更为明智的选择。如果你的孩子已经屏幕成瘾，需要借助外力才能"戒掉"，凯瑟琳·洛伦兹医生给出警示："如果孩子抗拒停止使用屏幕，这通常是成瘾的警示信号，意味着他们的大脑极度渴望屏幕的刺激。"

如果你有心削减孩子的屏幕使用时间，正考虑怎样做才好，请一定要对孩子心怀同情。可以先在工作日试行时间限制举措（如果可以，彻底取消屏幕时间也行），再给周末设定时间限制——要向孩子解释为什么这么做，毕竟我们不希望和孩子对立，家长不是孩子的敌人。**我们要清醒地认识到，那个会让他们成瘾的设备，是我们亲手给孩子的。孩子成瘾，错不在他们，根源在家长。**

如果我们足够诚实，就不得不承认，我们自己也深陷屏幕成瘾的困境。

因此，想要成功管控孩子的屏幕时间，家长以身作则至关重要。在孩子面前关掉电视、收起手机，用实际行动为孩子树立榜样，往往更有效。

社交媒体

目前，几乎所有社交媒体平台都只允许 13 岁及以上的用户注册。这意味着我们的孩子理论上还没到可以使用社交媒体的年纪。然而，我知道，如果你家有青少年，或者你的孩子马上要 13 岁了，你就要提高警惕，全方位审视社交媒体的利弊了。此间诸多要点，着实值得深入探讨一番。

社交媒体若运用得当，可以化身一股强大且有效的正面力量。就拿我来说，我时常借助它，和儿童心理健康领域的其他专业人士建立联系，也会通过自己的社交媒体账号分享、演示各类实用工具，期望能切实帮到一些有需要的家庭。但是，社交媒体的另一面是，它也可能成为危及儿童心理健康的致病因子。

在脸书内部留言板于 2019 年发布的一份报告中，有一页写到"我们让三分之一的少女体形焦虑加剧"。查马斯·帕里哈皮蒂亚于 2007 年入职脸书，担任副总裁，负责用户增长业务，他在 2017 年公开表态："我认为我们创造的工具正在一步步撕裂社会，让社会运行的架构分崩离析。"他对自己为这样的公司服务感到"愧疚"。

担心社交媒体对孩子自我认知的影响，意味着，我们分享关于孩子的信息时必须多加注意。我们今天分享的关于孩子的资料，过几年就可能被算法推送至大众视野。

儿童慈善组织提醒家长，我们今天发布的看似"无伤大雅"的信息，日后可能成为其他孩子的笑料，到了中学阶段，甚至可能成为霸凌行径的导火索。他们指出，未来的雇主可能不认同某些帖子，数字绑架会让孩子的图像和身份信息被重新利用——甚至出现在令人不安的网站和论坛上，部分还涉及儿童色情内容。

务必谨记，每当我们分享孩子的信息时，实则是在拱手交出孩子的隐私资料。等孩子长大成人，回首过往，可能不会对我们今日的分享举动心怀感激，他们可能希望自己对自己的数字印记拥有明确的所有权。

如果真的要解决孩子使用社交媒体的问题，家长不妨与孩子携手，一起去探究更多真相。看看那些研究展示的证据，有些应用程序与心理健康问题的关联，甚至比笼统的"屏幕时间"更紧密。

家长应该如实告诉孩子，研究显示，被动地花时间刷屏，一般不会让我们感受到更多联结或是真切地感到快乐。与此同时，还可以和孩子讨论社交媒体应用程序背后的设计门道——它们从诞生之初，就是为了最大程度黏住用户，尽可能延长用户的使用时间。

若孩子表达了强烈的上网意愿，想花时间泡在社交媒体上，你可以问问他们有什么目标，以及什么对他们来说是重要的。如果你觉得时机合适，还可以怀着满满的好奇，抛出一些问题，探究孩子的这种欲望背后潜藏的驱动力："我在想，你心里是不是盼着得到别人的肯定，夸你'漂亮''受欢迎'，或是觉得你特别'酷'？"

很多时候，在治疗室里，孩子们会袒露心声，说自己想"出名"。每到这时，我会好奇地问："我在想，出名这件事，具体是哪一点让你觉得那么美好呢？"

孩子的回答往往很有启发性。他们有一种纯真的内在需求，我们可能想要去探索，并用"心理教育"反映真实的"故事"，而不是沉迷于自以为的叙事中。

"也就是说，如果我成名了，所有人都会认识我？所有人都会喜欢我？"

"你知道，很多名人一开始也是这么想的。可真到了那一步就会发现，如果自己心里不开心，就算成名了也没有用。"

你甚至可以射出一支"真诚之箭"，询问孩子："好，你这么说是不是意味着，你当下觉得自己不够'漂亮/酷/受欢迎'？要是你愿意的话，我们能展开谈谈这件事吗？"

这段对话能帮你开启和孩子进行深度交流的大门，让你和孩子围绕自尊和身体形象，或者是孩子其他任何方面的弱点（他们可能需要一些支持），展开一次重要的谈心。

确保你的 Cs 全部就位，有助于你在孩子达到年龄后，应对棘手的社交和网络环境。认真研究问题，积极寻求建议。

15

如何应对孩子只愿独享
来自父母的爱与关注

"对于孩子们来说，跟别人分享父母的爱与关注是
一件非常、非常困难的事。实际上，弟弟妹妹出
生时，几乎所有孩子都会担心自己不够好——否
则父母为什么要找一个更新、更小的模型呢？"
——临床心理学家，劳拉·玛卡姆博士

　　无论我们事先为孩子做了多少心理铺垫，新成员的加入，一定
会打破家庭原有的互动模式。即便我们用心良苦、筹备周全，也难
以避免这种改变。

　　在第一本书中，我将弟弟妹妹的到来视为一件非常具有挑战的
事情。

　　从进化的视角探寻，兄弟间的竞争有着深远的根源。动物王国
将这种竞争全方位地展现了出来，在动物王国的竞争中，动物为了
生存（通常是年长的乙方）不惜杀害手足。我们的孩子有时会感觉
受到威胁，进而为争夺资源（无论是食物、财产，还是父母的关注

和爱）打斗，这是很自然的事。

在成长的过程中有兄弟姐妹相伴，给孩子提供了非常好的学习机会。可以让他们学会如何在不大喊大叫、不打人伤人的前提下表达自己的需求，还能让孩子们学会如何延迟满足，如何与他人和平相处。但是，我们的孩子也会因此体验到深刻的、矛盾的情绪。年长的孩子可能一方面对弟弟妹妹有很深的亲情、对弟弟妹妹疼爱有加，另一方面也会因为失去之前享受到的与父母的专属亲密时光而难过，甚至愤怒。年幼的孩子从来不知道不需要分享资源的生活是什么样的，他们可能会学着努力占用父母的时间，吸引父母的注意。如此，无意识的手足竞争悄然滋生，如果不加以抑制（甚至无意间助长了这种竞争风气），那么这种竞争可能会贯穿孩子们的一生。

一部和阿诺德·施瓦辛格有关的网飞纪录片提醒了我。片中，施瓦辛格坦率地讲述了自己的成长经历，以及他的父亲如何助推他和哥哥之间激烈且旷日持久的竞争。令人痛心的是，他们兄弟之间从来没有特别亲近过，最后基本不联系了。

很多兄弟姐妹都会有天生的竞争意识，如果我们想让孩子们成为一生的挚友，就必须采取健康的方式，小心地引导这种竞争能量。我在家采取的方法（借用一下日本作家村上春树的名言）是："你唯一要打败的对手，就是昨天的自己。"

如果孩子们互相争吵打架，恶语相向，或是做出不当的行为，家长不要二话不说就去惩罚他们。不防唤醒我们内心的好奇心，想想到底是什么在驱使孩子做出这些伤害行为。当听到"我恨她！"或"我希望她去死！"之类的狠话时，我们应该冷静琢磨孩子心里的真实感受是什么。我们已经知道，伤人的话语以及仇恨表达，往往源于恐惧。"我恨你"翻译过来就是"我恨你在我打了弟弟之后安慰他，但是不安慰我"，或者是"我恨妹妹能长时间陪在你身边，因为她不用上学"。归根结底，孩子的愤怒是对"我害怕你会更爱他们"这种深层脆弱感的一种自我防御。正如神经科学家雅克·潘克塞普所说："缺失的语言，讲述的是痛苦"。

如果你发现孩子之间存在过分的竞争和嫉妒，这往往是一个红色警报，说明你需要加固与孩子之间的联结了。当孩子在父母的爱中感受到强烈的联结感和安全感时，即便我们称赞他们的兄弟姐妹，或因为兄弟姐妹取得的成就表现出高兴的情绪时，他们也不会感觉受到"威胁"。嫉妒和占有欲，实则是不安和压力失调的外在表现。

工具包小贴士

"一对一"的力量

兄弟姐妹之间要分享很多东西。卧室、玩具、吃饭时间、上学之路，当然，还有父母。花时间给每个孩子提供一对一的高质量陪伴，有助于化解兄弟姐妹之间的竞争。每天给每个孩子10分钟，就足以把他们的情绪杯子装满，保证他们与你的联结持续稳固。还能向每个孩子传达我们对他们个人的重视，这样能帮助孩子塑造强大的自我意识，而且我发现，这些专属时光通常是亲子间深度对话的最佳时段。

　　我个人会把"一对一时间"放在气氛最轻松的时候，也就是洗澡和睡前。我会和孩子聊一聊今天发生了什么，我还常常利用这段时间给孩子读一些疗愈故事，有些是我自己编的，有些我会放在后面的参考信息中。这是一个非常好的机会，可以帮助每个孩子，与那些可能影响他们行为的、未解决的情绪，架起连通的桥梁。

　　理想情况下，到了周末，我们也应该跟每个孩子玩上 1 小时。在这 1 小时，他们可以独占父母，无需顾及哥哥姐姐或弟弟妹妹，按照自己的心意选择活动项目，或是出去散步、爬树、涂色、读书、玩棋盘游戏，或者去打保龄球，尽情享受父母全心全意的爱意。只有一条界限不可逾越，那就是：活动成本可控，要安全，且契合孩子的年龄！

　　我发现，"一对一时间"仿佛自带魔力。我的孩子就常在这个时候，毫无保留地向我倾诉他们的感受。彼时，只有一个孩子需要关注，我自己也能全身心沉浸其中，融入孩子的世界。

　　我认识一些家长，他们每年都会特意单独带一个孩子度过一个完整周末。他们可能会去露营，或者待在家里，请祖父母帮忙照看其他孩子。

　　我知道，在繁忙的家庭生活中，尤其是单亲家庭，家长的时间和精力实在有限。但是，尽可能多地为每个孩子创造一对一相处的机会，将会带来非常大的好处，不仅能最大限度地缓和兄弟姐妹之间的竞争，也能让身为父母的我们从中受益。

手足竞争和解决冲突

如果兄弟姐妹年纪相近、性别相同，但性格不同，发生摩擦的几率会更大，但总体而言，手足之间的竞争几乎是每个家庭的常态。如果你想让孩子生活得幸福安宁，想让孩子学会将来如何在职场、社会团体中和别人合作，教会孩子用健康的方式解决冲突至关重要。但是，该怎么做呢？

如果你的孩子年龄不算小了，想尝试自己解决争端，先不动声色地观察是比较明智的选择。你可以看看，如果你不插手，他们能不能成功解决问题。

但是，如果孩子陷入困境，我们就不能袖手旁观，任由孩子独自去解决冲突。要知道，解决冲突是一个很难掌握的技能，如果没人引导的话，很可能是年龄更大、更有力量的孩子"获胜"，这会给孩子灌输一种不健康的权力观念，而且这种观念会影响一生。

当察觉到自己的脾气即将失控时，家长务必在行动前按下"暂停键"。在行动的时候，想象自己穿上那套超级共情盔甲，时刻留意自己的情绪波动，克制想要战斗或逃跑的冲动。介入争吵之前先深吸一口气，以身作则，向孩子示范如何自我调节以及冷静地解决冲突，跟让我们的"狒狒"介入冲突相比，这样做更能帮到我们自己。

不管"谁对谁错"，家长都要共情每个孩子，耐心倾听每个人的讲述。唯有每个孩子都觉得自己被倾听、被理解的时候，他们的"小猫头鹰"才更容易参与进来。如果家长"公平地倾听"每个孩子的讲述，就能让他们相信，遇到困难的时候最好寻求帮助，而不是孤军奋战。坚定且平静地提醒孩子，你们之间有过约定（详见第 11 章），这约定同样适用于兄弟姐妹之间："不许打人，不许伤害彼此，也不能破坏房间。"

帮助你的孩子进行自我调节，可以让他们在告诉你发生了什么之前做一次"手掌暂停"，或做一次深呼吸，这需要努力和练习，但也是非常重要的技能。

工具包小贴士

巨人跺脚和喊叫

在治疗室，如果客户真的很难自主调节情绪，我可能会凭直觉引导他们开展一项躯体练习。如果他们在房间转着圈跺脚、大喊大叫，因为愤怒和不公挥舞拳头，我可能会顺势加入他们，也以同样的能量跺脚、重复他们的话。紧接着，逐渐慢下来，在原地轻轻跺脚。我会深吸一口气，把多余的能量喊出去，至于怎样发声，我只能这样描述：从腹部深处发出"嗷"的音，借此将体内淤积的情绪和能量全都释放出去。然后，我会缓缓抬手，做出"抓取"愤怒能量的动作，将其控制住，再向下引导，仿佛将其"推入"地下。于神经系统而言，这是一项非常好的接地训练。我的客户见状，通常会停下他们的动作，跟随我的引导一样操作。经过这样一番具有表现力又很安全的宣泄之后，他们大多会重归平静，并且高兴起来。

这是一个非常好的方式（时间恰当的话，也可以很有趣），可以展示给有兄弟姐妹的孩子们看，教会他们如何释放体内躁动的能量，跺着脚咆哮发怒，但是把所有的能量都送入地下，而不是让他们的愤怒爆炸，让能量四散，冲击到周围的人。

现在，我的孩子们在解决问题和争端这件事上，已经取得了长足进步（做了很多练习）。不过，人总有疲惫和烦躁趁虚而入的时候，每当这时，就会需要我帮他们去解决这些小麻烦。

不久前，克莱门丝打了威尔伯，在他的胳膊上留下了印记，这可不像她会做出的举动。威尔伯哭着过来找我，我赶忙启用 SAS 沟通法则——先说出我看到的情况。

"哦，威尔伯！我看到你受伤了。过来，宝贝，给妈妈看看。"

我说着温柔的话语，敞开了怀抱，这样能帮他调节情绪，让他的"狒狒"冷静下来，防止他和姐姐的冲突进一步升级。

这时，我会把克莱门丝叫进来。威尔伯感觉被我的怀抱包裹着，这能让我保持冷静，保持好奇。我希望克莱门丝看到，我既为威尔伯受伤而担心，同时也愿意倾听她的说法。我依旧先从我看到的说起。

"克莱门丝——威尔伯胳膊上有一个红印。他很疼，你看起来很生气，发生了什么？"（这是展开一段寻真对话的开场白，却并不意味着我认可她的行为。）

克莱门丝嘟囔着解释："威尔伯总是进我的房间，把我的东西弄乱！"

啊……现在我知道了，威尔伯无聊的时候，他的"狒狒"会想要"制造破坏"，给克莱门丝捣乱其实是想引起她的注意。

"哦，克莱门丝，对不起。我能理解你为什么生气，很抱歉我没能过去帮你。"

我边说边轻轻拍着威尔伯，继续安抚他的情绪。

他知道我也会听他的讲述。我看向他说："好啦，威尔伯，你能说说发生了什么吗？"

威尔伯窝在我怀里，抬眼看了看我，那眼神里藏着的小心思，我一下就领会了！

"嗯，威尔伯，你知道那是克莱门丝的私人空间。如果你觉得无聊，应该来找妈妈。"

然后我又看向克莱门丝，"好吧，宝贝，我知道你现在心里不痛快。但是你知道，不管怎样，打人是不对的。如果你让威尔伯离开，他不听话，你想想，是不是应该来找我，而不是冲他发火，动手打他呀？"

知道发生了什么，我们就能让冷静的"智慧猫头鹰"来处理这个局面了。克莱门丝的"智慧猫头鹰"尝试过正确的做法，让威尔伯不要再去她的房间。显然，多次之后，最终她的"狒狒"发狂了。

这种时候，我觉得不需要去催促他们和解。我希望我的孩子们能去反思，从中学习，了解威尔伯受伤了，打人的行为让我不高兴就行了。我希望克莱门丝自己想明白，她在陷入战斗和逃跑状态之前，应该来找我寻求帮助。我陪着两个孩子一起思考，帮他们剖析问题症结所在，该如何修复，如何继续前行。

"威尔伯，你现在能不能用嘴巴告诉克莱门丝，你进她房间，其实是想吸引她的注意，不是故意捣乱的呀？"

威尔伯:"我只是想让她陪我玩!"

克莱门丝:"但是我那时候不想玩!"

我:"好了,你们现在可以心平气和地说话,这就很棒。接下来,看看你们能不能商量出一个解决办法,而不是大喊大叫或者打人,好吗?"

威尔伯:"对不起,克莱门丝。我刚才很无聊,只是想跟你玩。"

克莱门丝:"对不起,我没控制好脾气。如果你安静坐着,以后可以在我房间玩。我现在还不想玩,不过你等我读完书,我们就一起玩,好吗?"

"好了,克莱门丝真是个好姐姐。威尔伯,她说了,如果你尊重她的房间,按她说的做,你就能在她屋里待着,等她准备好了,就会跟你一起玩。但是你觉得自己能等那么长时间吗?你需要我的帮助吗?"

威尔伯:"我可以读一本书。我能等,谢谢你,克莱门丝。"

有意识地化解冲突,既耗费花时间,又需要反复练习。这对于成年人来说,都是一项难以掌握的技能!但是,通过两个孩子的讲述我发现,只要巧妙地利用SAS——先说(Say)看到的,再承认(Acknowledge)难过的情绪,最后安抚(Soothe)——就能让每个孩子都真切地感觉到自己被倾听、被看见。我还亲身示范了如何冷静地处理问题。我没有大声训斥克莱门丝不该打弟弟,或者批评威尔伯不该去烦姐姐。最终,两个孩子诚心诚意地道了歉,尊重彼此的想法,还学会了日后碰上这样的事情要先来找我求助,避免矛盾升级。

这件事也提醒了我，威尔伯活跃的大脑需要新鲜刺激，而满足这份需求是我的工作，不是克莱门丝的。帮威尔伯反思他的行为，能让他意识到，自己无聊的时候，"狒狒"会做出"出格"的行为。我可以和他一起关注这个问题，寻找一些方法，给他提供更多探索性的活动，比如玩耍、解谜题，或是其他能让他保持活跃的活动，让他在学校或其他场合也能保持好状态。这么一来，他就能收获更多自我认知，将来再碰到无聊或者需要关注的时候，就不会为了找存在感而陷入"捣乱、搞破坏"的恶性循环了。

克莱门丝也因此认识到，她可以相信我，应该在自己陷入"狒狒"模式之前向我寻求帮助，她应该用语言守护自己的底线，而不是用拳头。

每个孩子呱呱坠地，都是独立一无二的个体，有着专属的性格特点和行事风格。让所有孩子都接受一模一样的"培养"，这是不可能的，毕竟家中长子在弟弟妹妹来到这个世界之前，得到的可是父母全心全意的照顾！年龄较小的孩子从小就习惯了和兄弟姐妹一起生活，很多时候，为了引起你的注意，不得不加倍努力。

父母有时会给孩子贴上"难搞"或者是"问题儿童"的标签。家里有 3 个孩子时，这种情况尤为常见。可这负面标签一旦贴上就很难撕下来，还会让我们错失很多重要线索，搞不清楚孩子行为背后的真实诉求。也许第三个孩子频频闯祸，只是因为觉得自己被冷落了，不惜一切代价想让父母关注自己呢？

把你的孩子当成独立的个体来看待，尊重他们独特的表达方式。

有的孩子一生气就会大喊大叫，有的孩子则可能会一声不吭，默默生闷气。用你的 Cs，鼓励孩子用更健康的方式抒发自己的感受，确保他们的心声都能被听见。

边界和如何设定边界

教会孩子围绕自己的空间、身体，筑起稳固的边界很重要。设定边界，不仅能让兄弟姐妹之间学会互相尊重，对孩子日后的生活也有帮助。

工具包小贴士

手掌的力量

卧室里的"无聊大战"结束后，我给克莱门丝支了一招：如果兄弟姐妹，或者其他孩子，贸然闯入我们的地盘，我们可以伸直手臂，双手立起，让掌心朝向"来犯者"，同时，坚定有力、大声清晰地喊出"停！"或"不！"。

这样做，不仅能帮助孩子宣泄掉压力反应中的"战斗"能量，"不！"字出口，更是一个强有力且不容置疑的信号。借助手掌的力量，孩子在自己身体周围设定了一道虚拟的边界。要是父母恰好在听力范围内，一听到呼喊声，就知道是时候介入调解了。

鼓励孩子用不同的音量、语调练习说"停"或"不!",此举意义非凡。如果将来有孩子或成年人试图侵犯他们的边界,这些练习能让他们更从容应对,仅凭有力的声音就能保护自己,不需要用拳头来表明态度。

我们希望孩子长大成人后,面对他人的不当行为,能够自然且妥当地用语言划定清晰的边界。他们练习得越多,就越能熟练、坦然地告诉别人"不,这是不可接受的行为",或是"停止你正在做的事情,我不喜欢这样"。

工具包小贴士

解决冲突:"从我说起"

在我接受治疗师培训期间,参加过"团体治疗"项目。团体治疗时,学生和一名或多名引导者一起交流,讨论各种不同的话题,其中不乏有争议性的内容。练习的目的在于,让每个人都感觉自己的话被听到了,并且,当有人言语冒犯、刺激到自己时,能够找到化解冲突的有效办法。此项目唯一的规则是,发言要从"我"说起。也就是说,不能说"你这么说的时候伤害了我的感情"或者"你说的话真的很冒犯",而要学着说"当你说 X 的时候,我感觉……"。从"我"说起,能让我们掌控自己的感受,避免因为别人"让我们感觉"怎样就去责怪别人。如果别人说的话让我们感觉受到冒犯,或者我们无法认同,这样说,能让我们陈述自己的需求。这样的话,对方就会去反思自己的表达方式，或者多思考一下自己的话会造成什么影响。感到被冒犯的人也能借机审视自己的反应，判断自己的反应是与对方说的话直接相关，还是源于过往创伤。

当兄弟姐妹们间起争端、闹矛盾时，我们不妨鼓励他们从"我"说起。例如，克莱门丝可以对威尔伯说："当你拿起那碗最大的麦片时，我感觉你没把我放在心上。"又如，威尔伯在公园情绪崩溃之后，可能会对麦克说："对不起，我发火了。其实是你昨天带克莱门丝去买新自行车的时候，我很嫉妒，因为我只能要她的旧车。"（这是真实事例——威尔伯现在 9 岁，他的"小猫头鹰"正长出翅膀。）

在成年人的关系中，运用这个方法同样奏效。就像我们在第 9 章的沟通中看到的，从"我"说起，有助于解决那些对我们来说感觉极其重要的事，因为那些感受是非常私人的。因此，当我们分享自己一天的经历，伴侣却明显分心的时候，与其生气、发怒，不如说："我跟你说话的时候，你却拿起手机，我知道你没专心听，我感觉被拒绝了。"

这般表述，给对方留出了（冷静的、较少防御性的）反应的空间，因为当我们分享一些展现脆弱的事时（不要用我们的"狒狒"站出来防御），鉴于我们都能马上意识到被拒绝是什么感觉，我们就能让彼此的"智慧猫头鹰"和"智慧猫头鹰"交流。

以这种方式努力达成相互理解，需要不断练习；如果我们希望孩子效仿，不妨让孩子多观察学习，这是很有好处的。这意味着，我们正在帮助他们掌握一项被安娜·弗洛伊德中心首席执行官彼得·福纳吉教授称为"心智化"的重要能力。

手足争吵常见问题的通用解决方案

发生在汽车后排座椅的争吵

无聊极易引发后座的大骚乱！事前预防总好过事后补救。要注意别让孩子长时间盯着屏幕看，长途旅行要提前做好预案，带好游戏道具、有声书，拟定活动计划，好好想想孩子能做些什么，让他们活跃的小脑瓜一直保持忙碌。

在仪表盘上贴一张写有"冷静"二字的纸条！长途旅行途中，孩子在后座打闹，会给家长带来非常大的压力。我承认，这是育儿过程中最常让我的"狒狒"失控的一件事。如果车内发生骚乱，我建议你找个安全的地方停车，平复一下情绪。记住，任何让我们感到不安全的状况，都会致使我们的"狒狒"感到紧张；当它身处一辆快速行驶的汽车中，当软玩具或不知道什么东西从后座飞过来的时候，我们的"狒狒"一定会真的坐到驾驶位上！

出行前先约定好：座位如何安排；多久换一次座位；孩子争吵时是不是有人要坐到前面去，如果是，谁去坐；还应该约定，只能用善意的语言，不许动手（也不许乱踢），违约的后果是什么，是不是要找个安全的地方停车，所有人下车伸伸胳膊伸伸腿，再加上 20 次开合跳？就像军队中常说的，积极备战，防患未然！

清晨或是夜晚，趁孩子困的时候出发，是让他们在车上睡觉的好办法，他们睡着，你就能享受一段安静的旅程了。

如果没办法让他们睡觉，其他办法也都失败了，那也可以在长途旅行中用老办法（很难！）——用靠枕或行李将孩子隔开，降低冲突几率。

分享

孩子拒绝分享，通常会让家长心理不是滋味，觉得自己失职，没把孩子教育成一个大方、得体、文明的人。实际上，对于那个年纪的孩子来说，分享是一件非常困难的事，如果孩子对那件玩具有情感依赖，更是难上加难。我们固然期望孩子关注他人的需求，但是也不想让他们认为，只要别人索要，就必须交出自己的宝贝。从本质上来讲，我们不希望孩子长大以后变成那种一味将别人的需求排在自己需求前面的人。

但是我们要教孩子学习共情、控制冲动、适应团队工作，掌握谈判技巧。那么，我们该怎么做呢？

让你的孩子认识到，自己有需求可以提出来，但是也要接受被拒绝，如果兄弟姐妹在玩那个玩具，就得耐心等待，直到对方乐意交出。有些心理学家称之为"长时轮流等待"。一开始，家长可能需要我们提供一些帮助，因为长时间轮流等待是一项需要磨炼的技能。在我家，有时意味着我要陪正在等待的孩子做游戏——但是，随着时间的推移，这件事会变得更容易。这是值得投入时间的事，因为我们帮孩子了解了：

- 我可以哭，但事情不会总是尽如我意。

- 我可以坐着等待，相信"一切都会向好的方向发展"（自我调节）。
- 我觉得难以做到也没关系，有妈妈和／或爸爸在，他们会帮助我。
- 当兄弟姐妹把我想要的东西给我时，感觉真的很不错。这说明他们理解我的渴望，而且做出了善意的行为。我也可以学着这样对待他们，然后体验一下慷慨是什么感觉。我想象得到，当我的兄弟姐妹等着想要一件东西的时候，是什么感觉。
- 我自己的东西，想什么时候用就什么时候用，这种拥有自主权的感觉真好。

我们需要帮助孩子学会分享。分享可能是一件很难做到的事，但是当我们教孩子们学习长时轮流等待时，就是在培养同理心、增进兄弟姐妹之间的温情，领悟善良的真谛。

相约玩耍

我一直希望我的孩子们，在跟玩伴相约一起玩的时候，如果可以的话，让另一个孩子也参与进来，但我不会强制要求他们这样做，因为朋友来访，每个人的感受是不一样的。我也清楚，威尔伯觉得有趣的，克莱门丝不一定这么觉得，因此我要求他尊重这样一个事实，那就是克莱门丝想跟朋友安静地待在屋里时，不希望他闯进她的房间。然而，对于一个孩子来说，看着兄弟姐妹跟别人玩得很开心，可能会有些难过，因此我会提议跟他一起做一些事，借此提供了急需的一对一时间。

你最爱谁?

我们从来不希望孩子们心存"父母更爱另一个孩子"的疑虑。如果你的孩子有这样的担心，这就说明你的 Cs 需要加固了。很多人会对孩子说"我对你们的爱是一样的"，大体没错，但随着孩子慢慢长大，我们的表达要更加具体。

我可能会说:"这是一个非常有意思的问题，答案毋庸置疑，我非常非常爱你们两个。你们两个对我来说都很重要，没有你们中的任何一个，都会让我失去方向。世界上不会有另外一个像你一样的孩子，因此我无法比较!"我可能会进一步强调:"你知道吗? 我的爱非常非常多，比天上的星星还多，足够平等地爱你们两个。"

如果你的孩子看起来还是不信，我们可能要去深挖背后的"为什么"了。

"我听到了，你心里说不定在想，这是真的吗?"

"或许你心里有一部分在想，我是不是更爱克莱门丝。我说的对吗?"

在这种时候，要勇于射出真诚之箭。如果孩子哭了，说明那个包裹着伤害的"泡泡"破了，接下来你就可以安抚孩子了。

"哦，宝贝，你心里藏着这么大的事。孩子有时候会怀疑妈妈更爱别人，这很正常。但是这确实是一件大事。我在想，是不是发生了什么，才让你这么担心？"

　　接下来，你们就要展开那种意义重大的重要对话了。

　　怀揣好奇心，不仅要认清问题，还要认清问题背后的担忧或恐惧。然后，你就可以相信，你安慰、温柔的话语有着超乎想象的治愈力量。

16

让孩子远离因原生家庭变故所带来的伤害

"听起来可能很简单，但是毫不夸张地说：
一开始就认识到问题是什么，是最重要的。"
儿科医生，纳丁·伯克·哈里斯

　　我有一个朋友，父亲在她出生没多久就去世了。不久前，她跟我说，上小学的时候，她会告诉朋友们，自己的爸爸从不露面，是因为他是个大明星。这个谎言，她一瞒就是好些年，直至青春期，愧疚与羞耻感如影随形。所幸，一个朋友温柔劝解，帮她卸下了这个沉重的负担。

　　孩子对归属感的渴望与生俱来、十分普遍。被群体排斥会让原始的"狒狒脑"感到难以承受。这致使孩子对"差异"格外敏感、警觉，无论是自己身上的差异，还是他人身上的差异，都是如此。父母离异、入狱、分居……，或者相较同龄人父母年纪偏大，再或者家境欠佳，这些在大人眼里稀松平常的事，于孩子而言，却可能是天大的困扰。因此，我们必须充分考虑孩子在学校的种种经历，洞察他们如何看待自己在这个世界的位置。《我的皮肤，你的皮肤》的作者劳拉·亨利·阿莱恩（大英帝国员佐勋章获得者），在这方面的工作取得了非常棒的成果。她说："我们时常忽略，让每个孩子对自身背景、身份，以及'我是谁'满怀自信，有多重要。孩子讨论身份话题的时候，我会请孩子用绘画、文字，或是标记来呈现家庭成员。当看到孩子们展示的他们对家庭成员的理解，以及对自身来处的诠释时，我屡屡深感震惊。很多家长反馈，这是孩子第一次思索背景相关的问题。知道自己从哪儿来，对孩子的自尊心和自我认知意义重大，哪怕祖辈来自不同国家。孩子理应能够自由地谈论本民族的美食、语言和节日，这些传统不应该让他们感到耻辱，而应该感到骄傲。同样，老师应该熟知每个孩子的背景——比如种族、信仰、文化，毕竟，并不是所有孩子都跟爸爸妈妈一起住，孩子们生活在不同类型的家庭中，亲戚家、单亲家庭，不过是其中几例。"

怀揣专业的好奇，以轻松的方式探询孩子经历中的敏感事宜，是很有必要的。福尔柯克城贝恩斯福德小学的校长苏珊娜·麦卡弗蒂说："我刚开始当老师的时候，被派往一个非常贫困的地区，事先没人告诉我，我要照顾的孩子过着什么样的生活。我想当然地以为，孩子们都来自和我类似的家庭，结果给一个不带作业本的男孩带去不少麻烦。校长把我带到这个小男孩家，眼前景象让我震惊，屋里连张床都没有，更别提作业本了。那一刻，我如梦初醒，意识到必须以不同的方式教导孩子。"

顾及孩子的经历——他们是否有人照料、有无亲人离世、父母是不是正在经历一场艰难的离婚，或者他们自己是不是正在经历一段艰难时期——并留意感受上的潜在差异，这样我们就能体谅孩子行为模式的多样性。儿童精神科医生布鲁斯·佩里博士建议，学校教职工应记录与有困难的儿童，尤其是那些亲情缺失的儿童，进行积极互动的次数，确保任何需要支持和安全感的儿童都不会被忽视。

通过对你所有的"Cs"进行投入，奠定最坚实的基础，这将确保我们的孩子不仅会感到更加安全，还能收获更强的情感联结，体会到被充分理解的温暖。

困难

人生漫漫，大部分人都会在某个节点遭遇困境，孩子也不例外。差异、残疾、离婚、分居、失去亲人、搬家、转学、疾病事故，或其他重大生活变故，都可能成为挑战，很少有人能置身事外。

研究表明，身处逆境时，如果有情感上可以依赖的成年人给予援手，陪我们一路披荆斩棘，我们就能熬过艰难时光。

失去和悲伤

然而，我们必须认识到，孩子经历失去时，内心承受的痛苦丝毫不亚于成年人。亲人离世、父母离婚、老师离职、最好的朋友搬家，甚至因家长忙于照顾其他孩子，让孩子产生"失去"了父母的感觉，都是"失去"的表现。当然，失去带来的痛苦会刺激身体大量分泌一种名为乙酰胆碱的化学物质，致使孩子愤怒或充满敌意。

因此，如果孩子难以适应家庭互动方式的变化或生活的重大变化时，对他们表示同情至关重要。此时，向孩子传递爱、安慰和理解（而不是惩罚或批判），不仅能抚平他们的情绪，还能促使他们的大脑分泌具有安抚功效的化学物质。

🧰 大脑工具箱

"对悲伤的孩子予以身体安抚，大脑会释放天然的具有镇静作用的阿片类物质，以及令人愉悦的化学物质——催产素。这种物质能有效抑制有毒化学物质乙酰胆碱（很容易让悲伤的孩子转向愤怒）水平过高。这就是为什么对于那些因为失去而深陷痛苦的孩子来说，得到安慰至关重要。"

——儿童心理治疗师马尔格特·桑德兰，《帮助孩子面对失去》

彼得·莱文博士和儿童心理治疗师马吉·克莱恩在他们的著作《让孩子远离伤害：父母如何培养自信、快乐、坚毅的孩子》中谈到了离婚和亲人离世这类复杂议题。这一话题庞大且多面，如果你正在经历失去，我不期望自己能充分描述出你和孩子的痛苦和悲伤，仅提供一些基本指引。

如果某个跟你关系亲密的人（或动物）去世了，你可以和孩子一起制作一些图片纪念那个人（或动物）。你们可以一起写一封信，描述所有会让你们怀念他的事，把其中印象最深刻的瞬间画下来，再把这些东西珍藏在纪念箱里。鼓励孩子主动想一些方法来记住他们想念的人，无论是搬走的好朋友、离职的老师，还是故去的亲人。很多时候，只需要默默陪伴，就能陪孩子度过生命中的悲伤时刻。

如果面临搬家、转校，或者家庭环境变动，也可以提前跟孩子讨论——新家是什么样的、新房间刷什么颜色、在新学校能尝试什么运动、会想念什么、能期盼什么——借助这些对话，帮孩子理解改变，让他们的"蜥蜴"和"狒狒"感到放心。只要有你稳定地陪伴在身边，孩子就能闯过重重难关。倘若你自己也心绪难平，不妨把自己的感受坦诚地告诉孩子，让孩子看到你的脆弱与坚强，这对他们来说，是宝贵的成长一课。

如果你的孩子实在难以承受失去亲人或家庭变故的痛苦，主动寻求儿童丧亲慈善组织和儿童咨询机构的帮助，不失为明智之举。我个人认为，马尔格特·桑德兰博士的儿童治愈故事也颇为实用，尤其是《大海永远消失的那天》和《渴望月亮微笑的青蛙》。

在困境中也不要忽视团体的力量。无论是因为信仰、友情、亲情，还是治疗结缘的团体，在艰难时期，都能成为坚实依靠。找到与你同行的人，我们走出困境的胜算便更大，也能更好地帮助我们的孩子。

如果你的孩子正经历重大变故，出现强迫行为，甚至表现出伤害自己（或他人）的意图；或是你发现很难跟他们沟通，不知道如何提供帮助时，那么一定要主动向你的全科医生或其他健康专家，以及周围的支持系统，比如社区、网络、学校求助。寻求支持和指导，绝非软弱或可耻的表现。我的前心理治疗师丽莎·艾尔常说："主动寻求帮助的人，才是最勇敢的。"

寻求帮助很重要，因为某些经历带来的巨大压力、恐惧与痛苦，可能引发创伤。创伤，指生理或心理难以承受的经历或事件，该词源于希腊，本意是"伤口"。

临床医生、创伤专家加博尔·马泰博士的总结恰到好处，他说创伤"会给你的神经系统、身体留下印记，日后以各种对你无益的方式显现出来"。

毫不夸张地说，创伤即便不是造成儿童（儿童最终会成为成年人）心理健康问题的元凶，也是关键因素之一。

尽管谈论创伤难免沉重，却不可避免。研究显示，多数人都接触过经历创伤事件的人，甚至自己就曾深陷其中。创伤成因繁杂，既有战争或自然灾害这类显性创伤；也有势群体遭遇不公，比如性虐待、情感或身体忽视、家庭暴力；还有常被提到的小创伤，像是缺爱、霸凌、家庭分离、语言暴力、严厉的批评（即便出自好意）、拒绝。潜在的社会背景因素，比如贫困、种族歧视，在家或在社区缺乏安全感，同样不容忽视。

临床医生现在已经明白，造成创伤的并非事件本身，而是我们内心的反应。临床心理学家露西·约翰斯通博士说，内心的反应也包括我们给各种情况赋予的含义。"一个孩子，无法向成年人倾诉自己所受的虐待，获取安慰，就有可能滋生消极、具有破坏性的念头，比如'我很坏，这是我的错'。"

内心的反应，很大程度上取决于外界给予的关爱和支持。这就解释了，为什么面对一样的事，人们会做出不一样的反应。马泰博士表示，创伤会影响我们的健康和行为，因为"儿童，尤其是高敏感儿童，可能会因为各种各样的原因受伤，包括情感需求没有得到满足，或者没有感受到被看见或被接受，哪怕是从最爱的父母那里也没感受到"。

儿童时期的创伤若得不到解决，会给未来的健康埋下隐患。美国疾病控制与预防中心和凯撒医疗集团联合开展的"童年期不良经历研究"，是针对儿童期虐待和忽视以及家庭挑战，进行的规模最大的调查之一，多次调研结果揭示，没有得到解决的创伤会对身心健康造成长期负面影响。

儿童的大脑和身体尚在发育，对压力和创伤尤其敏感。儿童期经历太多逆境，不仅会影响大脑结构和功能，也会干扰孩子的免疫系统、荷尔蒙系统的发育，甚至影响 DNA 的读取和转录。

值得庆幸的是，逆境和创伤并非不可战胜，只是如果让孩子或我们独自面对，往往力不从心。我在这本书中的提到的所有信息和练习都可以被视作"创伤知情"。我与多家为学校提供支持的创伤知情组织有合作关系，如果你需要更多资源，可以按照前文提及的组织名称进一步查询。另外，我强烈推荐大家观看杰出的儿科医生、前加利福尼亚州卫生局局长纳丁·伯克·哈里斯博士的 TED 演讲，她在该领域贡献卓越。

伯克·哈里斯博士称她的工作充满希望，我深表赞同。因为，虽然导致创伤的原因看起来复杂、沉重，但解决办法往往比我们想象的简单。基于她广泛的科学研究——查阅了 16000 篇期刊文章，她发现规律作息、适度锻炼、均衡营养、保持正念、关注心理健康、维系健康关系，是治愈创伤的关键要素。

创伤专家彼得·莱文博士说，"创伤或许是人类痛苦根源中，最被回避、忽视、贬低、否认、误解，且久未解决的部分。"

我想，之所以如此，是因为人们觉得创伤可怖，或是担忧解决难度太大。但事实并非如此。在研究和培训期间，我有幸结识一些成功克服了童年创伤的优秀人士，他们和我一样，用亲身经历证明，童年经历虽会雕琢我们，但无法决定我们会成为什么样的人。

无论当下感觉多么偏离正轨，只要确保作息、锻炼、营养、正念、心理健康、健康关系这六个因素平衡，就能重燃希望，找回方向。

工具包小贴士

提升幸福荷尔蒙

我们可以从提升幸福荷尔蒙开始，它们分别是多巴胺（dopamine）、催产素（oxytocin）、血清素（serotonin）和内啡肽（endorphin），简称 DOSE。

跳舞、锻炼、听音乐、做按摩，甚至一个简单的拥抱，都能促使幸福荷尔蒙悄然释放。那些能提升幸福荷尔蒙的事，并非"可有可无的美好"，诸多研究已经证实，它们能抵消毒性压力的影响。

例如，催产素的分泌会抑制那些触发"战斗或逃跑"应激反应的荷尔蒙。这意味着，健康的关系能够赋予身体抵御毒性压力的能力。实际上，正如纳丁·伯克·哈里斯博士的研究所示，高质量的抚养关系真的可以改变孩子的大脑结构，通过磁共振成像技术便能进行验证。

这就是让我感到兴奋的原因，也是我写这本书的原因！我很清楚，只要你的 Cs 全部就位——尤其是其中的同情、联结和沟通——你不仅能彻底改变和孩子之间的关系，还会坚信：你的爱有治愈的能力。这就是为什么我相信，无论前路多少艰难险阻，希望之光永不磨灭。

工具包小贴士

来回摇晃

借助有规律的重复性活动，能改变大脑神经网络。正如那项针对伦敦出租车司机所做的研究（参见第 272 页）所示，长期激活的神经网络，势必会发生变化。为了帮助那些经历过创伤的孩子调节情绪，让他们的大脑重回有序状态，我们可以引入模式化的重复性刺激，激活与压力反应相关的、失调的神经网络。

我在第 3 章中提到过蝴蝶拥抱和眼动脱敏再处理疗法，对于自我调节来说，这些方法非常有效。眼动脱敏再处理疗法除了可以用于心理治疗，还能帮助人们处理与挥之不去的创伤性记忆相关的负面图像、情绪、观点和身体感觉。

其他有节奏的重复性活动，也能帮助我们和孩子克服困难，平衡情绪。这类活动包括散步、听音乐、进行有节奏的呼吸、练瑜伽或跳舞、打鼓、抚摸宠物、跳蹦床、荡秋千、享受按摩，以及许多可以通过系统安排提供帮助的日常活动。我就在治疗室里放了一个小型蹦床，效果堪称惊艳。每次治疗开始时，给有需要的孩子 5 分钟，让他们在蹦跳中调节情绪，进而从容地面对那些难以应付的记忆和情绪。

大脑工具箱

> "这些经验中的节奏很重要。脑干和间脑，于子宫内形成，并在生命早期得到强化的，有节奏的体感活动之间，存在多种强有力的关联。大脑会将同时出现的神经活动模式联系起来。所有文化都存在某种形式的模式化重复性节律活动，作为治疗、哀悼仪式的组成部分，比如跳舞、打鼓、祈祷（诵读礼拜仪式祈祷文时轻轻摇摆）。眼动脱敏再处理疗法和轻轻拍打身体两侧，本质上就是这种模式化的重复性节律体感活动的变体。在你重塑创伤事件的认知图像和情感记忆时，通过拍打这些强烈的'起调节作用的'记忆，你就能缩短'创伤'记忆。"
>
> ——儿童精神科医生和创伤专家，布鲁斯·佩里博士

佩里博士在美国开展的研究表明，30%—40% 的儿童，在 18 岁之前会遭受家庭暴力、性虐待、身体虐待、严重自然灾害或交通事故等或大型或小型的创伤。

创伤会一直存在，我们直面创伤的时候，或多或少会感觉到不自在，但当我们一起面对时，就有可能彻底克服它。共同面对很重要，因为正如精神科医生和《纽约时报》畅销书《身体从未忘记：心理创伤疗愈中的大脑、心智和身体》的作者巴塞尔·范德考克博士发出的警告："当我们没有感受到被看见或被理解，创伤就会发生。"

当涉及行为"障碍"诊断时，我们要注意这个警告。

"障碍"

近年来，被诊断患有儿童神经发育和行为障碍的儿童数量激增，注意力缺陷多动障碍 (ADHD)、注意力缺陷障碍 (ADD)、违抗性障碍 (ODD)、强迫症 (OCD)、感觉处理障碍 (SPD)、自闭症谱系障碍 (ASD) 等疾病名称，愈发频繁地出现在大众视野。如果孩子出现行为问题（或是已经确诊），家长满心疑惑，试图从这些诊断标签中找到答案，这也是人之常情。

神经发育障碍，是指会影响大脑功能，改变神经系统发育，导致社交、认知和情感功能障碍的疾病。

临床心理学家露西·约翰斯通博士郑重提醒，给孩子做诊断时，家长务必充分了解情况。她说："整个精神病诊断领域都存在很大的争议，意识到这一点，可能会有帮助。孩子们在集中注意力、管理自己的情绪、交朋友和与他人相处等方面确实会遇到困难，关于这一点，没有人会提出质疑。关键在于，将这些问题定义为心理健康或神经发育'障碍'是否合理，或者，是否可以将他们的问题视作特定环境下的正常反应？"她补充道，"部分专业人士直言，当下并没有确凿的科学证据可以证明，这些孩子的大脑'连接方式与众不同'，或是他们遗传了什么基因疾病。因此，除非是极端个案，他们不愿意轻易下诊断、开利他林之类的处方。"所有这些问题都需要认真考虑，因为每个孩子都是独一无二的，每个孩子都有自己的长处和短处，都需要一条适合自己的前进道路。

针对这个话题深入下去，就超出本书讨论的范围了，但是作为一个有着复杂创伤经历、确诊过注意力缺陷多动障碍的过来人，我愿意分享一些个人心得和研究成果，希望能帮到大家，也希望能让大家安心。

无论诊断结果如何，请牢记，孩子终究是孩子。**他们的成长轨迹或许各异，但无一例外，都渴望安全感、被看见、被爱、被理解。**每个孩子在调节情绪的问题上都会偶尔遇到困难，有额外需求的孩子遇到的困难可能更多。只要我们的 Cs 就位，我们就能及时给孩子提供帮助和支持。

我知道，养育高需求的孩子往往更具挑战性。我也知道，如果孩子被诊断出名称中带有"障碍"二字的疾病，更易让人慌乱，甚至感到恐惧。但请记住："正常"没有标准答案，没有人能垄断"正常"的定义。我们都处于"人类光谱"中。有些孩子只是用不一样的透镜看世界，行事风格别具一格。有些历史上的伟人，放在当下，没准也在"人类光谱"内。如果你想和孩子分享一些聚焦大脑卓越技能和"超能力"的故事，相关素材非常多。

我们可以帮助我们的孩子养成强大的适应力，帮他们深刻地理解并感受自我接纳。我们可以帮助他们赞美自己的天赋和聪明的大脑，不让他们觉得需要改变自己本来的样子。

正式诊断能答疑解惑，给那些令人费解的行为问题提供一个名号——孩子坐不住、容易分心、情绪失控、坐立不安、打架、对立、强迫，或是对噪音、气味、味道及触摸过的东西高度敏感等行为，自此有了缘由。一个诊断，能帮助我们把这些行为放到更宏观的背景中审视，也能让我们更有耐心。

知晓孩子在多数时候并非有意为之，实则在表达自己的需求后，家长就能共情孩子当下的困难；凭借诊断结果，还能从家族、学校的教职工那里获得更多同情和支持。

诊断当让能让我们有更清楚的认识，但是，也存在一个危险，那就是贴上标签会让人形成刻板印象，对他人如何看待我们的孩子，以及我们孩子看待他人的方式造成影响。标签会让人产生过高或过低的期望，令孩子"迷失"其中，误把标签当终身定义。标签也会指向药物，一旦误诊，后果不堪设想。标签还可能掩盖孩子的真实生活背景，将家庭暴力、霸凌等创伤引发的问题，统统归咎于注意力缺陷多动障碍。

误诊，无疑是亟待重视的严峻问题。比如，给没有注意力缺陷多动障碍的孩子用药，会严重危害孩子的健康和安全。注意力缺陷多动障碍的诊断，主要基于问卷或访谈作答，这就使得诊断过程具有相当高的主观性。纳丁·伯克·哈里斯博士认为，注意力缺陷多动障碍的误诊率高得惊人。她举过一个例子，说转诊给她的患有注意力缺陷多动障碍的 100 个孩子中，只有 3 个真正患有这种疾病。一些专业人士会争辩说，这样的诊断没有提供太多解释，也没有提供医学上的治疗方法，只是一种表示"孩子深陷困境"的方式。

毫无疑问，很多孩子都因为行为问题苦苦挣扎，不是因为各种"障碍"，又是因为什么呢？临床医生点明了创伤和精神诊断之间的"混沌地带"。

🧰 大脑工具箱

"很多有创伤经历的孩子和青少年被贴上了多动症或自闭症的标签，有时根本不问他们生活中发生了什么，不听他们的故事，就开出处方。问题是，这两种'障碍症'和在创伤性压力下生活，以及痛苦的心理状态之间，存在重叠的症状表现。被误诊往往会给受创伤的儿童和青少年带来更多痛苦，因为他们要承受创伤的后果，却没有适当的干预措施帮助他们康复。"

——儿童心理治疗师，马尔格特·桑德兰博士

正因如此，桑德兰博士呼吁，在给任何一个儿童做出诊断之前，临床医生必须先问两个问题：孩子为什么会这样做？孩子身上发生过什么事？

我们希望误诊是罕见事件，但是童年负面经历研究发现，一个人经历的逆境和创伤越多，被诊断为注意力缺陷多动障碍、行为障碍或自闭谱系障碍的概率越高。

比如，一个年纪非常小的孩子经历一场车祸之后，可能会不再说话。如果没有意识到这场事故，医生可能倾向于做出自闭症谱系障碍的诊断，实际上孩子的选择性沉默源于未解决的创伤。一个孩子总是生气，拒绝"按照要求做"，可能会被贴上"抗拒指令"的标签，实际上可能是他们正因遭受霸凌陷入挣扎，但是羞于开口。

证据显示，很多孩子在处理深层的问题时，或者明明没有任何"障碍"，却会被贴上"障碍"的标签。孩子的行为可能是在告诉我们什么，如果我们急于贴标签，就会错过真相。

再来看看 7 岁女孩艾拉的例子。艾拉因为不会眼神交流，对噪音和社交场合高度敏感，有进食问题，被诊断患有自闭症谱系障碍，日常还伴有手部摆动、抗拒日程变化等焦虑表现。但神奇的是，当艾拉去找她的阿姨时，她所有的症状都会消失。

儿童精神科医生萨米·蒂米米博士质疑自闭症谱系障碍和注意缺陷多动障碍的现有评估方式，他说，如果一个孩子的症状时有时无，例如他们在家里可以进行对话，但在学校却不能（反之亦然），他们可以与某些人互动，但不能与其他人互动，又或者他们在某些环境中可以放松，但在其他环境中却不能，那么我们便要考虑其他病因，毕竟，"如果你有神经损伤，你就是有神经损伤。你不可能随意开启或关闭神经损伤"。

随着技术的发展，我们对神经系统疾病的认识愈发深入，诊断的准确度持续提升，有望减少不必要的药物治疗。

药物虽然对部分孩子初期见效，但极具争议。父母优先探索非药物治疗方案似乎才是明智之举。

⚒ 大脑工具箱

"在儿童精神病学领域，针对给有注意力问题的儿童使用精神兴奋类药物的研究，比任何其他药物都多。结果喜忧参半。超过 5000 项研究报告称，对许多儿童来说，在注意力方面有立竿见影的积极效果。然而，在控制最严格的纵向研究中，和非药物干预相比，精神兴奋类药物不仅没有优势，还对生长发育有显著的负面影响。"

——儿童创伤研究院儿童精神科医生，布鲁斯·佩里博士

不管孩子行为问题源于神经性疾病、创伤，还是两者兼而有之，当我们把注意力集中在帮助他们改善行为时，就能最大限度地给孩子提供帮助。经验告诉我们，陪伴孩子穿越悲伤、帮他们处理和理解生活变故，那些令人揪心的症状和行为往往会得到缓解。

我知道，心理健康问题错综复杂，让人手足无措，我也知道，孩子的异常行为很容易引发家长的担心，甚至恐惧。但请相信，希望一直存在，只要我们团结一致、互相支持，一定能找到答案。

当我们弄明白行为背后的驱动力，就不会被诊断标签"一叶障目"，而是更想探寻孩子真正的需求。要知道，一纸诊断不能定义孩子，被贴上的标签或者艰难的生活经历同样不能。

我采访过很多临床医生和专家，在写这本书的过程中，我也研读了他们的著作，他们认为，儿童失调行为越发常见，应该放到西

方文化近期发生变化的背景中加以考虑。当下，人们多生活在孤立的核心小群体，缺失集体庇护；父母压力爆棚，无暇陪伴孩子；学校重成绩、轻体育，排名竞争白热化；社交媒体、屏幕使用时间攀升，孩子生活愈发静态；饮食上，糖、脂肪摄入超标，维生素、矿物质、脂肪酸等营养元素摄入不足。当我们探寻孩子大脑发育与行为成因时，又怎么能忽视这些因素呢？

或许，是时候转变观念了：出现失调、发生障碍的，不是我们的孩子，而是他们所处的生长环境。

大约 20 年前，神经科学家雅克·潘克塞普便预警，孩子活动太少，在教室里坐着的时间太长，会推高注意缺陷多动障碍的确诊率。肯·罗伯逊爵士等有影响力的教育学家，呼吁改变学校体系，考虑加入更多有证据支撑的，有助于儿童健康发展的实践活动，不要痴迷排行榜和学习成绩。视频网站上的一个热门视频曾犀利指出："大多数儿童的痛苦并非源于心理健康问题，只是因为他们身处童年。"

临床医生也指出了环境中会影响儿童大脑发育的压力源。大量研究表明，母亲的生理与心理状态，对胎儿大脑的健康发育至关重要。比如，我们现在已经知道，子宫内的胎儿会直接感受到母亲的压力。

早在 2004 年，研究人员就报告称，受压力和抑郁困扰的女性生下的婴儿，将来出现学习和行为问题的风险显著增加，而且"随着年龄的增长，他们自身可能更容易患上抑郁症和焦虑症"。

加博尔·马泰博士在《正常迷思》一书中引用了卡尔加里大学的护理学教授妮可·勒图尔诺博士的话："我们知道，孩子出生前的抑郁、压力和焦虑，可以成为孩子出现行为问题的预兆。我们可以在几年后，努力纠正孩子的这些行为，或者给孩子用药，也可以从一开始，就给予孕妇提供她们所需要的支持。"

2018 年，一群心理学家和接受过心理服务的人发布了《权力威胁含义框架》，目的是帮助人们了解，为什么包括儿童和成人在内的所有人，有时会因为一系列的强烈情绪陷入挣扎，比如困惑、愤怒、恐惧、绝望、情绪波动、幻听、自我伤害、进食困难等。《权力威胁含义框架》认为，不要使用诊断标签，这些非常真实的体验，放在我们的人际关系和社会环境背景，以及我们生活的社会和文化准则中，可以解释清楚。当我们填补这些空白时，我们可以清楚地知道，为什么儿童（和成人）会有这样的反应，也能看到最能改善现有局面的前进道路。

《权力威胁含义框架》建议，通过以下四个核心问题，帮我们更好地了解我们的困境。这四个问题分别是：

- 在你身上发生了什么事？
- 这件事对你产生了什么样的影响？
- 你觉得这件事有什么意义？
- 你必须要做些什么才能获得救赎？

我们以 7 岁的山姆为例，这个孩子在学校频频捣乱，面临注意缺陷多动障碍评估。当我们带着好奇心和同情心，探寻那四个问题的答案时，真相逐渐浮出水面：

在你身上发生了什么事? 山姆在学校遭遇霸凌。与此同时,他的父母正在准备离婚,一心只想着解决他们自己的问题,无暇顾及他。

这件事对你产生了什么样的影响? 无论在学校还是在家里,山姆都无法获得安全感,他很担心会跟他的爸爸和妹妹失去联系。

你觉得这件事有什么意义? 山姆自责父母离婚是自己的错,他认为父母或许已经不爱他了。他害怕那些欺负他的孩子,他们说的那些难听话让他感到难过。

你必须要做些什么才能获得救赎? 山姆没有办法把他的恐惧告诉别人,因此他只能通过愤怒、破坏性行为来宣泄。他还希望借此摆脱霸凌。

身为儿童心理治疗师,我遇见过很多"山姆"。面对这类孩子,好奇其行为背后的驱动力的同时,我会思考:这种破坏行为到底是注意力缺陷多动障碍作祟,还是另有隐情?愤怒爆发,会不会是不是"狒狒"对威胁的本能回应?孩子的生活中是不是发生了什么事?

一旦家长或老师得到山姆的信任,就能知晓他的困境,便能利用书中的方法,结合孩子的优势和资源,帮他度过难关。反观注意力缺陷多动障碍的诊断，可能会掩盖真相，同时向他传递和那些霸凌他的孩子一样的看法——他有问题。

　　当我们思考孩子的行为以及我们面临的复杂局面时，一句非洲谚语显得格外有先见之明——"养育一个孩子需要全村的力量"。如果我们真的想要解决"行为障碍"日益增加的问题，必须去思考，我们是怎样把孩子带到这个世界的，如何才能给新手父母和受他们照顾的幼儿提供最大的帮助。

17

在育儿这条漫长的道路上，尝试结交更多的同伴

"如果我们能构筑这样一个社会：在所有的
成年人身上都能看到孩子的一面，在每个
孩子身上都能看到成人的影子，我们就可以
开始让这个社会变得更好。"
——威尔士王妃

　　确保未来世代的成年人过上幸福美满的生活，符合我们所有人
的利益。实际上，未来社会的模样就取决于此。因此，养育孩子责
任重大。可叹的是，社群结构的变迁让我们的家庭生活更具挑战性，
家长们时常深陷孤独和迷茫，越发不知所措。

　　情况并非一直如此。

🧰 大脑工具箱

"自人类诞生以来,在 99.99% 的漫长岁月里,人类都生活在由多个家庭组成的大家庭社区中,发育成熟的个体与成长中孩子的数量比例平均能达到 4∶1。这是一种非常理想的状态。现在,如果是 1 个成人对应 5 个孩子,我们会觉得难以置信。我们会觉得这太惊人了。如果以我们大脑的喜好和需要为标准,这个比例才达到理想标准的二十分之一。"

——儿童精神科医生,布鲁斯·佩里博士

人是社会性动物,孩子大脑的健康发育离不开大量关系互动;他们的父母也是如此。在最后一章,我们要谈到第十大支柱,也是最重要的一个"C":社群(community)。

在一众剖析家庭和近十年社会结构演变的佳作中,大卫·布鲁克斯旗帜鲜明地倡导回归多代同堂的生活方式。他说,这样能为父母对抗生活的惊涛骇浪构筑起关键的缓冲地带。他在文章开头描绘了一个家庭过感恩节的场景:

"很多人都亲历过这样的场景:几十个人围着临时搭起来的家族聚会餐桌,一起庆祝感恩或其他节日——兄弟姐妹、表亲齐聚一堂,叔伯婶姨往来其间,祖父母乐此不疲地讲起家族故事,第 37 遍也不嫌多……吃完饭,洗碗池堆满餐具;地下室里,一群孩子在淘气地密谋着什么;走廊上,年轻的父母们忙着做计划;沙发上,长辈打盹小憩，静候甜点上桌。这般大家庭，看似复杂却满溢亲情，尽显令人疲惫的壮丽荣耀。"

布鲁克斯继续写道，大家庭不仅让父母更具韧性，更是孩子成长路上坚实的社会性支撑。他指出，大家庭人口众多，可以共同分担意料之外的负担，比如孩子突染疾病、父母失去工作。

很多文化仍然沿袭并享受多代同堂带来的好处。我对以这种方式养育孩子的父母充满敬畏（甚至有点羡慕）。然而，像我家这样，仅由核心成员组成、偶尔才奔赴远方探访亲人的小家庭，才是社会常态。

这就导致很多儿童或青少年，在生活中没有几个在情感上可以依赖的人，即便在学校也是如此。小学的师生比通常是一比三十，再结合当下电子产品风靡，屏幕使用率飙升，人际互动愈发匮乏。儿童精神科医生警告称，多代同堂现象和人际关系的疏离，不仅会削弱孩子爱人、共情的能力，而且会影响他们日后在更广泛的社会中健康履职的能力。

🧰 大脑工具箱

"我们真的很担心，因为我们看到了变化，孩子在学校的生活、与他人互动的方式、在群体中的状态，乃至参与和投票的方式，所有这一切都或直接或间接地与共情能力相关。如果我们养育孩子所处的文化背景，不能提供足够的机会发展由大脑介导的能力，那无疑是走上了一条糟糕的轨道。"

——儿童精神科医生，布鲁斯·佩里博士

　　显然，我们与孩子健康成长所需的理想环境，和现代社会所能提供的现实条件，是脱节的。我们要怎样做才能解决这个问题呢？

　　打造一个以孩子的福祉为核心的社会，势必要将神经发育领域的研究，融入每一项关乎孩子及其照顾者的政策中。我们还应该坚持让那些照顾儿童的人接受系统的儿童发展科学教育。对于那些拥有丰富经验的老师和照顾者，以及他们对孩子的奉献，为孩子社交、情绪和认知发展所倾注的心血，我们理应给与更多认可与褒奖。我由衷期望，所有投身教育、营造健康成长环境的人，其价值能在薪酬待遇上得到如实体现。照顾幼儿、呵护特殊需求儿童的家长，以及志愿者、辅导员、亲属照顾者、养父母、寄养家庭照顾者和导师们，他们的功绩同样不容小觑，值得全社会致以敬意。

　　在学校，不妨增加可以给予情感支持的成年人数量，让孩子在日常学习中有更多与成年人一对一互动的机会。这一措施不仅惠及孩子，长远来看，还能减轻老师的工作压力。现在，一位老师要兼顾二三十个孩子的各类需求，近乎天方夜谭。我希望学校能加大资金投入，聘请更多专业辅导员；合理调配时间和资源，增设音乐课和美术课，多开展以玩耍为基础、具模式化的重复性活动。正如我们已经看到的，如此调整，孩子的行为将变得更加可控，因为当下层大脑感到不安、功能失调时，孩子便无法专注地思考和学习。

　　我能想到很多可以加入愿望清单的东西，相信你也有很多想法。孩子健康成长，所有人都能获益。我们不是在空洞地呼吁政策制定者"有所作为"，而是切实要求出台好的政策。

　　团结起来，我相信我们可以掀起变革浪潮。我们能给孩子提供更有力的支持，也能守望相助。在这方面，我们有一位充满激情又极具影响力的倡导者。威尔士王妃早已将儿童发展视为毕生事业。2021 年，王妃牵头成立皇家基金会儿童早期发展中心，旨在汇聚科学力量，推广基于科研成果的最佳实践方案，最终实现社会变革。

　　孩子的需求其实很简单：安全感、激励、重视与爱，缺一不可。我们可以回忆一下神经科学家雅克·潘克塞普在引言中描绘的美好画面，他向家长们保证，孩子们"激发积极兴奋状态的神经化学物质（会让我们感到幸福和被爱）……宛如睡美人，等待着有人将它们唤醒"。

　　当自身需求得到妥善满足，我们便能更敏锐地捕捉孩子的心声。我欣喜地看到，越来越多志同道合的人汇聚起来，依循各自向往的生活方式，组建起特色社区："模拟"家庭、家庭共享计划、生态村、合作居住、意向社区——所有这些都是自然而然形成的社区，人们聚集在一起用心生活、热忱互助、全情参与。

我们可以通过健身课、本地图书馆、社区中心、全科医生诊所，或是孩子就读的学校，寻找志同道合的人。我们组织聚餐或户外野餐，大人们畅聊之际，也能一起看着孩子们玩耍。

关于我们希望如何生活、如何改善当今孩子的成长环境，还有很多细节需要斟酌。寻求与给予帮助的方式，同样大有可为。我们可以先从邻里互助开始，思索能为身边人提供哪些帮助。

💭 家长的思考

妈妈乔伊斯，艾德 5 岁、索拉 8 岁

丈夫去世，让我仿佛坠入无尽的深渊。我们住在公寓楼里，某天，隔壁一位年长的女士，手捧着蛋糕，敲响了我家的门。女士轻声说，往后她可以每天过来"搭把手，帮我洗洗早餐的碗碟，收拾收拾残局"。我倒进她的怀里，泣不成声，心中充满了感激。此后，她每天来半小时，雷打不动。她对我说，我可以不讲话，除非我想说。在我被孤独裹挟的灰暗日子里，得到这样一份无声却充满善意的陪伴与支持，意义非凡。这样一个举动给了我莫大的慰藉，仿佛整个世界都因这份关怀而变得温暖。

人与人之间这般真挚的互动，不仅能缔结起坚韧持久的联结，

更是为治愈伤痛提供了宝贵契机。

在这方面，我们也可以利用科技带来的便利与优势。拿我们街道的 WhatsApp 群组来说，它在凝聚社区向心力、拉近邻里关系方面，发挥了巨大作用。群组里面有各个年龄段的居民，大家热情又主动，时常有人提出可以帮忙遛狗、代收包裹、临时照看孩子，还会无私分享各类实用商品信息。

是时候认真考虑探寻可以让更多成年人和青少年互动的方法了，甄别、筛选出契合孩子日常生活和成长需求的模式，将其巧妙地融入孩子的生活。我们可以在信仰团体、朋友圈子中寻找，年长的邻居也可以，这些长辈大多乐意在孩子面前扮演代理祖父母的角色，于他们而言，这样能驱散孤独。无论我们想怎么做，关键在于好好利用社群的力量，以及它给我们的孩子带来的馈赠。

正如大卫·布鲁克斯所倡导的那般，或许是时候让大餐桌回归我们的生活了。

感谢你陪我一路同行，结束这本书的旅程。写这本书的过程，远比预想的艰难、漫长，期间既要全力满足家庭的需求，又要悉心兼顾小客户们的多样诉求。虽然耗费诸多心力，但我希望，这些努力是值得的。

我深切希望，每一个孩子都能拥有无忧无虑、五彩斑斓的童年，每一位家长都以心中理想的方式养育孩子，建立起一个幸福的家庭。

美国律师、作家罗伯特·英格索尔曾留下一段优美动人的话语："我们通过助力他人提升，成就自我崛起。"如果你从这本书中学到了有用的知识，不妨秉持共享、互助的精神，向身边的其他家庭伸出援手，将这份温暖与智慧传递下去。

去毫无保留地爱你的孩子吧，和他们一同探寻生活的乐趣。祝你顺利。

致　谢

　　这本书的创作，堪称我职业生涯中遭遇的最大挑战。写作期间，我会（几乎每天）摇摆不定，反复叩问自己能不能做到，担心没有时间完成。好在一路有很多贵人相助，是他们的支持，让我一路坚持下来。在此，我向他们表示感谢。

　　这本书是两年奋笔疾书与 20 年潜心研究的结晶。我是在我家花园尽头的一个小房间（在伦敦，这就意味着离后门不过三步远）里写的这本书。期间，我的丈夫一次次给我送来热茶和巧克力，还有孩子们放学回来，也总会像活力满满的拉拉队员一般进屋探望，给予我力量。对任何人来说，这本书写的都不够快，但是我想说的太多，我想表达得更精准。在写作过程中，我也想合理地照顾到自己的家庭，当然也想为你和你的家庭提供支持。

　　我希望这本书不会辜负米歇尔·西格诺尔的信任。她身为我的编辑，从一开始就对我十分有信心。米歇尔的投入超乎想象，她有时甚至带着沙拉、三明治，还有一些"妈妈事"，亲临我的"办公室"。每当我提出自认为"有效"的想法时，她总会用饱满的热情和真诚的反馈激励我继续前进。她的耐心久经考验，毕竟我因为诊所的安排和家里的"妈妈事"无数次错过交稿期限。谢谢你，米歇尔，和你一起工作很愉快。多亏你的耐心和信任，这本书才得以成为我们期望的样子。

我还要感谢邦尼出版社的整个团队，特别是尼基·曼德、马迪亚·阿尔塔夫、娜塔莉亚·卡恰托雷和杰克·库克，感谢你们的热情、活力和持续的支持。幕后事务繁杂、琐碎，正是有了你们的默默承担、全力付出，才让这本书成功跨过终点线，这份功劳不容小觑。

我的经纪人团队——贝芙、汤姆、艾菲、利兹以及贝芙·詹姆斯经纪公司的各位同仁，在我漫长、崎岖又孤独的写作之路上，给予我莫大支持，成为我坚守信念的底气。尤其要感谢汤姆，在我不够坚定的时候，是你始终坚定不移，陪我熬过艰难时刻。

艾米·沃伦和亚当·帕菲特，感谢你们给我冗乱的初稿提供了极其宝贵的意见，让我拨开迷雾、豁然开朗。

我现在是一位心理健康行业的从业者，我周围有很多为他人提供服务，为儿童和家庭需求提供支持的同行。能不把他们只当作同事，是我的荣幸，感谢他们慷慨分享时间和专业知识，为我的研究和临床实践助力良多。他们还耐心阅读我的初稿，提出建议。在此，向诺阿·鲍姆、劳伦斯·科恩博士、艾玛·康纳、戴安娜·迪恩、彼得·福纳吉教授、朱莉·哈米森、劳拉·亨利·阿兰、露西·约翰斯通教授、加博尔·马泰博士、伊蒙·麦克罗里教授、乔·穆恩、布鲁斯·佩里博士、贝妮塔·雷夫森女爵、克里斯蒂娜·卢梭、马尔格特·桑德兰博士、萨米·蒂米米博士、约翰·廷普森爵士、莎拉·特纳、乔·沃森、苏珊娜·泽迪克博士，以及众多临床医生、同事和执业医生深表谢意，与你们共事，我受益无穷。

诺阿，对我来说，你是本年度最智慧、最包容的监督者。感谢你无私奉献时间，感谢你给出宝贵的见解和反馈，更感谢你对孩子们的同情与关爱。还有莎拉，每周去学校时，我都期待看到你的笑容，感受你的温暖和优雅。谢谢你让我的第一份长期实习工作变得那么难忘。再次感谢乔·穆恩，感谢你的特别支持、暖心关怀以及总是充满智慧的话语。

我要感谢所有和我合作过的学校，以及你们托付给我照顾的孩子们。与我合作过的家长们，能和你们一起合作，并见证你们对孩子的爱和付出，我深感荣幸。

致艺术治疗与教育学院以及"心灵空间"的所有人：承蒙你们卓越的培训和支持，我才得以成为一名合格的儿童咨询师。

苏珊·劳，事实证明，你的治愈天赋出众，你的智慧为我提供了重要指引。感恩这段旅程有你相伴，我也对未来携手同行充满期待。

向那些虽已离世，却永远留驻我心间、伴我一路前行的人致以敬意。尤其是我的父亲特伦斯·乔治，你永远与我同在。

感谢科尔达·艾斯，感谢你绘制的精美插画，创意十足；还有马丁，我感激你为我指明道路。套用尤达大师的句式，"Grateful, I am.（感激，存我心。）"

致我那些聪明绝顶、才华横溢的好朋友们，你们不仅倾听我，还贡献了你们的专业知识和自身经验：丽莎·肖特兰，杰出的学生宿舍管理员和德育教育工作者；罗茜·尼克松，一股充满激情、友善且富有创造力的美好力量；娜塔莉·莱塞，感谢你滋养我的灵魂，还有你堪称完美的校对：仅仅因为你是最美好的人，最美好的朋友，我就想对你表示感谢。还有我远近各地的朋友们，哪怕你们自身被个人事务和工作难题缠身，却依旧是我坚实的后盾。迪皮卡——永远感谢你不辞辛劳地接送孩子们，陪他们玩；赛拉、卡罗琳、金、辛塔、克莱尔、露辛达、丹妮、乔蒂和泰伊、帕迪和梅尔、阿里·M、阿曼达、苏珊娜和萨拉，你们的情谊我铭记于心。致西拉，感谢你让我们保持理智——我们想念你。还有凯伦和阿里尔，我也非常想念你们。

我想向那些儿童慈善机构致敬，他们做了非常了不起的工作，让孩子们的心声得以传达，让世界听到他们的诉求。其中包括：安娜·弗洛伊德国家儿童与家庭中心、"心灵空间""释放潜能"组织、"为了他们"组织、巴纳多儿童慈善机构、救助儿童会、英国全国防止虐待儿童协会、儿童行动组织、全国儿童局、儿童协会、皇家基金会和儿童早期基金会。

致我有幸帮助和支持过的众多家长和家庭。感谢你们大度地允许我在这本书中引用你们的故事。还有那些隐去姓名的孩子们，这书中的每一页都有你们的痕迹，你们在我心里。

妈妈、克莱尔和艾米，我会永远珍惜你们的陪伴和爱。

还有克莱门丝和威尔伯。千言万语道不尽我对你们的爱——真要细诉，怕是一本书都写不完，还是就此打住吧！感谢你们允许妈妈分享你们的故事，感谢你们的勇气和同情心，感谢你们教给我的东西，未来还有更多地方要向你们学习。我为你们骄傲，期待你们步入少年，长大成人。我爱你们——我们又可以一起烤点心啦！

最后，致麦克：我的丈夫，我的灵魂伴侣，我最好的朋友。一路走来，真是感慨万千！还有哪些冒险在等待着我们啊。生命里有你，我们觉得很幸运，我们非常爱你。感谢你在过去几年给予我的支持，远不止几杯茶……（虽然茶也有帮助。）我爱你。很高兴我们迁至乡村开启新生活。我保证，不再写书了……至少在孩子们满十三岁之前不会……